Christopher Schmidt
Kinder- und Jugendhilferecht: Lehr- und Praxisbuch

Grundlagentexte Soziale Berufe

Christopher Schmidt

# Kinder- und Jugendhilferecht: Lehr- und Praxisbuch

2., überarbeitete Auflage

Der Autor

Christopher Schmidt, Jg. 1976, ist Professor der Rechtswissenschaften an der Hochschule Esslingen, Fakultät SABP. Seine Arbeitsschwerpunkte sind das Familienrecht sowie das Kinder- und Jugendrecht.

Dieses Buch ist erhältlich als:
ISBN 978-3-7799-2368-8 Print
ISBN 978-3-7799-5803-1 E-Book (PDF)

2., überarbeitete Auflage 2021


in der Verlagsgruppe Beltz · Weinheim Basel
Werderstraße 10, 69469 Weinheim


Herstellung: Ulrike Poppel
Satz: Helmut Rohde, Euskirchen
Druck und Bindung: Beltz Bad Langensalza GmbH, Bad Langensalza
Printed in Germany

Weitere Informationen zu unseren Autoren und Titeln finden Sie unter: www.beltz.de

# Vorwort

Das vorliegende Lehr- und Praxisbuch soll Studierende der Sozialen Arbeit auf eine Tätigkeit in Jugendämtern und freier Jugendhilfe vorbereiten und zugleich eine Hilfe für die Praxis sein.

Dazu werden nach einer Einführung in das juristische Arbeiten die wesentlichen Grundzüge des Kinder- und Jugendhilferechts aufgezeigt. Anhand von Beispielen und Querverweisen wird zur Vernetzung des Wissens beigetragen.

Praxishinweise richten sich vorrangig an Mitarbeitende der Jugendhilfe, vermitteln den Studierenden aber gleichsam einen Eindruck der dortigen Fragestellungen.

Hinweise auf Literatur und Rechtsprechung sollen es ermöglichen, die angesprochenen Themen zu vertiefen. Insoweit wurde ein Schwerpunkt auf diejenige (Kommentar-)Literatur gesetzt, die in der Praxis bei Jugendämtern und freien Trägern verfügbar ist.

Das Lehrbuch ist auf dem aktuellen Stand: Als erstes Standardwerk berücksichtigt es bereits die Änderungen durch das Gesetz zur Stärkung von Kindern und Jugendlichen (KJSG).

Den Leserinnen und Lesern sollte freilich klar sein, dass in der Jugendhilfe über das vorliegende Buch hinaus Kenntnisse des Familienrechts erforderlich sind. Diese können anhand des im Kohlhammer Verlag erschienenen Werks „Familienrecht und Einführung in das Zivilrecht“ erworben werden, das vom selben Autor verfasst wurde.

Für ihr gewissenhaftes Lektorat habe ich meiner Mutter zu danken. Gewidmet war bereits die Erstauflage meiner Familie.

*Esslingen a. Neckar, Juni 2021* C. S.

# Inhaltsübersicht

# Inhaltsverzeichnis

# Abkürzungsverzeichnis

| | |
|---|---|
| a. A. | anderer Auffassung |
| abl. | ablehnend(-er/-e/-es) |
| Abs. | Absatz |
| AdVermiG | Adoptionsvermittlungsgesetz |
| a. E. | am Ende |
| a. F. | alter Fassung |
| AG KJHG Berlin | Gesetz zur Ausführung des Kinder- und Jugendhilfegesetzes (Berlin) |
| AGSG | Gesetz zur Ausführung der Sozialgesetze (Bayern) |
| Alt. | Alternative |
| Anm. | Anmerkung |
| Art. | Artikel |
| ASD | Allgemeiner Sozialer Dienst |
| AsylbLG | Asylbewerberleistungsgesetz |
| AsylG | Asylgesetz |
| AsylVfg | Asylverfahrensgesetz |
| AufenthG | Aufenthaltsgesetz |
| Aufl. | Auflage |
| BAföG | Bundesausbildungsförderungsgesetz |
| BayObLG | Bayerisches Oberstes Landgericht |
| BDSG | Bundesdatenschutzgesetz |
| BeckOGK | beck.online.GROSSKOMMENTAR |
| BeckOK | Beck'scher Online-Kommentar |
| Begr. | Begründer |
| Beschl. | Beschluss |
| BeurkG | Beurkundungsgesetz |
| BGB | Bürgerliches Gesetzbuch |
| BGBl. | Bundesgesetzblatt |
| BGH | Bundesgerichtshof |
| BGHSt. | Entscheidungen des BGH in Strafsachen (Sammlung) |
| BKGG | Bundeskindergeldgesetz |
| BReg | Bundesregierung |
| BSG | Bundessozialgericht |
| BT-Drs. | Bundestagsdrucksache |
| BVerfG | Bundesverfassungsgericht |
| BVerfGE | Entscheidungen des BVerfG (Sammlung) |
| BVerwG | Bundesverwaltungsgericht |

| | |
|---|---|
| BVerwGE | Entscheidungen des BVerwG (Sammlung) |
| BVG | Gesetz über die Versorgung der Opfer des Krieges |
| BZRG | Bundeszentralregistergesetz |
| bzw. | beziehungsweise |
| CVJM | Christlicher Verein Junger Menschen |
| dagg. | dagegen |
| DAV | Der Amtsvormund (Zeitschrift) |
| d. | der/des |
| DDR | Deutsche Demokratische Republik |
| ders. | derselbe |
| d. h. | das heißt |
| DIJuF | Deutsches Institut für Jugendhilfe und Familienrecht e.V. |
| DIJuF-GutA | DIJuF-Rechtsgutachten |
| DÖV | Die Öffentliche Verwaltung (Zeitschrift) |
| DS-GVO | Datenschutz-Grundverordnung |
| DVBl | Deutsches Verwaltungsblatt (Zeitschrift) |
| E&W | Erziehung und Wissenschaft (Zeitschrift) |
| Einl. | Einleitung |
| EGGVG | Einführungsgesetz zum Gerichtsverfassungsgesetz |
| EGMR | Europäischer Gerichtshof für Menschenrechte |
| EMRK | Europäische Menschenrechtskonvention |
| EU | Europäische Union |
| f. | folgende |
| FamFG | Gesetz über das Verfahren in Familiensachen pp. |
| FamG | Familiengericht |
| FamRZ | Zeitschrift für das gesamte Familienrecht (Zeitschrift) |
| FEVS | Fürsorgerechtliche Entscheidungen der Verwaltungs- und Sozialgerichte (Zeitschrift) |
| ff. | fortfolgende |
| FHZivR | Fundheft für Zivilrecht |
| FK | Frankfurter Kommentar |
| Fn. | Fußnote |
| FPR | Familie Partnerschaft Recht (Zeitschrift) |
| gem. | gemäß |
| GewSchG | Gewaltschutzgesetz |
| GG | Grundgesetz |
| GRUR | Gewerblicher Rechtsschutz und Urheberrecht (Zeitschrift) |
| Haager KSÜ | Haager Kinderschutz-Übereinkommen |
| h. M. | herrschende Meinung |
| Hrsg. | Herausgeber |
| Hs. | Halbsatz |
| HzE | Hilfe zur Erziehung |

| | |
|---|---|
| ICD-10 | Internationale statistische Klassifikation der Krankheiten und verwandter Gesundheitsprobleme, Ausgabe 10 |
| ICF-CY | Internationale Klassifikation der Funktionsfähigkeit, Behinderung und Gesundheit bei Kindern und Jugendlichen |
| i. d. F. | in der Fassung |
| i. d. R. | in der Regel |
| i. H. v. | in Höhe von |
| insb. | insbesondere |
| i. S. d. | im Sinne der/des |
| i. S. v. | im Sinne von |
| i. Ü. | im Übrigen |
| i. V. m. | in Verbindung mit |
| JAmt | Das Jugendamt (Zeitschrift) |
| JGG | Jugendgerichtsgesetz |
| JurisPK | Juris PraxisKommentar |
| JuS | Juristische Schulung (Zeitschrift) |
| JVA | Justizvollzugsanstalt |
| JWG | Jugendwohlfahrtsgesetz |
| KErzG | Gesetz über die religiöse Kindererziehung |
| KGSt | Kommunale Gemeinschaftsstelle für Verwaltungsmanagement |
| KJHG | Kinder- und Jugendhilfegesetz |
| KJSG | Kinder- und Jugendstärkungsgesetz |
| KKG | Gesetzes zur Kooperation und Information im Kinderschutz |
| KommJur | Kommunaljurist (Zeitschrift) |
| KSÜ | Kinderschutz-Übereinkommen (Haager) |
| KTagStG RP | Kindertagesstättengesetz (Rheinland-Pfalz) |
| lfd. | laufend(-e/-en/-er/-es) |
| LG | Landgericht |
| lit. | littera (Buchstabe) |
| LKJHG BW | Kinder- und Jugendhilfegesetz (Baden-Württemberg) |
| LKV | Landes- und Kommunalverwaltung (Zeitschrift) |
| mind. | Mindestens |
| MiStra | Anordnung über die Mitteilungen in Strafsachen |
| MüKo | Münchner Kommentar |
| m. w. N. | mit weiteren Nachweisen |
| NDV | Nachrichtendienst des Deutschen Vereins für öffentliche und private Fürsorge (Zeitschrift) |
| n. F. | neuer Fassung |
| NJOZ | Neue Juristische Online-Zeitschrift |
| NJW | Neue Juristische Wochenschrift (Zeitschrift) |

| | |
|---|---|
| NJWE-FER | NJW-Entscheidungsdienst Familien- und Erbrecht (Zeitschrift) |
| NJW-RR | NJW-Rechtsprechungs-Report Zivilrecht (Zeitschrift) |
| Nr. | Nummer |
| Nrn. | Nummern |
| NRW | Nordrhein-Westfalen |
| NStZ | Neue Zeitschrift für Strafrecht (Zeitschrift) |
| NVwZ | Neue Zeitschrift für Verwaltungsrecht (Zeitschrift) |
| NVwZ-RR | NVwZ-Rechtsprechungs-Report (Zeitschrift) |
| NZFam | Neue Zeitschrift für Familienrecht (Zeitschrift) |
| OECD | Organisation für wirtschaftliche Zusammenarbeit und Entwicklung |
| o. g. | oben genannt(-e/-en/-er/-es) |
| OLG | Oberlandesgericht |
| PStG | Personenstandsgesetz |
| PStV | Personenstandsverordnung |
| RJWG | Reichsjugendwohlfahrtsgesetz |
| Rn. | Randnummer |
| Rz. | Randziffer |
| s. | siehe |
| S. | Satz/Seite |
| SächsVBl. | Sächsische Verwaltungsblätter (Zeitschrift) |
| SchKG | Schwangerschaftskonfliktgesetz |
| SGB | Sozialgesetzbuch |
| SGG | Sozialgerichtsgesetz |
| s. o. | siehe oben |
| sog. | sogenannt(-e/-er/-es) |
| sozialpäd. | sozialpädagogisch(-e/-er/-es) |
| SRa | SozialRecht aktuell (Zeitschrift) |
| StGB | Strafgesetzbuch |
| ThürKJHAG | Thüringer Kinder- und Jugendhilfe-Ausführungsgesetz |
| u. | und |
| u. a. | unter anderem |
| UhVorschG | Unterhaltsvorschussgesetz |
| Urt. | Urteil |
| v. | vom/vor |
| v. a. | vor allem |
| Var. | Variante |
| v. A. w. | von Amts wegen |
| VerwArch | Verwaltungsarchiv (Zeitschrift) |
| VerwRspr | Sammlung obergerichtlicher Entscheidungen aus dem Verfassungs- und Verwaltungsrecht (Zeitschrift) |

| | |
|---|---|
| vgl. | vergleiche |
| Vorb. | Vorbemerkung |
| VwGO | Verwaltungsgerichtsordnung |
| VwVfG | Verwaltungsverfahrensgesetz |
| WoGG | Wohngeldgesetz |
| z. B. | zum Beispiel |
| ZfJ | Zentralblatt für Jugendrecht (Zeitschrift) |
| ZfL | Zeitschrift für Lebensrecht |
| zit. | zitiert |
| ZKJ | Zeitschrift für Kindschaftsrecht und Jugendhilfe (Zeitschrift) |
| ZKM | Zeitschrift für Konfliktmanagement (Zeitschrift) |
| z. T. | zum Teil |

# I. Einführung in das juristische Arbeiten

In diesem Kapitel sollen Sie, liebe Leserinnen und Leser, einen ersten Überblick über das juristische Arbeiten bekommen. Juristisches Arbeiten meint dabei immer **Arbeit mit Recht**, also in der Praxis das Erfassen und die rechtliche Würdigung von Lebenssachverhalten.

Wir werden uns deshalb zunächst mit den **Rechtsquellen** befassen, also z. B. mit der Frage, was unter „Gesetzen" und „Verordnungen" zu verstehen ist.

Sodann werden wir uns Gedanken darüber machen, welche **Methoden** wir anwenden, um den Regelungsgehalt einer Norm zu erfassen, wie also z. B. Gesetze auszulegen sind. Allerdings gibt es Fälle, in denen das allein nicht weiterhilft: entweder weil wir bei der Auslegung zweier Gesetze zu unterschiedlichen Ergebnissen kommen oder weil der Anwendungsbereich eines Gesetzes nicht eröffnet ist und auch sonst keine auf den gegebenen Sachverhalt anwendbare Vorschrift besteht. Dann stellt sich im ersten Fall die Frage, welche von mehreren konkurrierenden Normen Anwendung finden soll, wie also die Konkurrenzen geregelt sind. Im zweiten Fall könnte dagegen die analoge, also sinngemäße Anwendung einer Vorschrift geboten sein, die eigentlich nicht „passt".

Im nächsten Schritt werden Sie lernen, wie **unstreitige Sachverhalte** zu bearbeiten sind. Mit unstreitigen Sachverhalten werden Sie in erster Linie im Rahmen der Ausbildung zu tun haben. In der Praxis müssen Sie nämlich zunächst den „wahren" Sachverhalt ermitteln, weil sich die Angaben der Beteiligten widersprechen (sog. streitige Sachverhalte). Für beides gibt es spezielle Arbeitstechniken, mit denen Sie Fehler vermeiden können.

Diesem Ziel dient auch die Arbeit mit **Literatur**, die nicht bloß für das wissenschaftliche Arbeiten an der Hochschule, sondern ebenso in der Praxis unentbehrliches Hilfsmittel ist.

## 1. Rechtsquellen

Der Staat, in dem wir leben, heißt „Bundesrepublik Deutschland". Damit trägt er zwei Staatsziele im Namen: zum einen, dass es sich um eine Republik handelt, das Staatsoberhaupt also anders als in der Erbmonarchie auf Zeit gewählt wird. Und zum anderen, was uns im Zusammenhang mit den Rechtsquellen interessiert, dass es sich um einen **Bundesstaat** handelt. Das Besondere daran ist, dass innerhalb des Staates weitere Staaten bestehen, die wir als Bundesländer bezeichnen.

Man könnte von 17 deutschen Staaten sprechen: dem Bund und 16 Bundesländern. Sowohl Bund als auch Länder verfügen über alle drei Staatsgewalten: Legislative (gesetzgebende Gewalt), Exekutive (ausführende Gewalt) und Judikative (rechtsprechende Gewalt).

Bund und Länder haben jeweils eigene Gesetze und sonstige Rechtsvorschriften. Wenn wir uns also einen Überblick über die Rechtsquellen verschaffen wollen, müssen wir erst einmal zwischen dem **Recht des Bundes** und dem **Recht der Länder** unterscheiden.

Dabei gilt im Allgemeinen, dass **Bundesrecht Vorrang gegenüber Landesrecht** hat, oder, wie es das Grundgesetz in Art. 31 formuliert, Landesrecht „bricht“.[1]

**Beispiel**

Die hessische Landesverfassung hatte bis 2018 die Todesstrafe vorgesehen. Dennoch konnte sie seit 1949 nicht mehr verhängt werden. Denn am 24.5.1949 ist das Grundgesetz in Kraft getreten. Hierbei handelte es sich um Bundesrecht, das in Art. 102 die Todesstrafe für abgeschafft erklärte.

Das gilt selbst für einfache Bundesgesetze oder für von Bundesministerien erlassene Rechtsverordnungen: Auch diese haben grundsätzlich Vorrang vor allen Regelungen auf Länderebene.

Damit hätten wir zugleich klargestellt, dass es in Bund und Ländern jeweils **Recht unterschiedlicher Ordnung** gibt, man könnte sagen: wichtigeres und unwichtigeres Bundes- bzw. Landesrecht, in jedem Fall aber Recht, das gegenüber anderen Normen einen Anwendungsvorrang hat.

So können wir als **unmittelbar** von Bund und Ländern gesetztem Recht unterscheiden zwischen Verfassungsrecht, sonstigen Gesetzen und Rechtsverordnungen.

Das **Verfassungsrecht** steht an erster Stelle, geht also den übrigen Gesetzen und den Rechtsverordnungen vor. Die Landesverfassungen werden dabei bereits im Titel als „Verfassung“ bezeichnet, während die Verfassung des Bundes die Bezeichnung „Grundgesetz“ trägt.

An zweiter Stelle stehen die sog. **einfachen Gesetze**, die durch das Parlament, also auf Bundesebene den Bundestag, auf Landesebene den Landtag beschlossen werden. Einfache Bundesgesetze sind im Bereich des öffentlichen Rechts z. B. das Bundesausbildungsförderungsgesetz (BAföG), das Gesetz über

1 Auf die durch die Föderalismusreform geschaffene Ausnahme des Art. 84 Abs. 1 S. 2 GG, nach der Landesrecht Vorrang vor Bundesrecht haben kann, soll an dieser Stelle nicht weiter eingegangen werden.

die religiöse Kindererziehung (KErzG) und das Jugendgerichtsgesetz (JGG). Sie haben sich am Verfassungsrecht messen zu lassen, gehen aber Rechtsverordnungen vor.

Solche **Rechtsverordnungen** werden nicht durch das Parlament beschlossen, sondern aufgrund einer gesetzlichen Ermächtigung durch Ministerien erlassen. Ein Beispiel auf Bundesebene ist die Arbeitslosengeld II/Sozialgeld-Verordnung (Alg II-V).

Wenn wir betonen, dass Verfassungsrecht, sonstige Gesetze und Rechtsverordnungen unmittelbares Bundes- bzw. Landesrecht sind, dann deshalb, weil diese Normen von Organen des Bundes bzw. eines Bundeslandes erlassen werden.

Demgegenüber wird **mittelbares Bundes- oder Landesrecht** durch Dritte erlassen. Dafür bedarf es einer gesetzlichen Ermächtigung.

Mittelbares Bundesrecht ist im Wesentlichen das Recht der Europäischen Union (EU). Grundlage dafür ist Art. 23 GG. Nach der Rechtsprechung des BVerfG ergibt sich hieraus zugleich ein Anwendungsvorrang gegenüber dem übrigen Bundesrecht, solange die wesentlichen Wertentscheidungen des Grundgesetzes gewahrt bleiben. Das **Europarecht** steht damit in unserer Rechtsordnung ganz oben.

Dabei unterscheiden wir das sog. primäre vom sekundären Unionsrecht. Primäres Unionsrecht sind die zwischen den Mitgliedsstaaten der EU geschlossenen **Verträge**, zu denen Gleichbehandlungsgebote bzw. Diskriminierungsverbote zählen. Sekundäres Unionsrecht sind dagegen **Verordnungen** und **Richtlinien**. Verordnungen wie die DS-GVO gelten unmittelbar für die Bürger, während Richtlinien grundsätzlich durch den nationalen Gesetzgeber umgesetzt werden müssen.

Bei mittelbarem Landesrecht handelt es sich um das Recht von Körperschaften, Stiftungen und Anstalten des öffentlichen Rechts. Diese sind zur Rechtssetzung befugt, weil sie **Satzungsgewalt** haben. Das folgt z. B. für Gemeinden und Kreise (Gemeindeverbände) aus Art. 28 Abs. 2 GG. Beispiele kommunaler Satzungen sind Kindertagesstätten-Gebührensatzungen und Satzungen für das Jugendamt.

Das mittelbare Landesrecht ist gegenüber dem sonstigen Landesrecht nachrangig.

## 2. Unterscheidung zwischen materiellem Recht und Prozessrecht

Inhaltlich können wir die Rechtsnormen in solche des materiellen Rechts und des Prozessrechts unterscheiden.

**Materiellrechtliche Normen** regeln inhaltliche Rechte und Pflichten für die vom Geltungsbereich der Norm Betroffenen. Dies gilt z. B. das Sozialgesetzbuch (SGB) VIII, also das Recht der Kinder- und Jugendhilfe.

Demgegenüber betrifft das **Verfahrens- bzw. Prozessrecht** das Verwaltungs- bzw. Gerichtsverfahren. Beispiele sind das SGB X und das Verwaltungsverfahrensgesetz (VwVfG) bzw. das Sozialgerichtsgesetz (SGG) und die Verwaltungsgerichtsordnung (VwGO).

## 3. Methodik der Rechtsauslegung

Wenn wir eine Rechtsnorm gefunden haben, von der wir vermuten, dass sie im konkreten Fall anwendbar sein könnte, müssen wir zunächst ihren Sinn erfassen. Das geschieht durch **Auslegung**. Für diese Rechtsauslegung kennen die Juristen verschiedene Methoden: die sprachlich-grammatikalische Auslegung, die systematische Auslegung, die historische Auslegung und die teleologische Auslegung. Diese sollen im Folgenden kurz dargestellt werden.

Ausgangspunkt einer jeden Auslegung ist der **Wortlaut** der Norm,[2] also die sprachlich-grammatikalische Auslegung. Für die Bedeutung der Wörter sind Legaldefinitionen, also Definitionen durch das Gesetz selbst, vorrangig heranzuziehen. Beispiele solcher Legaldefinitionen finden sich in § 7 SGB VIII. Dort steht u. a., dass Jugendlicher i. S. d. SGB VIII ist, wer zwischen 14 und 17 Jahre alt ist. Wenn nun z. B. § 29 S. 1 SGB VIII davon spricht, dass die Soziale Gruppenarbeit älteren Kindern und Jugendlichen bei der Überwindung von Entwicklungsschwierigkeiten und Verhaltensproblemen helfen soll, wissen wir, wer mit „Jugendlichen“ gemeint ist.

In vielen Fällen enthält das Gesetz aber keine Legaldefinition. Dann ist bei juristischen Fachausdrücken der Sprachgebrauch der Juristen, i. Ü. der allgemeine Sprachgebrauch zugrunde zu legen.[3]

Soweit der Wortlaut uns zu einem eindeutigen Ergebnis kommen lässt, ist eine andere Auslegung grundsätzlich unzulässig (sog. **Wortlautgrenze**).

Die **systematische Auslegung** fragt, in welchem Zusammenhang eine Rechtsnorm steht. Dies wird teilweise schon dadurch erkennbar, dass man einige Normen vor bzw. nach der in Betracht kommenden Vorschrift durchsieht. Auch der Titel des entsprechenden (Unter-)Abschnitts im Gesetz kann Aufschluss über den Regelungsgehalt geben. Wertungswidersprüche zu gleich- oder höherrangigem Recht sind im Wege der systematischen Auslegung grundsätzlich zu vermeiden.

2 Vgl. BGH, Urt. v. 30.6.1966, KZR 5/65 = GRUR 1967, 158 (159) = BeckRS 9998, 111561.

3 Palandt/Grüneberg, Einl. Rn. 41.

Unterfälle der systematischen Auslegung sind die verfassungskonforme Auslegung bzw. die unions- oder richtlinienkonforme Auslegung.

Die **verfassungskonforme Auslegung** bedeutet, dass bei mehreren möglichen Auslegungsergebnissen dasjenige anzuwenden ist, bei dem die Rechtsnorm mit der Verfassung in Einklang steht.[4]

Die **unions- bzw. richtlinienkonforme Auslegung** geht dahin, dass nationales Recht, insbesondere wenn es zur Umsetzung einer Richtlinie der EU erlassen wurde, so auszulegen ist, dass eine größtmögliche Wirksamkeit des EU-Rechts erreicht wird (effet utile).

Die **historische Auslegung** fragt nach der Entstehungsgeschichte, also nach dem vom seinerzeitigen Gesetzgeber befolgten Zweck. In vielen Fällen finden sich dazu Hinweise in den sog. Materialien, also Gesetzesbegründungen oder Parlamentsprotokollen.

Zuletzt geht die **teleologische Auslegung** davon aus, dass der auszulegenden Norm ein objektiver Sinn und Zweck innewohnt. Dieser ist zu ermitteln, wobei die Norm als Teil einer gerechten und zweckmäßigen Ordnung begriffen wird.[5] Das ist freilich nicht unproblematisch, denn die Frage, was gerecht und zweckmäßig ist, mag auch unter Heranziehung der grundsätzlichen Wertentscheidungen der Verfassung durchaus unterschiedlich beurteilt werden.

## 4. Konkurrenzen

Bei der Auslegung verschiedener Rechtsnormen kann man zu widerstreitenden Ergebnissen kommen. Dann stellt sich ähnlich wie im Straßenverkehr die Frage nach der „Vorfahrt“, die wir in diesem Zusammenhang als **Konkurrenz** bezeichnen: Welche Vorschrift ist gegenüber der anderen vorrangig, wenn eine gleichzeitige Anwendung beider Normen ausscheidet?

Hier können wir zunächst auf die bereits dargestellte **Normenhierarchie** Bezug nehmen: Wenn es sich um Rechtsnormen unterschiedlicher Ordnung handelt, ist das höherrangige Recht anwendbar. Daraus folgt ein grundsätzlicher Vorrang des Europarechts, sodann des Verfassungsrechts auf Bundesebene, also des Grundgesetzes, der einfachen Bundesgesetze und der (Bundes-) Rechtsverordnungen. Erst danach kommen das Verfassungsrecht der Länder, deren einfache Gesetze und Rechtsverordnungen bzw. (kommunales) Satzungsrecht zur Anwendung.

---

4 So bereits BVerfG, Beschl. v. 7.5.1953, 1 BvL 104/52 = NJW 1953, 1057 (1059) = BeckRS 9998, 123318.

5 Palandt/Grüneberg, Einl. Rn. 46.

Handelt es sich um Normen gleicher Ordnung, so besteht eine Auslegungsregel, nach der die **speziellere Vorschrift** Vorrang vor allgemeineren hat (*lex specialis derogat legi generali*). Hintergrund ist die Vermutung, dass der Normgeber den enger gefassten Sachverhalt im Sinne eines Regel-Ausnahme-Verhältnisses hat anders regeln wollen. Ein Beispiel dafür ist, dass die Vorschriften des SGB I und des SGB X im Bereich der Kinder- und Jugendhilfe nur insoweit gelten, als sich im SGB VIII keine abweichenden Regelungen finden.

Zudem geht die **jüngere Vorschrift** den älteren vor (*lex posterior derogat legi priori*). Denn insoweit wird vermutet, dass der Normgeber den betreffenden Sachverhalt nach neuem Recht abweichend regeln wollte.

Teilweise wird das Verhältnis zu anderen Vorschriften ausdrücklich durch das Gesetz geregelt (z. B. § 35a Abs. 3 SGB VIII a. E.: „soweit […] sich aus diesem Buch nichts anderes ergibt"). Dann ist der Anwendungsbereich des nachrangigen Gesetzes bereits dem Wortlaut nach nicht eröffnet.

## 5. Analogie und Umkehrschluss

In einigen Fällen führt die Anwendung von Rechtsnormen zu ungerechten Ergebnissen, weil der Gesetzgeber schlicht übersehen hat, einen Sachverhalt zu regeln. In diesen Fällen kann eine Norm analogiefähig sein, d. h.: man wendet eine Vorschrift an, die eigentlich nicht „passt", weil es an einer Voraussetzung fehlt.

Voraussetzung einer **Analogie** ist zunächst eine **planwidrige Regelungslücke**. Denn wenn der Gesetzgeber unterschiedliche Sachverhalte bewusst unterschiedlich geregelt hat, muss das bereits wegen des Grundsatzes der Gewaltenteilung hingenommen werden. Der Rechtsanwender darf also Wertungen des Gesetzgebers nicht über eine Analogie korrigieren.

Weiter muss die **Interessenlage** im konkreten Lebenssachverhalt derjenigen des ausdrücklich geregelten Falls **vergleichbar** sein.

Das Gegenstück zur Analogie ist der **Umkehrschluss**: Wenn der Gesetzgeber einen, ggf. ähnlich gelagerten Fall bewusst nicht geregelt hat, können wir dem entnehmen, dass die abweichende Rechtsfolge gewollt ist.

## 6. Bearbeitung unstreitiger Sachverhalte

Für die Arbeit an einem konkreten Sachverhalt gibt es **Techniken**, deren Zweck u. a. die Vermeidung von Fehlern ist.

Hierbei müssen wir zunächst unterscheiden, ob es sich um einen **streitigen oder unstreitigen Sachverhalt** handelt.

In der **Praxis** haben wir es ganz überwiegend mit streitigen Sachverhalten zu tun. Diese zeichnen sich dadurch aus, dass die Beteiligten widersprüchliche Angaben machen und der „wahre“ Sachverhalt erst ermittelt werden muss.

**Beispiel**

Martha und Jens sind Eltern eines sechsjährigen Kindes, leben aber getrennt. Das Kind wohnt bei Jens.

Nun kommt Martha zu Ihnen ins Jugendamt und berichtet: Als unser Kind das letzte Mal bei mir war, hat es mir unter Tränen gesagt, es werde von seinem Vater täglich verprügelt.

Nachdem Sie darauf Kontakt zu Jens aufgenommen haben, erklärt dieser, das Kind habe ganz sicher nicht gesagt, dass es verprügelt werde. Das sei nämlich schlicht unwahr. Er gehe davon aus, dass Martha ihn mit Blick auf ein bei Gericht anhängiges Sorgerechtsverfahren nach § 1671 Abs. 1 S. 1, 2 Nr. 2 BGB diskreditieren wolle.

Über eine ggf. gebotene Inobhutnahme nach § 42 Abs. 1 S. 1 Nr. 2b SGB VIII kann in dieser Situation erst entschieden werden, nachdem zuvor gem. § 20 Abs. 1 SGB X von Amts wegen der Sachverhalt ermittelt wurde, z. B. durch ein Gespräch mit dem Kind.

Dagegen haben wir es an der **Hochschule** fast ausschließlich mit unstreitigen Sachverhalten zu tun. Diese sind bereits ausermittelt und müssen nur noch rechtlich gewürdigt werden.

**Beispiel**

Als Herr Meyer, Mitarbeiter des ASD des örtlichen Jugendamts, Sonntagabend einen Spaziergang macht, hört er aus einem Haus Kinderschreie. Er versetzt sich in den Dienst und klingelt an der Haustür, die von den Eheleuten Tödter geöffnet wird. Diese bitten Herrn Meyer hinein. Herr Meyer findet das gemeinsame Kind der Eheleute, den vierjährigen Marvin, in einer Blutlache. Dabei winselt er immerzu: „Mama, genug. Nicht mehr schlagen.“ Herr Tödter erklärt dazu, er und seine Frau hätten das Kind mit dem Rohrstock gestraft, weil es „frech“ gewesen sei. Marvin müsse sich heute Abend darauf einstellen, „noch eine Tracht Prügel zu bekommen“.

Als Herr Meyer vorschlägt, das Kind in Obhut zu nehmen, widersprechen die Eltern aufs Schärfste. Ein Eildienst besteht beim zuständigen Amtsgericht am Sonntagabend nicht.

Die rechtliche Würdigung, also die Prüfung der in Betracht kommenden Rechtsgrundlagen erfolgt im **Gutachtenstil**.

Hierzu formulieren wir zunächst einen **Obersatz**, den wir im Konjunktiv formulieren und in dem wir die Fallfrage unter Nennung der ersten in Betracht kommenden Rechtsgrundlage aufwerfen.

Das Jugendamt könnte verpflichtet sein, Marvin gem. § 42 Abs. 1 S. 1 Nr. 2 b) SGB VIII in Obhut zu nehmen.

Sodann nennen wir im **Bedingungssatz** die Voraussetzungen, unter denen der Anspruch besteht. In den meisten Fällen ist das recht einfach, denn die Voraussetzungen können wir dem Gesetz entnehmen.

Das wäre der Fall, wenn eine dringende Gefahr für das Kindeswohl die Inobhutnahme erfordern würde und eine familiengerichtliche Entscheidung nicht rechtzeitig eingeholt werden könnte.

Als nächstes müssen wir die im Bedingungssatz genannten Begriffe definieren. Das erfolgt mit dem sog. **Definitionssatz**.

Eine dringende Gefahr für das Kindeswohl liegt vor bei einer gegenwärtigen, in solchem Maß vorhandenen Gefahr, dass bei deren weiterer Entwicklung ohne staatliches Eingreifen eine erhebliche Schädigung mit ziemlicher Sicherheit vorauszusehen ist. Dabei ist der Maßstab des § 1631 Abs. 2 BGB zu beachten, wonach Kinder ein Recht auf gewaltfreie Erziehung haben und körperliche Bestrafungen unzulässig sind.

Nun können wir den vorgegebenen Lebenssachverhalt unter die genannten Definitionen subsumieren, also prüfen, ob deren Voraussetzungen vorliegen.

Diese **Subsumption** ist Kernstück jeder rechtlichen Prüfung.

Nachdem Herr Tödter erklärt hat, Marvin müsse sich heute Abend auf eine weitere Tracht Prügel einstellen, ist davon auszugehen, dass die Eltern das Kind erneut schlagen werden. Dies wird voraussichtlich wieder mit dem Rohrstock erfolgen. Dabei sind neben physischen auch psychische Folgen zu befürchten, so dass sich die Schädigung als erheblich darstellen würde.

Dies stünde ohne staatliches Eingreifen unmittelbar bevor und ließe sich nicht mehr verhindern, so dass die Gefahr gegenwärtig ist und zugleich der erforderliche Grad an Gewissheit vorliegt.

Folglich besteht eine dringende Gefahr für Marvins Wohl.

In unserem Fall wären noch zwei weitere Merkmale zu prüfen: die Erforderlichkeit der Inobhutnahme und die Frage, ob familiengerichtliche Hilfe rechtzeitig erreicht werden kann.

> Andere Mittel als eine Inobhutnahme sind für einen wirksamen Schutz von Marvin nicht ersichtlich.
>
> Fraglich ist, ob eine familiengerichtliche Entscheidung rechtzeitig eingeholt werden könnte. Insofern ist jedoch zu berücksichtigen, dass ein Eildienst beim zuständigen Amtsgericht nicht besteht. Eine familiengerichtliche Entscheidung am Montag könnte die Misshandlung am Sonntagabend nicht verhindern.

Damit liegt das Ergebnis auf der Hand: Wir müssen es nur noch im **Ergebnissatz** festhalten.

> Folglich ist das Jugendamt verpflichtet, Marvin gem. § 42 Abs. 1 S. 1 Nr. 2b SGB VIII in Obhut zu nehmen.

Bei mehreren in Betracht kommenden Anspruchsgrundlagen erfolgt die Prüfung jeweils gesondert. Es können also in einem Gutachten mehrere Prüfungen gefordert sein.

## 7. Arbeit mit juristischer Literatur

Allen denen, die dieses Buch erworben haben, um es durchzuarbeiten, wird bewusst sein, wie wichtig die Arbeit mit juristischer Literatur ist.

### a) Arten juristischer Literatur

Dabei werden verschiedene Gattungen juristischer Literatur unterschieden.

So gibt es zunächst **Lehrbücher**, worunter in diesem Sinn sowohl Skripte als auch Kurz- und Großlehrbücher gefasst werden. Skripte werden meist für den rein studentischen Bedarf abgefasst. Sie sollen die Studierenden auf Prüfungen vorbereiten, genügen aber i. d. R. nicht wissenschaftlichen Ansprüchen und werden deshalb z. B. in Abschlussarbeiten oder sonstigen Abhandlungen nicht zitiert. Das ist bei Lehrbüchern anders. Doch während die Kurzlehrbücher ebenfalls für Studierende oder Praktiker geeignet sind, die sich einen ersten Überblick über die Materie verschaffen wollen, dienen die Großlehrbücher eher als systematisch geordnete Nachschlagewerke. Sie bestehen nicht selten aus mehreren Bänden und sind für die Bedarfe der Sozialen Arbeit meist zu umfangreich. Dafür eignen sie sich ebenso wie sonstige Handbücher hervorragend, wenn man in einzelne Teilbereiche vertieft einsteigen will.

Insbesondere für die Praxis sind **Kommentare** von Bedeutung. Diese gibt es zu nahezu allen Gesetzen. Sie enthalten jeweils mehr oder weniger ausführliche Informationen zu den einzelnen Paragraphen bzw. Artikeln eines Gesetzes. Allgemein üblich ist die Unterscheidung zwischen Handkommentaren, die aus nur einem Band bestehen, und mehrbändigen Großkommentaren. Handkommentare zum SGB VIII sind u. a. der *Wiesner* und der *Frankfurter Kommentar*; ein Großkommentar ist der *Krug/Riehle*.

Anders als Lehrbücher haben Kommentare meist mehrere Verfasser, die sogenannten Kommentatoren, die jeweils einzelne Vorschriften kommentieren. Kommentare geben einen schnellen Zugang, wenn man Informationen zur Auslegung bestimmter Normen und der dazu ergangenen Rechtsprechung braucht. Demgegenüber eignen sie sich für das Lernen nur sehr bedingt; ihre Nutzung setzt vielmehr ein gewisses Grundverständnis voraus.

**Monographien** als dritte Gattung sind Abhandlungen über einzelne Themen, also gerade keine Gesamtdarstellungen. Sie haben einen wissenschaftlichen Anspruch und werden meist als wissenschaftliche Qualifikationsarbeiten verfasst (Dissertationen, Habilitationen).

Kürzere wissenschaftliche und sonstige Beiträge können als **Aufsätze** in Fachzeitschriften veröffentlicht werden. Die meistverbreitete Fachzeitschrift ist die *Neue Juristische Wochenschrift* (NJW); Fachzeitschriften speziell für das Recht der Kinder- und Jugendhilfe sind z. B. *Das Jugendamt* (JAmt) sowie die *Zeitschrift für Kindschaftsrecht und Jugendhilfe* (ZKJ). Neben Aufsätzen veröffentlichen Fachzeitschriften v. a. Urteile und Beschlüsse von Gerichten, die von allgemeinem Interesse sind.

Beiträge, die wissenschaftlichen Aufsätzen entsprechen, werden weiter in **Sammelbänden** publiziert. Hierzu zählen z. B. Tagungsbände, aber auch Fest- und Gedächtnisschriften.

### b) Zitierstandards

Entsprechend der unterschiedlichen Literaturgattungen haben sich jeweils eigene Zitierstandards herausgebildet, die einen schnellen und unkomplizierten Zugang ermöglichen sollen.

Das ist bei **Lehr- und anderen Handbüchern** recht einfach. Diese werden wie üblich in das Literaturverzeichnis aufgenommen und i. Ü. unter Nennung der Seitenzahl bzw. (falls vorhanden) der Randnummer (Rn.) zitiert (z. B. „Kunkel, S. 62"). Nichts anderes gilt für Monographien.

**Kommentare** werden in das Literaturverzeichnis nicht unter Angabe der jeweiligen Kommentatoren, sondern grundsätzlich unter den Herausgebern aufgenommen, z. B. „Münder, Johannes/Meysen, Thomas/Trenczek, Thomas (Hrsg.): Frankfurter Kommentar zum SGB VIII, 8. Aufl., Baden-Baden 2019 (zit.: FK/Bearbeiter)". Bei Loseblattwerken nennt man anstelle der Auflage Ergänzungslieferung und Stand. Zitiert werden Kommentare unter Angabe von Vorschrift und Randnummer (Rn.), Randziffer (Rz.) bzw. Anmerkung (Anm.), z. B. „MüKoBGB/Lugani BGB § 1666 Rn. 24". Eine Angabe der Seitenzahl wäre unüblich. Gegebenenfalls können auch die in Kommentaren oft enthaltenen Zitiervorschläge genutzt werden.

Auch **Aufsätze** aus juristischen Fachzeitschriften werden in das Literaturverzeichnis aufgenommen (z. B. „Schmidt, Christopher: Entwicklungsunterstützende Maßnahmen der Kinder- und Jugendhilfe, ZKJ 2014, 464 ff."). Als Nachweis in Fußnoten wird i. d. R. lediglich folgendes angegeben: Name des Verfassers, Titel der Zeitschrift, erste Seite des Beitrags und dahinter in Klammern die Seitenzahl, auf der sich die konkrete Fundstelle befindet (z. B. „Schmidt, ZKJ 2014, 464 (465)"). Entsprechend wird aus Sammelbänden mit der Maßgabe zitiert, dass dort anstelle des Titels der Zeitschrift die Angaben zum betreffenden Werk treten.

Nicht zur Literatur im engeren Sinn zählen **Gesetze und Gesetzsammlungen**. Sie finden deshalb in Literaturverzeichnissen keine Erwähnung. Werden Gesetze oder sonstige Vorschriften zitiert, dann entspricht es wissenschaftlichem Arbeiten, dies möglichst genau zu tun, also unter Angabe von Absatz (Abs.), Satz (S.), Nummer (Nr.), Buchstabe (lit.), Alternative (Alt.) bzw. Variante (Var.). Ggf. können für den Absatz römische, für die Angaben des Artikels bzw. Paragraphen und des Satzes dagegen arabische Zahlen zu verwendet werden (z. B. „§ 42 Abs. 1 S. 1 SGB VIII" oder „§ 42 I 1 SGB VIII"). Allgemein übliche Abkürzungen von Gesetzen oder Verordnungen wie SGB VIII, JGG oder VwGO werden ohne weitere Erläuterung genutzt. Bei unbekannteren Rechtsquellen empfiehlt sich, die Bezeichnung des Gesetzes und das Datum seiner Bekanntmachung zunächst auszuschreiben; ggf. kann zusätzlich in Klammern oder in einer Fußnote die Fundstelle angegeben werden (z. B. „BGBl. I, S. 554).

Auch **Entscheidungen von Gerichten** (Urteile und Beschlüsse) werden nicht in das Literaturverzeichnis aufgenommen. Soweit die Entscheidung in einer Zeitschrift abgedruckt wurde, genügt als Nachweis in Fußnoten, die entsprechende Fundstelle anzugeben. Gleiches gilt für Entscheidungssammlungen der Gerichte. Will man dem Leser das Auffinden erleichtern, können mehrere solche Fundstellen aufgeführt werden; sie werden dann durch „=" verbunden. Möglich ist auch, das Datum der Entscheidung und das gerichtliche Aktenzeichen aufzuführen.

Während bei Entscheidungssammlungen der Band (z. B. „BVerwGE 39" oder „BVerfGE 12"), die erste Seite der Entscheidung und in Klammern die Seite angegeben wird, auf die konkret verwiesen werden soll, also etwa „BVerwGE 89, 110 (112)", empfiehlt sich bei Zeitschriften hinter deren Titel das Erscheinungsjahr und die Seitenzahlen anzugeben, also „BGHSt. 45, 378 (379) = NJW 2000, 1348 (1349)". Die Datenbank beck-online vergibt für Entscheidungen eine BeckRS-Fundstelle, anhand derer ebenfalls ein Zugriff möglich ist.

Unveröffentlichte Entscheidungen können unter Angabe von Entscheidungsart, Entscheidungsdatum und Aktenzeichen zitiert werden. Sind diese in **juristischen Datenbanken** wie Juris, Beck online oder Jurion enthalten, erfolgt zusätzlich ein entsprechender Verweis (z. B. „VG München, Beschl. v. 9.9.2015, M 24 S 15.3187, juris").

# II. Von der Armenpflege zum SGB VIII

In diesem Kapitel befassen wir uns zunächst mit der **Geschichte** der Kinder- und Jugendhilfe. Das ist kein Selbstzweck, denn der Umstand, dass die Jugendhilfe auf das Engagement von Kirchen und privaten Initiativen, also nicht des Staates, zurückgeht, wird uns später helfen, den Vorrang freier Träger besser zu verstehen.

Sodann werden wir die **systematische Stellung** der Kinder- und Jugendhilfe im Sozialrecht unter die Lupe nehmen. Dabei geht es auch um die Frage, inwieweit im Bereich der Kinder- und Jugendhilfe Vorschriften aus anderen Büchern des SGB angewendet werden können.

## 1. Geschichte

Die Ursprünge der organisierten Jugendhilfe liegen in den mittelalterlichen Einrichtungen der **Armenpflege**, die von den Kirchen betrieben wurden. Diese hatten zwar kein speziell auf junge Menschen zugeschnittenes Leistungsspektrum, doch wurde die Hilfe auch ihnen zuteil.

Ab Ende des 17. Jahrhunderts wurden dann, ausgehend von privaten Waisen- und Rettungshäusern erste **sozialpädagogische Zielsetzungen** verfolgt und Angebote geschaffen, die sich speziell an Kinder und Jugendliche richteten.[6]

Historisch war es also zunächst nicht der Staat, der sich um die Belange junger Menschen kümmerte. Darauf werden wir später zurückkommen, wenn es um den **Vorrang der freien Jugendhilfe** vor der öffentlichen geht.

Das erste Gesetz, das dann umfangreich staatliche Aufgaben im Bereich der Jugendhilfe regelte, war das **Reichsjugendwohlfahrtsgesetz** (RJWG) aus dem Jahr 1922. Dieses stellte in § 1 Abs. 1 klar, dass jedes deutsche Kind ein Recht auf Erziehung zur leiblichen, seelischen und körperlichen Tüchtigkeit habe. Als örtlicher Träger der öffentlichen Jugendhilfe wurden Jugendämter eingerichtet.

Das RJWG hatte, nachdem 1953 Änderungen der nationalsozialistischen Gesetzgebung rückgängig gemacht wurden, im wesentlichen Bestand, bis mit einer Novellierung aus dem Jahr 1961 das Jugendwohlfahrtsgesetz (JWG) geschaffen wurde.[7] Schließlich wurde 1990 das **Kinder- und Jugendhilfegesetz**

6 Vgl. Kunkel, S. 15 (Rn. 1); Wiesner/Wiesner SGB VIII § 3 Rn. 3.

7 Zur Kritik vgl. FK/Meysen/Münder/Trenczek SGB VIII Einl. Rn. 31 m. w. N.

(KJHG) verkündet, durch das die Jugendhilfe ihre heutige Prägung bekam. Zugleich erfolgte eine Einordnung in das System des Sozialgesetzbuchs.

## 2. Kinder- und Jugendhilfe heute

Mit der Kinder- und Jugendhilfe besteht das **Sozialgesetzbuch** aus folgenden Büchern:

| | |
|---|---|
| SGB I: | Allgemeiner Teil |
| SGB II: | Grundsicherung für Arbeitsuchende |
| SGB III: | Arbeitsförderung |
| SGB IV: | Sozialversicherung 1. Kapitel: Gemeinsame Vorschriften |
| SGB V: | Krankenversicherung |
| SGB VI: | Rentenversicherung |
| SGB VII: | Unfallversicherung |
| **SGB VIII:** | **Kinder- und Jugendhilfe** |
| SGB IX: | Rehabilitation und Teilhabe behinderter Menschen |
| SGB X: | Sozialverwaltungsverfahren und Sozialdatenschutz |
| SGB XI: | Soziale Pflegeversicherung |
| SGB XII: | Sozialhilfe |
| SGB XIV: | Soziale Entschädigung[8] |

Dabei ergibt sich aus der systematischen Stellung, dass die Vorschriften des **SGB I**, des Allgemeinen Teils, und die des **SGB X**, also für das Verwaltungsverfahren und den Datenschutz, grundsätzlich auch im Bereich des SGB VIII anwendbar sind. Dass das SGB VIII seinerseits im ersten Kapitel (§§ 1–10) allgemeine Vorschriften enthält, steht dem ebenso wenig entgegen wie die Verfahrensvorschriften, etwa mit Blick auf den Sozialdatenschutz in §§ 61 ff. SGB VIII. Nicht anwendbar ist demgegenüber das SGB IV, das zwar auch allgemeine Vorschriften enthält, allerdings nur für das Sozialversicherungsrecht.

Die Geltung des SGB I und des SGB X im Bereich des SGB VIII führt zu der Frage, welche Norm anzuwenden ist, wenn z. B. Vorschriften des SGB VIII und des SGB X zu unterschiedlichen Ergebnissen führen. Das können wir uns anhand des Grundsatzes erschließen, nach dem die speziellere Norm Vorrang vor der allgemeineren hat,[9] und zwar nicht nur im Verhältnis des SGB VIII zu den anderen Büchern des SGB, sondern ebenso im Verhältnis der Vorschriften des SGB VIII zueinander.

8 Ein SGB XIII gibt es nicht – offenbar aus irrationalen Gründen.

9 Dazu s. o. unter I. 4.

So gelten im **ersten Rang** die Vorschriften des SGB VIII, die sich auf einzelne Leistungen oder andere Aufgaben beziehen. Im **zweiten Rang** gelten dann die allgemeinen Vorschriften des SGB VIII. Nur soweit wir dort keine Regelung finden, ziehen wir im **dritten Rang** das SGB I und das SGB X heran.

**Praxishinweis**

Dass das Recht der Kinder- und Jugendhilfe zum (materiellen) Sozialrecht zählt, ändert nichts daran, dass für Entscheidungen über die sich aus dem SGB VIII ergebenden Aufgaben grundsätzlich gem. § 40 Abs. 1 S. 1 VwGO die **Verwaltungsgerichte** zuständig sind, nachdem der Gesetzgeber in § 51 SGG eine Zuweisung an die Sozialgerichte nicht vorgenommen hat. Für die Geltendmachung von Amtshaftungsansprüchen gegen das Jugendamt gem. § 839 BGB ist der ordentliche Rechtsweg gegeben, Art. 34 S. 3 GG.

# III. Allgemeine Vorschriften

Die allgemeinen Vorschriften des SGB I bzw. des SGB VIII werden vom Gesetzgeber **vor die Klammer gezogen**: Sie begründen für sich genommen keine Ansprüche auf Leistungen der Jugendhilfe, sind aber bei der Erfüllung der im Besonderen Teil geregelten Aufgaben stets zu berücksichtigen, soweit sich dort keine abweichenden Regelungen finden.

## 1. Regelungen des SGB VIII

Dabei stehen die allgemeinen Vorschriften des SGB VIII in dessen **erstem Kapitel**, also in den §§ 1–10.

Hierbei handelt es sich um

- **Programmsätze**, durch welche die Zielsetzung der Jugendhilfe und deren Verhältnis zu Personensorge- und Erziehungsberechtigten geprägt wird (§ 1 SGB VIII),
- **Begriffsbestimmungen** (§ 7 SGB VIII),
- einen **Überblick** über Leistungen und andere Aufgaben (§ 2 SGB VIII),
- Regelungen zum **Geltungsbereich** (§ 6 SGB VIII),
- das Verhältnis von öffentlicher und **freier Jugendhilfe** (§ 4 SGB VIII),
- **inhaltliche Vorgaben** zur Aufgabenerfüllung (§§ 5, 8 Abs. 1 und § 9 SGB VIII),
- die Einrichtung von **Ombudsstellen** (§ 9a SGB VIII),
- das Verhältnis zu anderen Leistungen und Verpflichtungen (sog. **Konkurrenzen**, § 10 SGB VIII) sowie
- Ansprüche auf **Beratung** über Leistungen der Kinder- und Jugendhilfe sowie ab 1.1.2024 auf Unterstützung und Begleitung durch einen Verfahrenslotsen (§§ 10a f. SGB VIII).

Demgegenüber ist die systematische Stellung von § 8 Abs. 2, 3 sowie der §§ 8a und 8b SGB VIII missglückt. Denn hierbei handelt es sich um gegenüber Leistungen andere Aufgaben der Jugendhilfe, die i. Ü. im 3. Kapitel geregelt werden.

## a) Recht auf Erziehung

Nach § 1 Abs. 1 SGB VIII hat jeder junge Mensch ein **Recht** auf Förderung seiner Entwicklung und auf Erziehung zu einer selbstbestimmten, eigenverantwortlichen und gemeinschaftsfähigen Persönlichkeit.

**Erziehung** meint dabei ebenso wie in Art. 6 Abs. 2 S. 1 GG die gesamte Sorge für das körperliche Wohl sowie für die seelisch-geistige Entwicklung des Kindes.[10] Dass die **Förderung der Entwicklung** daneben gesondert genannt wird, trägt dem Umstand Rechnung, dass sich die Jugendhilfe auch an junge Volljährige wendet, also an Menschen, die es nicht mehr zu erziehen gilt.[11]

Dabei hat § 1 Abs. 1 SGB VIII zugleich eine **sozialpädagogische Leitbildfunktion**, weil die gesetzliche Formulierung das Bild einer unabhängigen (selbstbestimmten, eigenverantwortlichen) und zugleich sozial eingebundenen (gemeinschaftsfähigen) Persönlichkeit beinhaltet.[12]

Allerdings geht die h. M. davon aus, dass § 1 Abs. 1 SGB VIII trotz seines Wortlauts **kein subjektives Recht** gewährt. Junge Menschen können sich also nicht auf die Vorschrift berufen und vom Jugendamt auf ihrer Grundlage nicht die Gewährung von Leistungen verlangen. Dies wird damit begründet, dass eine hinreichende Konkretisierung dessen fehle, wie die Erziehung bzw. die Förderung der Entwicklung durch den öffentlichen Träger der Jugendhilfe umgesetzt werden solle.[13] Vielmehr handele es sich um eine Auslegungsregel, die im Hinblick auf die zahlreichen unbestimmten Rechtsbegriffe im SGB VIII zu beachten sei.[14]

## b) Verhältnis von Eltern und Jugendhilfe

Das Verhältnis von elterlicher Erziehungsfunktion und staatlichem Kinderschutz wird bereits durch Art. 6 Abs. 2 GG vorgegeben. Darin heißt es, Pflege und Erziehung der Kinder seien das **natürliche Recht der Eltern** und die zuvörderst ihnen obliegende Pflicht. Über ihre Betätigung wache die staatliche Gemeinschaft.

Dass dies auch im Bereich der Jugendhilfe gelten soll, unterstreicht der Gesetzgeber, indem er den Wortlaut des Art. 6 Abs. 2 GG, der freilich als Verfas-

---

10 Hömig/Wolff/Antoni GG Art. 6 Rn. 15; Jarass/Pieroth/Jarass GG Art. 6 Rn. 42.

11 BeckOK SozR/Winkler SGB VIII § 1 Rn. 4; Wiesner/Wiesner SGB VIII § 1 Rn. 5.

12 FK/Meysen/Münder SGB VIII § 1 Rn. 7.

13 LPK-SGB VIII/Kunkel/Kepert SGB VIII § 1 Rn. 3; BeckOK SozR/Winkler SGB VIII § 1 Rn. 3; Wiesner/Wiesner SGB VIII § 1 Rn. 11; MüKoBGB/Tillmanns SGB VIII § 1 Rn. 4; a. A. Münder ZfJ 1991, 285 (285); Coester FamRZ 1991, 253 (256).

14 FK/Meysen/Münder SGB VIII § 1 Rn. 6.

sungsrecht ohnedies gegenüber einfachem Recht vorrangig wäre, in § 1 Abs. 2 SGB VIII wiederholt.

Soweit der Verfassungsgeber von einem „natürlichen" Recht spricht, kommt zum Ausdruck, dass das Recht nicht durch den Staat verliehen, sondern von diesem **als vorgegeben anerkannt** wird.[15]

Das Elternrecht zu Pflege und Erziehung besteht dabei unabhängig davon, ob das Kind innerhalb oder außerhalb des elterlichen Haushalts lebt. Er gilt also auch während einer stationären Jugendhilfemaßnahme oder bei Unterbringung in einem Internat.[16]

Zugleich werden dem elterlichen Erziehungsprimat durch das **staatliche Wächteramt** Grenzen gesetzt. Dieses wird v. a. durch Jugendämter und Familiengerichte ausgeübt. Dass für schwerwiegende staatliche Eingriffe besondere Gründe erforderlich sind, wird dabei durch Art. 6 Abs. 3 GG klargestellt: Nicht jedes Erziehungsdefizit vermag eine Herausnahme von Kindern aus dem Haushalt der Eltern zu begründen. Vielmehr ist erforderlich, dass „die Erziehungsberechtigten versagen" bzw. „die Kinder aus anderen Gründen zu verwahrlosen drohen".

Entsprechend sind Eltern, deren sozio-ökonomische Verhältnisse, Werte und Verhaltensweisen grundsätzlich als Schicksal des Kindes hinzunehmen: Das Wächteramt erlaubt nicht, mit staatlichem Zwang die unter Zugrundelegung objektiver Kriterien bestmögliche Erziehung durchzusetzen, sondern lediglich das Schlimmste zu verhindern.[17] Diese **primäre Entscheidungszuständigkeit der Eltern** beruht auf der Erwägung, dass die Interessen des Kindes in aller Regel am besten durch Vater und Mutter wahrgenommen werden. Dabei wird die Möglichkeit in Kauf genommen, dass das Kind durch den Entschluss der Eltern wirkliche oder vermeintliche Nachteile erleidet, die im Rahmen einer nach objektiven Maßstäben betriebenen Begabtenauslese vielleicht vermieden werden könnten.[18]

Obwohl das staatliche Wächteramt nur in schwerwiegenden Fällen zum Tragen kommt, soll die Jugendhilfe gem. § 1 Abs. 3 SGB VIII zur **Verwirklichung des Rechts junger Menschen auf Förderung** ihrer Entwicklung bzw. auf Erziehung

---

15 Maunz/Dürig/Badura GG Art. 6 Rn. 91 m. w. N.

16 BeckOK SozR/Winkler SGB VIII § 1 SGB Rn. 12.

17 BVerfG, Beschl. v. 7.4.2014, 1 BvR 3121/13 = 2014, 907 (908) = BeckRS 2014, 9631; OLG Frankfurt a. M., Beschl. v. 15.6.2018, 2 UF 41/18 = NZFam 2018, 689 (691) m. zust. Anm. Burschel = BeckRS 2018, 14534; Hömig/Wolff/Antoni GG Art. 6 Rn. 18; Palandt/Götz, § 1666 Rn. 7; zur Kritik vgl. Heilmann NJW 2014, 2904 (2904 ff.).

18 So ausdrücklich BVerfG, Beschl. v. 17.2.1982, 1 BvR 188/80 = NJW 1982, 1379 (1381) = BeckRS 9998, 102735; Maunz/Dürig/Badura GG Art. 6 Rn. 139.

zu einer eigenverantwortlichen und gemeinschaftsfähigen Persönlichkeit umfassend

- junge Menschen in ihrer individuellen und sozialen Entwicklung fördern und dazu beitragen, Benachteiligungen zu vermeiden oder abzubauen (Nr. 1),
- jungen Menschen ermöglichen oder erleichtern, entsprechend ihrem Alter und ihren individuellen Fähigkeiten in allen sie betreffenden Lebensbereichen selbstbestimmt zu interagieren und damit gleichberechtigt am Leben in der Gesellschaft teilhaben zu können (Nr. 2),
- Eltern und andere Erziehungsberechtigte bei der Erziehung beraten und unterstützen (Nr. 3),
- Kinder und Jugendliche vor Gefahren für ihr Wohl schützen (Nr. 4) sowie
- dazu beitragen, positive Lebensbedingungen für junge Menschen und ihre Familien sowie eine kinder- und familienfreundliche Umwelt zu erhalten oder zu schaffen (Nr. 5).

Der Umstand, dass eine Förderung der Kinder bzw. Jugendlichen in den meisten Fällen (nämlich immer dann, wenn die hohe Schwelle der Kindeswohlgefährdung nicht erreicht ist) nicht gegen den elterlichen Willen durchgesetzt werden kann, gleichzeitig aber junge Menschen umfassend gefördert werden sollen, führt dazu, dass die Kinder- und Jugendhilfe den **Schulterschluss mit den Eltern** suchen muss. Aufgabe der Fachkräfte in Jugendamt und freier Jugendhilfe ist, die Eltern durch die Qualität der angebotenen Leistungen davon zu überzeugen, entsprechende Angebote zum Wohl ihrer Kinder anzunehmen.

Damit ergibt sich aus § 1 Abs. 2 i. V. m. Abs. 3 SGB VIII zugleich die Verpflichtung der Jugendhilfe, **nicht gegen die Eltern**, sondern auf zumeist freiwilliger Grundlage mit ihnen gemeinsam zu arbeiten. Oder anders ausgedrückt: Die Jugendhilfe muss den **Eltern helfen**, den Erziehungsanspruch des Kindes aus § 1 Abs. 1 SGB VIII einzulösen.[19]

Das verdeutlicht auch § 8 S. 2 SGB I. Danach sollen Leistungen der Jugendhilfe die Entwicklung junger Menschen fördern sowie die Erziehung in der Familie unterstützen und ergänzen. Damit wird erneut dem Umstand Rechnung getragen, dass Kinder und Jugendliche vorrangig in der Familie, d. h.: mit beiden Eltern, hilfsweise mit einem Elternteil aufwachsen sollen.[20]

---

19 Kunkel, S. 22 (Rn. 14).

20 LPK SGB I/Klaus Rickenbrauk SGB I § 8 Rn. 10.

### c) Begriffsbestimmungen

Als „Service des Gesetzgebers" enthält § 7 SGB VIII verschiedene Begriffsbestimmungen. Hierbei handelt es sich um **Definitionen**, die immer dann herangezogen werden können, wenn das SGB VIII die jeweiligen Begriffe verwendet.[21] Für andere Gesetze gelten die Begriffsbestimmungen jedoch nicht.

Folgende Definitionen werden durch § 7 SGB VIII vorgenommen:

- **Kind** ist, wer unter 14 Jahre alt ist. Abweichend davon ist Kind i. S. d. § 1 Abs. 2 SGB VIII, wer unter 18 Jahre alt ist. Bestimmungen, die sich auf die Annahme als Kind beziehen, also auf die Adoption, gelten ebenfalls für alle unter 18-Jährigen (Abs. 1 Nr. 1, Abs. 3, 5).
- **Jugendliche** sind zwischen 14 und 17 Jahre alt (Abs. 1 Nr. 2).
- **Junge Volljährige** sind zwischen 18 und 26 Jahre alt (Abs. 1 Nr. 3).
- **Junge Menschen** sind alle unter 26 Jahren (Abs. 1 Nr. 4).
- **Personensorgeberechtigt** ist, wer nach bürgerlichem Recht allein oder gemeinsam mit einem anderen die Personensorge innehat (Abs. 1 Nr. 5).
- **Erziehungsberechtigt** ist neben den Personensorgeberechtigten jede weitere volljährige Person, die aufgrund einer Vereinbarung mit den Personensorgeberechtigten nicht nur vorübergehend und nicht nur für einzelne Verrichtungen Aufgaben der Personensorge wahrnimmt (Abs. 1 Nr. 6).
- Junge Menschen mit **Behinderungen** sind solche, die körperliche, seelische, geistige oder Sinnesbeeinträchtigungen haben, die sie in Wechselwirkung mit einstellungs- und umweltbedingten Barrieren an der gleichberechtigten Teilhabe an der Gesellschaft mit hoher Wahrscheinlichkeit länger als sechs Monate hindern können. Die erforderliche Beeinträchtigung liegt vor, wenn der Körper- und Gesundheitszustand von dem für das Lebensalter typischen Zustand abweicht (Abs. 2 S. 1, 2).
- Junge Menschen sind **von einer Behinderung bedroht**, wenn eine Abweichung des Körper- und Gesundheitszustands von dem für das Lebensalter typischen Zustand zu erwarten ist (Abs. 2 S. 3).
- **Werktage** i. S. d. §§ 42a ff. SGB VIII sind die Tage Montag bis Freitag mit Ausnahme gesetzlicher Feiertage (Abs. 4).

Dabei ändern die im Gesetz enthaltenen Legaldefinitionen nichts daran, dass deren **Voraussetzungen** sorgsam geprüft werden müssen. Das gilt z. B. hinsichtlich einer Schätzung des Lebensalters, sofern hierüber keine Klarheit be-

21 Weitere Legaldefinitionen finden sich in § 2 Abs. 2, 3 und § 4a SGB VIII.

steht. Entsprechend hat das Jugendamt, wenn es das Alter eines Kindes oder Jugendlichen schätzt, das Risiko einer Fehleinschätzung zu tragen.[22]

### d) Aufgaben der Jugendhilfe

Weitere **Begriffsbestimmungen** ergeben sich aus § 2 SGB VIII, der zugleich einen Überblick über die Aufgaben der Jugendhilfe enthält.[23]

So wird zunächst in § 2 Abs. 1 SGB VIII klargestellt, dass die Jugendhilfe **Leistungen** und **andere Aufgaben** zugunsten junger Menschen und ihrer Familien umfasst.

Was unter Leistungen bzw. anderen Aufgaben zu verstehen ist, klären die Abs. 2 bzw. 3 gleichsam als Definition. Dort wird eine Vielzahl von Aufgaben aufgezählt. Ins Detail gehende Regelungen der Leistungen finden sich im 2. Kapitel des SGB VIII (§§ 11–41), Regelungen der anderen Aufgaben finden sich im 3. Kapitel des SGB VIII (§§ 42–60). Dabei lässt sich vereinfacht sagen, dass Leistungen im Wesentlichen **Angebote** an junge Menschen, Eltern bzw. sonstige Personensorgeberechtigte sind.[24]

Ebenso wie hinsichtlich der Begriffsbestimmungen in § 7 SGB VIII ist auf § 2 Abs. 2, 3 SGB VIII zurückzugreifen, soweit das Gesetz bestimmte Voraussetzungen oder Rechtsfolgen an die Eigenschaft einer Aufgabe als Leistung knüpft.

### e) Personeller Geltungsbereich

Das gilt z. B. für § 6 SGB VIII, durch den geregelt wird, für wen **in persönlicher Hinsicht** Leistungen der Kinder- und Jugendhilfe gewährt bzw. andere Aufgaben erfüllt werden.

#### *aa) Grundsatz*

Grundsatz ist nach § 6 Abs. 1 S. 1, 2 SGB VIII, dass bei jungen Menschen, Müttern, Vätern und Personensorgeberechtigten auf deren **tatsächlichen Aufenthalt** im Inland, also in der Bundesrepublik Deutschland abgestellt wird.

---

22 Vgl. VG Münster, 5.2.2004, 9 K 1325/01 = JAmt 2004, 326 (326 f.) = BeckRS 2004, 31054338.

23 Nicht enthalten sind die Aufgaben nach § 8 Abs. 2, 3, §§ 8a f. SGB VIII.

24 FK/Trenczek SGB VIII § 2 Rn. 2.

Tatsächlicher Aufenthalt ist dabei jeder Ort, an dem sich eine Person **physisch aufhält**, gleichgültig ob es sich um einen ständigen oder bloß kurzfristigen, rechtmäßigen oder rechtswidrigen Aufenthalt handelt.[25]

#### *bb) Umgangsberechtigte*

Eine Erweiterung des Geltungsbereichs sieht § 6 Abs. 1 S. 3 SGB VIII für **Umgangsberechtigte** vor, die einen Beratungs- und Unterstützungsanspruch hinsichtlich der Ausübung ihres Umgangsrechts nach Maßgabe des § 18 Abs. 3 SGB VIII auch dann[26] haben können, wenn das Kind oder der Jugendliche seinen gewöhnlichen Aufenthalt im Inland hat.

Was unter einem **gewöhnlichen Aufenthalt** zu verstehen ist, können wir § 30 Abs. 3 S. 2 SGB I entnehmen. Danach hat jemand seinen gewöhnlichen Aufenthalt dort, wo er sich unter Umständen aufhält, die erkennen lassen, dass er an diesem Ort oder in diesem Gebiet nicht nur vorübergehend verweilt. Die Anforderungen sind damit höher als bei einem tatsächlichen Aufenthalt: Zwar kann auch ein gewöhnlicher Aufenthalt in Hotelzimmern oder Übergangswohnheimen begründet werden und kommt es auf die Freiwilligkeit des Aufenthalts nicht an, so dass Strafgefangene oder aufgrund gerichtlicher Beschlüsse in geschlossenen Einrichtungen Untergebrachte dort einen gewöhnlichen Aufenthalt begründen können. Erforderlich ist aber stets, dass von einem Aufenthalt „bis auf weiteres“ ausgegangen werden kann, was z. B. in Krankenhäusern und Kureinrichtungen zumeist nicht der Fall ist.[27]

#### *cc) Ausländer*

Anders herum besteht eine deutliche Einschränkung für **Ausländer**: Diese können nach § 6 Abs. 2 S. 1 SGB VIII-Leistungen nur beanspruchen, wenn sie rechtmäßig oder aufgrund einer ausländerrechtlichen Duldung ihren gewöhnlichen Aufenthalt im Inland haben.

Abzustellen ist dabei auf die **Staatsangehörigkeit** der Person, der die Leistung zugewandt werden soll, in Fällen von Hilfe zur Erziehung nach §§ 27 ff. SGB VIII also auf das Kind, wenngleich die Personensorgeberechtigten Anspruchsberechtigte sind.[28]

---

25 Vgl. FK/Münder/Eschelbach SGB VIII § 6 Rn. 5.

26 MüKoBGB/Tillmanns SGB VIII § 6 Rn. 5.

27 BeckOK SozR/Gutzler SGB I § 30 Rn. 41 ff.; BVerwG, Beschl. v. 6.10.2003, 5 B 92/03 = BeckRS 2003, 25028; LSG Baden-Württemberg, Urt. v. 21.2.2019, L 10 R 3611/15 = BeckRS 2019, 4806.

28 Dazu s. unter VIII.

Der **gewöhnliche Aufenthalt** wird erneut unter Rückgriff auf § 30 Abs. 3 S. 2 SGB I definiert.[29]

Ob der Aufenthalt **rechtmäßig** ist, bestimmt sich nach den maßgeblichen ausländerrechtlichen Vorschriften, namentlich denen des Aufenthaltsgesetzes (AufenthG) und des Asylverfahrensgesetzes (AsylVfG). So können insbesondere ein Visum, eine Aufenthalts- oder Niederlassungserlaubnis zur Rechtmäßigkeit des Aufenthalts führen. Gleiches gilt für eine Aufenthaltsgestattung bei Asylbewerbern.[30]

**Praxishinweis**

Für andere Aufgaben als Leistungen gilt die Einschränkung des § 6 Abs. 2 S. 1 SGB VIII nicht. Das ergibt sich aus § 6 Abs. 2 S. 2 SGB VIII. Entsprechend wird hinsichtlich des staatlichen Wächteramts (Schutzauftrag bei Kindeswohlgefährdung, **Inobhutnahme**) bei Ausländern auf den tatsächlichen Aufenthalt abgestellt, ohne dass es darauf ankommt, ob der Aufenthalt im Inland rechtmäßig ist.[31]

So könnte das Jugendamt z. B. verpflichtet sein, nach § 8a Abs. 1, 2 SGB VIII vorzugehen, wenn es Kenntnis davon erhält, dass ein ausländisches Kind mit seinen Eltern Urlaub in Deutschland macht, nach der Rückkehr ins Heimatland aber zwangsverheiratet werden soll. Gleiches gilt, wenn Eltern ihre Kinder im Urlaub körperlich züchtigen.

Vorrang gegenüber der restriktiven Regelung des § 6 Abs. 2 SGB VIII haben nach § 6 Abs. 4 SGB VIII Regelungen des **über- und zwischenstaatlichen Rechts**. Hierunter fällt u. a. das Haager Kinderschutz-Übereinkommen (Haager KSÜ) vom 19.10.1996.[32] Nach dessen Art. 6 Abs. 1 ist Deutschland bei Flüchtlingskindern sowie bei anderen Kindern, die infolge Unruhen in ihrem Land in ein anderes Land gelangt sind, für Maßnahmen zum Schutz der Person zuständig. Hierzu zählen die Leistungen des SGB VIII, v. a. die Hilfe zur Erziehung nach §§ 27 ff. SGB VIII.[33] Vor diesem Hintergrund ist § 6 Abs. 2 SGB VIII v. a. für junge Volljährige von Bedeutung.[34]

29 Dazu s. o. unter bb).

30 Vgl. auch zur Duldung Überblick bei FK/Münder/Eschelbach SGB VIII § 6 Rn. 23 ff., 28.

31 Zum staatlichen Wächteramt s. unter IV.

32 BGBl. 2009 II, S. 602 f.; zu weiteren zwischenstaatlichen Verträgen vgl. FK/Münder/Eschelbach SGB VIII § 6 Rn. 9 ff.; Krug/Riehle/Kunkel SGB VIII § 6 Anm. 102 ff. m. w. N.

33 Vgl. PK Kindschaftsrecht/Schweppe KSÜ Art. 6 Rn. 1 (umfassende Zuständigkeit).

34 FK/Münder/Eschelbach SGB VIII § 6 Rn. 18; vgl. auch Meysen/Beckmann/González Méndez de Vigo NVwZ 2016, 427 (427 ff.).

**Praxishinweis**

Nach § 55 Abs. 1, 2 Nr. 7 AufenthG in der bis zum 31.12.2015 geltenden Fassung konnten Ausländer im Rahmen der sog. Ermessensausweisung ausgewiesen werden, wenn sie Hilfe zur Erziehung außerhalb der eigenen Familie oder Hilfe für junge Volljährige erhielten, es sei denn, die Eltern bzw. ein allein personensorgeberechtigter Elternteil hielten sich rechtmäßig im Bundesgebiet auf. Diese Vorschrift wurde inzwischen ersatzlos gestrichen.

Eine „**Ausweisungsmöglichkeit wegen Jugendhilfe**" besteht seither nicht mehr.[35]

#### *dd) Auslandsdeutsche*

Deutschen, die ihren **Aufenthalt im Ausland** haben, können nach § 6 Abs. 3 SGB VIII-Leistungen gewährt werden, wenn sie in ihrem Aufenthaltsland keine Hilfe erhalten. Hierbei handelt es sich um eine Ermessensentscheidung. Die Hilfe selbst, z. B. eine Vollzeitpflege nach § 33 SGB VIII, eine Heimerziehung oder sonstige betreute Wohnform nach § 34 SGB VIII kann dann in Deutschland erbracht werden.

### f) Freie und öffentliche Jugendhilfe

Das **Verhältnis von öffentlicher und freier Jugendhilfe** wird durch § 4 SGB VIII geregelt.

#### *aa) Begriff*

Die **Träger der öffentlichen (staatlichen) Jugendhilfe** werden gem. § 69 Abs. 1 SGB VIII durch Landesrecht bestimmt. Entsprechende Regelungen enthalten die Ausführungsgesetze zum SGB VIII, z. B. das Kinder- und Jugendhilfegesetz für Baden-Württemberg (LKJHG BW). Nach dessen § 1 Abs. 1 und § 3 Abs. 1 sind örtliche Träger der öffentlichen Jugendhilfe die Landkreise, Stadtkreise und bestimmte weitere Gemeinden, überörtlicher Träger ist der Kommunalverband für Jugend und Soziales.

Die **örtlichen Träger** haben nach § 69 Abs. 3 SGB VIII ein Jugendamt, die **überörtlichen Träger** ein Landesjugendamt einzurichten.

**Freie Träger** sind demgegenüber alle natürlichen oder juristischen Personen und Personenvereinigungen, die nicht im verwaltungsrechtlichen Sinne öffentlich-rechtlich sind und Aufgaben der Jugendhilfe erfüllen oder dies zumindest beabsichtigen. Die Bezugnahme auf das Verwaltungsrecht ist erforder-

35 Vgl. zu §§ 44 f. AufenthG n. F. FK/Münder/Eschelbach SGB VIII § 6 Rn. 31 f.

lich, weil auch öffentlich-rechtlich organisierte Kirchen unter den Begriff der freien Träger fallen sollen.[36] Gekennzeichnet ist die freie Jugendhilfe gem. § 3 Abs. 1 SGB VIII durch eine Vielfalt von Trägern unterschiedlicher Wertorientierung sowie durch eine ebensolche Vielfalt an Inhalten, Methoden und Arbeitsformen.

Innerhalb der Gruppe der freien Träger kann zwischen **anerkannten und nicht anerkannten Trägern** unterschieden werden.

Die **Anerkennung** wird durch § 75 SGB VIII geregelt. Nach dessen Abs. 3 sind zunächst die Kirchen und Religionsgemeinschaften des öffentlichen Rechts sowie die auf Bundesebene zusammengeschlossenen Verbände der freien Wohlfahrtspflege[37] anerkannte Träger.

Weitere juristische Personen können nach der Ermessensvorschrift des § 75 Abs. 1 SGB VIII anerkannt werden, wenn sie

- auf dem Gebiet der Jugendhilfe im Sinne des § 1 SGB VIII tätig sind,
- gemeinnützige Ziele verfolgen,
- aufgrund der fachlichen und personellen Voraussetzungen erwarten lassen, dass sie einen nicht unwesentlichen Beitrag zur Erfüllung der Aufgaben der Jugendhilfe leisten können und
- die Gewähr für eine den Zielen des Grundgesetzes förderliche Arbeit bieten.

In der Praxis das wichtigste Ausschlusskriterium ist dabei die Frage nach der **Gemeinnützigkeit**. Umstritten ist, ob allein auf die Qualität der angebotenen Leistungen oder zugleich darauf abzustellen ist, dass der Träger keine Gewinnerzielungsabsicht haben darf.[38]

Ein freier Träger, der seit mindestens drei Jahren auf dem Gebiet der Jugendhilfe tätig gewesen ist und die Voraussetzungen des § 75 Abs. 1 SGB VIII erfüllt, hat nach dessen Abs. 2 einen **Anspruch auf Anerkennung**.

---

36 Vgl. FK/Münder SGB VIII § 3 Rn. 7; vgl. auch JurisPK-SGB VIII/Luthe § 3 Rn. 12.

37 Arbeiterwohlfahrt, Deutscher Caritas-Verband, Deutscher Paritätischer Wohlfahrtsverband, Deutsches Rotes Kreuz, Diakonisches Werk und Zentralwohlfahrtsstelle der Juden in Deutschland, Wiesner/Wiesner SGB VIII § 75 Rn. 18.

38 Mit überzeugenden Argumenten für das Erfordernis fehlender Gewinnerzielungsabsicht OVG Hamburg, Urt. v. 22.4.2008, 4 Bf 104/08 = SRa 2008, 238 (239 ff.) = BeckRS 2008, 37950; LPK-SGB VIII/Schindler/Elmauer SGB VIII § 75 Rn. 8; dagg. Wiesner/Wiesner SGB VIII § 75 Rn. 10; FK/v.Boetticher/Münder SGB VIII § 75 Rn. 11 f.; JurisPK-SGB VIII/Luthe § 3 Rn. 16.

### *bb) Zusammenarbeit*

Nach § 4 Abs. 1 SGB VIII soll die öffentliche Jugendhilfe mit der freien Jugendhilfe **partnerschaftlich** zusammenarbeiten, dabei aber deren Selbständigkeit in Zielsetzung und Durchführung der Aufgaben sowie in der Gestaltung der Organisationsstruktur achten. Dies gilt für anerkannte und nicht anerkannte Träger der freien Jugendhilfe gleichermaßen.

Der Grundsatz partnerschaftlicher Zusammenarbeit ist nicht in das Belieben von öffentlichen Trägern gestellt, er begründet vielmehr eine **objektive Rechtspflicht**, deren Verletzung zu einem Einschreiten der Aufsichtsbehörde führen kann. Ein subjektives, also einklagbares Recht der freien Träger, und sei es nur auf fehlerfreie Ermessensausübung, besteht jedoch nicht.[39]

Ein wichtiges Instrument der Zusammenarbeit, v. a. auch der Klärung dessen, welche Angebote freie Träger zur Verfügung stellen wollen und können, ist die **Jugendhilfeplanung** nach § 80 SGB VIII.[40] Gleiches gilt für die Bildung von Arbeitsgemeinschaften nach § 78 SGB VIII, in denen neben den Jugendämtern die anerkannten Träger der freien Jugendhilfe sowie die Träger geförderter Maßnahmen vertreten sind. In den Arbeitsgemeinschaften soll unter Beteiligung selbstorganisierter Zusammenschlüsse nach § 4a SGB VIII[41] darauf hingewirkt werden, dass die geplanten Maßnahmen aufeinander abgestimmt werden, sich gegenseitig ergänzen sowie in den Lebens- bzw. Wohnbereichen junger Menschen und ihrer Familien deren Bedürfnissen, Wünschen und Interessen entsprechend zusammenwirken.[42]

### *cc) Erbringung von Leistungen und anderen Aufgaben*

Hinsichtlich der Erfüllung von Aufgaben der Jugendhilfe durch die öffentlichen bzw. freien Träger wird durch § 3 Abs. 2, 3 SGB VIII zwischen Leistungen und anderen Aufgaben unterschieden. Dabei knüpft das Gesetz an die Terminologie des § 2 Abs. 2, 3 SGB VIII an.

**Leistungen** werden sowohl von der öffentlichen als auch von der freien Jugendhilfe erbracht. Gesetzlich verpflichtet werden aber nur öffentliche Träger.

Zugleich sieht § 4 Abs. 2 SGB VIII hinsichtlich der Leistungen einen eingeschränkten **Vorrang der freien Jugendhilfe** vor: Soweit anerkannte Träger geeignete Einrichtungen, Dienste und Veranstaltungen vorhalten oder rechtzeitig schaffen können, soll die öffentliche Jugendhilfe von eigenen Maßnah-

---

39 FK/Münder SGB VIII § 4 Rn. 11.

40 Dazu s. unter XIV.

41 Dazu s. unter g).

42 Zur Kritik an der Regelung des § 78 SGB VIII vgl. LPK-SGB VIII/Schindler/Elmauer SGB VIII § 78 Rn. 1 a. E.

men absehen.[43] Privat-gewerbliche Träger werden dagegen nicht vor öffentlicher Konkurrenz geschützt.[44] Begründet wird die Unterscheidung zwischen anerkannten und nicht anerkannten Trägern mit Gründen der Daseinsvorsorge, hinsichtlich derer auf Dauerhaftigkeit, Verlässlichkeit und Gemeinnützigkeit abgestellt werden könne.[45]

**Andere Aufgaben** als Leistungen werden grundsätzlich von den öffentlichen Trägern wahrgenommen. Freie Träger können insoweit nur aufgrund einer gesetzlichen Ermächtigung durch das SGB VIII betraut werden.

Eine solche **gesetzliche Ermächtigung** ist § 76 SGB VIII. Danach können die Träger der öffentlichen Jugendhilfe anerkannte Träger der freien Jugendhilfe an der Durchführung ihrer Aufgaben nach §§ 42, 42a, 43, 50–52a und 53 Abs. 2–4 SGB VIII beteiligen oder ihnen die betreffenden Aufgaben zur Ausführung übertragen. Dabei ist unter Beteiligung die teilweise, unter Übertragung dagegen die vollständige Delegation der Aufgabenwahrnehmung zu verstehen.[46] Nicht möglich ist eine Delegation an andere als anerkannte, also insbesondere nicht gemeinnützige Träger. Zudem bleiben die öffentlichen Träger stets für die Aufgabenerfüllung verantwortlich.

Soweit sich ein öffentlicher Träger entscheidet, von der durch § 76 SGB VIII eingeräumten Möglichkeit Gebrauch zu machen, schließt er mit dem in Betracht kommenden freien Träger einen **öffentlich-rechtlichen Vertrag** nach §§ 53 ff. SGB X ab.[47] Dieser Vertrag hat allerdings nicht zur Folge, dass der freie Träger nun seinerseits Staatsgewalt ausüben dürfte. Verwaltungsrechtliche Folgen können weiter nur durch den öffentlichen Träger ausgelöst werden. Soweit z. B. im Rahmen einer Inobhutnahme ein hoheitliches Handeln erforderlich ist, kann der freie Träger lediglich auf ein Tätigwerden der staatlichen Organe, insbesondere also des Jugendamts hinwirken.[48]

43 Teilweise bestehen landesrechtlich weitergehende Regelungen. So haben die Träger der öffentlichen Jugendhilfe in Bayern erst dann für geeignete Einrichtungen, Dienste und Veranstaltungen selbst Sorge zu tragen, wenn Träger der freien Jugendhilfe hierzu auch mit öffentlicher Förderung nach § 74 SGB VIII nicht bereit oder nicht in der Lage sind, Art. 13 S. 2 des Gesetzes zur Ausführung der Sozialgesetze (AGSG).

44 LPK-SGB VIII/Schindler/Elmauer SGB VIII § 4 Rn. 42; a. A. FK/Münder SGB VIII § 4 Rn. 15 a. E.

45 So LPK-SGB VIII/Schindler/Elmauer SGB VIII § 4 Rn. 42 a. E. m. w. N.

46 FK/v.Boetticher/Münder SGB VIII § 76 Rn. 1.

47 Wiesner/Wiesner SGB VIII § 76 Rn. 13 f.

48 FK/v.Boetticher/Münder SGB VIII § 76 Rn. 5 f.

**Praxishinweis**

Strittig ist, ob im Falle der Aufgabenübertragung nach § 76 SGB VIII ein **Weisungsrecht** des öffentlichen Trägers gegenüber dem freien Träger besteht.[49] Wegen der fortbestehenden Verantwortung des öffentlichen Trägers ist diesem daher anzuraten, in die vertragliche Vereinbarung mit dem freien Träger eine entsprechende Klarstellung aufzunehmen.

### *dd) Förderung und Finanzierung der freien Jugendhilfe*

Mit der Aufgabenerfüllung durch freie Träger und der Zusammenarbeit zwischen öffentlicher und privater Jugendhilfe einher geht eine grundsätzliche Pflicht öffentlicher Träger, die freie Jugendhilfe nach Maßgabe der Vorschriften des Besonderen Teils zu **fördern** und dabei die verschiedenen Formen der Selbsthilfe zu stärken. Das ergibt sich aus § 4 Abs. 3 SGB VIII, der zugleich die Beteiligung von Kindern, Jugendlichen und deren Eltern betont.

Einzelheiten der Förderung unter Einschluss der Finanzierung finden sich in den §§ 73 ff. SGB VIII.

So ist das Jugendamt nach § 73 SGB VIII objektivrechtlich verpflichtet,[50] **Ehrenamtliche** bei ihrer Tätigkeit anzuleiten, zu beraten und zu unterstützen.

Nach § 74 Abs. 1 SGB VIII soll die **Tätigkeit der freien Träger** durch die öffentliche Jugendhilfe gefördert werden, wenn der freie Träger

- die fachlichen Voraussetzungen für die geplante Maßnahme erfüllt,
- die Grundsätze und Maßstäbe von Qualitätsentwicklung und Qualitätssicherung nach Maßgabe des § 79a SGB VIII erfüllt,
- die Gewähr für eine zweckentsprechende und wirtschaftliche Verwendung der Mittel bietet,
- gemeinnützige Ziele verfolgt,
- eine angemessene Eigenleistung erbringt und
- die Gewähr für eine den Zielen des Grundgesetzes förderliche Arbeit bietet.

Soll die Förderung **auf Dauer** erfolgen, muss es sich i. d. R. um einen anerkannten Träger der freien Jugendhilfe handeln. Über Art und Höhe der Förderung sowie ggf. die Auswahl unter den in Betracht kommenden Trägern entscheidet die öffentliche Jugendhilfe gem. § 74 Abs. 2–6 SGB VIII nach pflicht-

---

49 Dafür OLG Oldenburg, Urt. v. 2.9.1996, Ss 249/96 = NStZ 1996, 238 (238) = BeckRS 9998, 35573; Bringewat NJW 1998, 944 (947); dagg. FK/v.Boetticher/Münder SGB VIII § 76 Rn. 12.

50 BeckOK SozR/Winkler SGB VIII § 73 Rn. 3.

gemäßem Ermessen. Dabei soll solchen Maßnahmen der Vorzug gegeben werden, die stärker an den Interessen der Betroffenen orientiert sind und deren Einflussnahme auf die konkrete Ausgestaltung gewährleisten.

Nach § 74a SGB VIII wird die **Finanzierung von Tageseinrichtungen** durch Landesrecht geregelt. Dabei können alle Träger von Einrichtungen gefördert werden, welche die rechtlichen und fachlichen Voraussetzungen für deren Betrieb erfüllen.

Ein weiterer Weg zur Finanzierung der Arbeit freier Träger ist das **jugendhilferechtliche Dreiecksverhältnis**.

Dabei hat der Bürger als **Leistungsberechtigter** einen Anspruch gegen den öffentlichen Träger der Jugendhilfe (sog. **Leistungsträger**). Dieser Anspruch wird regelmäßig durch Verwaltungsakt konkretisiert. Zugleich besteht ein zivilrechtlicher Vertrag zwischen Bürger und freiem Träger, kraft dessen dieser als **Leistungserbringer** verpflichtet wird. Die Finanzierung der Leistung erfolgt jedoch nicht durch den Bürger, sondern durch den öffentlichen Träger, der hierfür i. d. R. ebenfalls eine vertragliche Beziehung zum freien Träger eingegangen ist.[51]

### g) Selbstorganisierte Zusammenschlüsse

Durch das KJSG wurde § 4a in das SGB VIII eingefügt. Dieser enthält in Abs. 1 eine Definition selbstorganisierter Zusammenschlüsse. Die Zusammenarbeit der Jugendhilfe mit selbstorganisierten Zusammenschlüssen wird durch Abs. 2a, die Förderung selbstorganisierter Zusammenschlüsse durch Abs. 3 geregelt.

Nach der **Legaldefinition** des § 4a Abs. 1 handelt es sich bei selbstorganisierten Zusammenschlüssen nach dem SGB VIII um solche, in denen sich Personen, die nicht in berufsständische Organisationen der Kinder- und Jugendhilfe eingebunden sind (v. a. Leistungsberechtigte, Leistungsempfänger und Ehrenamtliche), nicht nur vorübergehend und mit dem Ziel zusammenschließen, Adressaten der Kinder- und Jugendhilfe zu unterstützen, zu begleiten und zu fördern. Erfasst werden zudem Selbsthilfekontaktstellen.

Unter die Definition fallen nach der Gesetzesbegründung „Zusammenschlüsse etwa von jungen Menschen, von sogenannten ‚**Careleavern**', von Eltern oder von Pflegeeltern, denen es darum geht, die Interessen der Adressatinnen und Adressaten der Kinder- und Jugendhilfe im Rahmen der Mitbestimmung in Einrichtungen und Institutionen der Kinder- und Jugendhilfe oder im Rahmen gesellschaftlichen Engagements im Gemeinwesen auf politischer

51 Vgl. dazu ausführlich FK/v.Boetticher/Münder SGB VIII VorKap. 5 Rn. 6 ff.

Ebene zu vertreten oder sich in der Selbsthilfe zu engagieren." Jugendverbände sollen eine besondere Form selbstorganisierter Zusammenschlüsse in diesem Sinne darstellen.[52]

Die öffentliche Jugendhilfe arbeitet nach § 4a Abs. 2 SGB VIII mit den selbstorganisierten Zusammenschlüssen zusammen, und zwar insbesondere zur Lösung von Problemen im Gemeinwesen oder innerhalb von Einrichtungen. Gleichzeitig wirkt die öffentliche Jugendhilfe auf eine **partnerschaftliche Zusammenarbeit** zwischen freier Jugendhilfe und selbstorganisierten Zusammenschlüssen hin.

Mit dieser Vorgabe will das Gesetz die Stimme der Betroffenen stärken. Die Kinder- und Jugendhilfe soll den Leitgedanken „**Nicht über uns ohne uns**" in ihren Strukturen Rechnung tragen.[53] Entsprechend sieht § 71 Abs. 2 SGB VIII vor, dass dem Jugendhilfeausschuss als beratende Mitglieder selbstorganisierte Zusammenschlüsse angehören sollen.[54]

Die öffentliche Jugendhilfe soll die selbstorganisierten Zusammenschlüsse nach Maßgabe des SGB VIII **anregen und fördern**. Insoweit ist insbesondere auf die §§ 73 f. Bezug zu nehmen.[55]

### h) Inhaltliche Vorgaben zur Aufgabenerfüllung

Materielle, also inhaltliche Vorgaben zur Aufgabenerfüllung enthalten § 5 SGB VIII mit Blick auf das Wunsch- und Wahlrecht, § 8 Abs. 1 SGB VIII mit Blick auf die Beteiligung von Kindern und Jugendlichen sowie § 9 SGB VIII hinsichtlich der Grundausrichtung der Erziehung und der Gleichberechtigung von Mädchen und Jungen.

#### *aa) Wunsch- und Wahlrecht*

Das Wunsch- und Wahlrecht des § 5 Abs. 1 SGB VIII besagt zunächst, dass Leistungsberechtigte, also Inhaber subjektiver Rechte, zwischen Einrichtungen und Diensten **verschiedener Träger** wählen bzw. Wünsche hinsichtlich der **Gestaltung der Hilfe** äußern dürfen. Hierauf sind sie durch den öffentlichen Träger ausdrücklich hinzuweisen.

Das Wunsch- und Wahlrecht umfasst dabei **Angebote öffentlicher und freier Träger** gleichermaßen, wobei nicht erforderlich ist, dass die freien Träger

---

52 BT-Drs. 19/26107, S. 72.

53 BT-Drs. 19/26107, S. 72.

54 Dazu s. unter XV. 1. b).

55 Dazu s.o unter f.) dd).

als solche anerkannt sind. Träger i. S. d. § 5 Abs. 1 SGB VIII können deshalb auch gewerbliche Einrichtungen sein.

Bedingung ist, dass die Voraussetzungen der entsprechenden Hilfeform vorliegen, diese also **rechtlich zulässig** ist. Das wäre z. B. dann nicht der Fall, wenn aus fachlicher Sicht eine ambulante Hilfe zur Erziehung ausreicht, die Leistungsberechtigten aber eine stationäre Hilfe vorziehen wollen.[56]

Zudem kann nur ein solches Angebot gewünscht bzw. gewählt werden, das **bereits vorhanden** ist. Vom öffentlichen Träger kann nicht gefordert werden, zusätzliche Mittel bereitzustellen, um eine (weitere) Auswahl zu ermöglichen.

Liegen diese Voraussetzungen vor, so soll den Wünschen des Leistungsberechtigten nach § 5 Abs. 2 S. 1 SGB VIII grundsätzlich gefolgt werden, wenn dies nicht mit **unverhältnismäßigen Mehrkosten** verbunden ist.

Dabei ist die Höhe der Mehrkosten aufgrund eines **Vergleichs** zu bestimmen, bei der die Kosten der Leistungserbringung unter Berücksichtigung des Wunsch- und Wahlrechts denjenigen gegenübergestellt werden, die entstünden, wenn dem Wunsch nicht gefolgt würde.[57]

Problematisch ist das, soweit Leistungen öffentlicher und freier Träger miteinander verglichen werden. In solchen Fällen dürfen nicht unterschiedliche Kostenbestandteile in den Vergleich eingestellt werden. Insbesondere sog. **Vorhalte- und Regiekosten** (z. B. Abschreibung für Investitionen, Büromaterial, Overheadkosten) sind entweder bei beiden Trägern zu berücksichtigen oder bei beiden Trägern außer Acht zu lassen.[58]

**Praxishinweis**

Nicht entscheidend ist, unter welchen **Haushaltstiteln** der öffentliche Träger die Kosten bucht. So werden Kosten für die EDV-Ausstattung, für die Personalverwaltung, für die Verwaltungsleitung und für das Rechtsamt im Rahmen der sog. Kameralistik nicht im Haushaltsplan des Jugendamts gebucht.

Die Feststellung der Unverhältnismäßigkeit erfordert eine **Abwägung**, die alle Umstände des Einzelfalls einbezieht. Dabei sind Mehrkosten nicht schon deshalb unverhältnismäßig, weil die Gründe für die Ausübung des Wunsch- und Wahlrechts aus objektiver Sicht unvernünftig scheinen. Denn Zweck von § 5 SGB VIII ist eben auch eine vertrauensvolle Zusammenarbeit zwischen Trägern der Jugendhilfe und Leistungsberechtigten. Das lässt sich pädagogisch damit

56 FK/Münder/Beckmann SGB VIII § 5 Rn. 8 m. w. N.

57 OVG Münster, Beschl. v. 21.1.2014, 12 A 2470/13 = BeckRS 2014, 54695; FK/Münder/Beckmann SGB VIII § 5 Rn. 15; BeckOK SozR/Winkler SGB VIII § 5 Rn. 10.

58 BVerwG, Beschl. v. 25.8.1987, 5 B 50/87 = NVwZ-RR 1989, 252 (252) = BeckRS 9998, 26967; FK/Münder/Beckmann SGB VIII § 5 Rn. 21.

begründen, dass der Bürger einer von ihm gewollten Leistung regelmäßig positiv gegenübersteht, was u. a. zu einer günstigeren Erfolgsprognose der in Aussicht genommenen Hilfe führen kann. Andererseits können nachvollziehbare Gründe, wie etwa die Wohnortnähe einer stationären Unterbringung mit Blick auf die künftige Ausübung des Umgangsrechts oder eine von Eltern und Kind gewünschte konfessionelle Ausrichtung des Trägers dazu führen, dass auch solche Mehrkosten zu akzeptieren sind, die i. Ü. als unverhältnismäßig gelten würden.

**Praxishinweis**

Als **ganz grobe Richtschnur** können Mehrkosten von bis zu 20 % als unschädlich gelten, während Mehrkosten von 75 % ohne weiteres unverhältnismäßig sind.[59]

Weitergehende Einschränkungen bestehen nach § 5 Abs. 2 S. 2 SGB VIII, wenn die Erbringung einer **Leistung nach § 78a** in einer Einrichtung gewünscht wird, mit welcher der öffentliche Träger keine Vereinbarung nach § 78b SGB VIII abgeschlossen hat. In diesem Fall soll der Wahl nur dann entsprochen werden, wenn die Erbringung der Leistung in der betreffenden Einrichtung im Einzelfall oder nach Maßgabe des Hilfeplans geboten ist.

Maßnahmen nach § 78a SGB VIII sind dabei vorbehaltlich einer anderweiten landesrechtlichen Regelung[60] v. a. solche mit **teil- oder vollstationärem** Charakter. Vereinbarungen nach § 78b SGB VIII bestehen aus einer Leistungs-, einer Entgelt- und einer Qualitätsentwicklungsvereinbarung.

**Geboten** ist eine Leistungserbringung trotz fehlender Vereinbarung nach § 78b SGB VIII dann, wenn sie aus sozialpädagogischen oder jugendhilfebezogenen Gründen praktisch nur in der gewählten Weise möglich ist.[61]

#### *bb) Beteiligung von Kindern und Jugendlichen*

Kinder und Jugendliche sind nach § 8 Abs. 1 S. 1 SGB VIII **entsprechend ihrem Entwicklungsstand** an allen sie betreffenden Entscheidungen der öffentlichen Jugendhilfe zu beteiligen. Dies kann nicht nur bei größeren, sondern bereits bei Kleinkindern möglich und geboten sein. So ist z. B. eine Interaktionsbeobachtung möglich, soweit sich Kinder noch nicht artikulieren können.[62]

---

59 Vgl. BVerwG, Urt. v. 11.02.1982, 5 C 85/80 = NJW 1983, 2586 (2587) = BeckRS 9998, 44852; FK/Münder/Beckmann SGB VIII § 5 Rn. 25 m. w. N.

60 Zur geringen praktischen Bedeutung solcher Regelungen vgl. BeckOGK/Kilz SGB VIII § 78a Rn. 24.

61 Vgl. FK/Münder/Beckmann SGB VIII § 5 Rn. 29.

62 FK/Meysen SGB VIII § 8 Rn. 5.

Kinder und Jugendliche sind in geeigneter Weise auf ihre **Rechte im Verwaltungsverfahren** des öffentlichen Jugendhilfeträgers, in Verfahren vor dem Verwaltungsgericht sowie ggf. in **familiengerichtlichen Verfahren** hinzuweisen, § 8 Abs. 1 S. 2 SGB VIII.

Eine Selbstverständlichkeit vor dem Hintergrund des **Inklusionsgedankens** wird seit Inkrafttreten des KJSG durch § 8 Abs. 4 SGB VIII betont, nämlich dass Beteiligung und Beratung der Kinder bzw. Jugendlichen in einer für sie verständlichen, nachvollziehbaren und wahrnehmbaren Form zu erfolgen haben.

### *cc) Grundausrichtung der Erziehung*

Vorgaben zur **Grundausrichtung der Erziehung** und zur Gleichberechtigung von jungen Menschen enthält § 9 SGB VIII. Diese gelten für öffentliche und freie Träger gleichermaßen.

So ist nach § 9 Nr. 1 SGB VIII bei der Ausgestaltung von Leistungen und der Erfüllung sonstiger Aufgaben die von den **Personensorgeberechtigten**, i. d. R. also den Eltern bestimmte Grundrichtung der Erziehung zu beachten.

Dies trägt dem Umstand Rechnung, dass das elterliche Erziehungsprimat des Art. 6 Abs. 2 GG durch die Jugendhilfe grundsätzlich nicht eingeschränkt wird.

Hinsichtlich der **religiösen Erziehung** sind neben den Rechten der Sorgeberechtigten auch die Rechte des Kindes oder Jugendlichen selbst beachtlich. Das hängt mit der Wertung des § 5 KErzG zusammen: Danach kann bei einem Kind ab 12 Jahren ein Bekenntniswechsel nicht gegen dessen Willen vollzogen werden (sog. eingeschränkte Religionsmündigkeit). Ab 14 Jahren steht Jugendlichen die Entscheidung über ihr Bekenntnis allein zu; sie können dann einen Bekenntniswechsel gegen den Willen ihrer Eltern vollziehen (sog. volle Religionsmündigkeit).

Weiter sind nach § 9 Nr. 2 SGB VIII die wachsende Fähigkeit und das wachsende Bedürfnis von Kindern und Jugendlichen zu **selbständigem, verantwortungsbewusstem Handeln** zu berücksichtigen. Die Vorschrift entspricht der Vorgabe an Eltern in § 1626 Abs. 2 BGB. Soweit es nach dem Entwicklungsstand eines Kindes angezeigt ist, sollen Kinder und Jugendliche deshalb zunehmend Freiräume bekommen und Entscheidungen möglichst einvernehmlich getroffen werden.

Ebenso wie das wachsende Autonomiebedürfnis, das der Erziehung zu einer eigenverantwortlichen Persönlichkeit und damit § 1 Abs. 1 SGB VIII entspricht, sollen besondere **soziale oder kulturelle Bedürfnisse** und Eigenarten junger Menschen bzw. ihrer Familien berücksichtigt werden.

Dies gilt gerade für **ausländische Betroffene**. Gefordert ist also nicht eine Integration im Sinne einer Leitkultur, sondern eine „kulturelle Neugier, also ein Interesse und Sensibilität für unterschiedliche Lebensformen, -entwürfe, Selbstkonstruktionen, Milieu- und Migrationshintergründe, sexuelle Orientierungen und Identitäten".[63] Ihre Grenzen findet dies freilich in dem Menschenbild des Grundgesetzes: Einstellungen und Traditionen, die mit wesentlichen Grundgedanken der sich aus der Verfassung ergebenden objektiven Werteordnung und der freiheitlich-demokratischen Grundordnung schlechterdings nicht vereinbar sind, dürfen nicht durch die Jugendhilfe gefördert werden.[64]

Durch § 9 Nr. 3 SGB VIII wird die Kinder- und Jugendhilfe verpflichtet, die unterschiedlichen Lebenslagen von Mädchen, Jungen sowie transidenten, nichtbinären und intergeschlechtlichen jungen Menschen zu berücksichtigen, Benachteiligungen abzubauen und die **Gleichberechtigung** von Mädchen und Jungen zu fördern.

**Praxishinweis**
Dabei ist die Geschlechtergerechtigkeit nicht länger eine **Einbahnstraße**: So ergeben sich Herausforderungen aus einer strukturellen Benachteiligung von Jungen, die sich in einer höheren Zahl von Schulabbrechern und geringeren Bildungsabschlüssen zeigt. Zudem hat das Erziehungsziel Gleichberechtigung Einfluss auf andere Aufgabenbereiche. So wäre es wenig überzeugend, wollte das Jugendamt einerseits für Geschlechtergerechtigkeit unter jungen Menschen sorgen, zugleich aber z. B. im Rahmen der Mitwirkung in familiengerichtlichen Verfahren überkommenden Rollenklischees (z. B. „Kinder gehören zur Mutter", „Frauen sind Opfer, Männer sind Täter") anhängen.

Zuletzt ist nach § 9 Nr. 4 SGB VIII die gleichberechtigte Teilhabe von jungen Menschen mit und ohne **Behinderungen** umzusetzen. Soweit Barrieren bestehen, sind diese abzubauen.

**Exkurs:** Neben den Vorgaben aus § 9 SGB VIII sind wegen der **Einheit der Rechtsordnung** Wertungen des BGB zu berücksichtigen. Hierzu gehört § 1626 Abs. 3 BGB, wonach zum Wohl des Kindes i. d. R. ein Umgang mit Vater, Mutter und ggf. sonstigen Bezugspersonen gehört. Auch das Recht des Kindes auf gewaltfreie Erziehung aus § 1631 Abs. 2 BGB ist zu beachten.

### i) Ombudsstellen

Nach § 9a SGB VIII wird in den Ländern sichergestellt, dass sich junge Menschen und ihre Familien im Zusammenhang mit Aufgaben der Kinder- und

63 FK/Meysen SGB VIII § 9 Rn. 7; JurisPK-SGB VIII/Heußner § 9 Rn. 40 ff.
64 Vgl. JurisPK-SGB VIII/Heußner § 9 Rn. 49.

Jugendhilfe nach § 2 SGB VIII und deren Wahrnehmung durch öffentliche bzw. freie Jugendhilfe an eine Ombudsstelle wenden können, die unabhängig arbeitet und fachlich nicht weisungsgebunden ist. Aufgaben der Ombudsstellen sind zum einen die Beratung der Betroffenen in **Konflikten** mit der Kinder- und Jugendhilfe, zum anderen die Vermittlung und Klärung solcher Konflikte.

In der Gesetzesbegründung wird dazu ausgeführt, dass Initiativen zur ombudschaftlichen Beratung und Unterstützung aus dem wachsenden Bewusstsein einer **strukturellen Machtasymmetrie** zwischen professionellen Helfern und Hilfe- bzw. Leistungsempfängern entstanden seien. Die Erfahrungen im Alltag zeigten, dass im Kontext der Leistungsgewährung, des fachlichen Handelns und der Kommunikationsprozesse Konflikte zwischen Leistungsträgern und Leistungsberechtigten bzw. Leistungsempfängern entstünden. Letztere könnten ihre Rechte dabei oft nicht oder nicht umfassend verwirklichen.[65]

Unverständlich erscheint vor diesem Hintergrund allerdings, dass die Tätigkeit der Ombudsstellen auf die in § 2 SGB VIII genannten Aufgaben beschränkt wird und damit nicht die im 1. Kapitel geregelten Aufgaben erfasst (insb. §§ 8 ff., 10 f. SGB VIII).[66]

Bereits vor Inkrafttreten der Vorschrift bestanden **nahezu flächendeckend** Ombudsstellen.[67]

### j) Konkurrenzen

Das **Verhältnis zu anderen Leistungen** und Verpflichtungen (sog. Konkurrenzen) wird durch § 10 SGB VIII geregelt. Dabei geht es um die Frage, was geschieht, wenn neben der Jugendhilfe noch weitere Personen oder Einrichtungen Leistungen gegenüber dem Berechtigten zu erbringen haben: Dass dann nicht jeder Verpflichtete den Berechtigten auf einen anderen verweisen kann, der Berechtigte aber letztendlich ohne Unterstützung dasteht, dürfte einleuchtend sein.[68]

---

65 BT Drs. 19/26107, S. 75 f.

66 Gerade die Aufgaben im Kontext des staatlichen Wächteramts (§§ 8 ff. SGB VIII) sind konfliktträchtig.

67 Vgl. dazu Übersicht des Bundesnetzwerks Ombudschaft in der Jugendhilfe e.V., online verfügbar unter https://ombudschaft-jugendhilfe.de/ombudsstellen/ (Stand: 6.5.2021). Die bundesrechtliche Regelung hat praktisch ohnehin nur Appellcharakter. Denn gem. Art. 84 Abs. 1 S. 2 GG können die Länder abweichende Regelungen treffen.

68 Zum Ganzen vgl. Schmidt ZKJ 2014, 464 ff.

**Praxishinweis**
Das betrifft v. a. das Betätigungsfeld der **Jugendsozialarbeit** nach § 13 SGB VIII, deren Ziel u. a. die Integration junger Menschen in Schule, Ausbildung und Beruf ist. Ähnliche Zielsetzungen ergeben sich z. B. aus dem Schulrecht, aus der Grundsicherung für Arbeitsuchende (SGB II) und aus der Arbeitsförderung (SGB III).

Allerdings stellt sich die Frage nach einer Konkurrenz erst dann, wenn eine personelle und eine sachliche Kongruenz der zu gewährenden Leistungen besteht.

Hinsichtlich der **personellen Kongruenz** ist entscheidend, für wen die Leistungen erbracht werden sollen, nicht wer anspruchsberechtigt ist.[69] Das kann man sich leicht merken: Was nutzt es einem Hungernden, wenn man seinem Nachbarn, nicht aber ihm zu essen gibt?

Abzustellen ist insoweit auf **Altersgrenzen** und sonstige persönliche Merkmale. So zielt die Jugendhilfe auf junge Menschen ab, also auf solche, die noch nicht 27 Jahre alt sind, § 7 Abs. 1 Nr. 4 SGB VIII. Andererseits gewährt das SGB II nach dessen § 7 Abs. 1 grundsätzlich erst ab Vollendung des 15. Lebensjahrs Leistungen. Weitere Voraussetzungen dort sind Erwerbsfähigkeit und Hilfebedürftigkeit. Ausländer, denen eine Beschäftigung nicht erlaubt ist bzw. erlaubt werden kann, sind ebenfalls nicht leistungsberechtigt i. S. d. SGB II und fallen damit von vornherein aus dem Kongruenzbereich.

**Praxishinweis**
Umstritten ist, ob eine Konkurrenzsituation dann gegeben sein kann, wenn und soweit ein **SGB II-Anspruch sanktionsbedingt entfallen** ist bzw. der junge Mensch Grundsicherungsleistungen überhaupt nicht erst beantragt, z. B. um mögliche Sanktionen zu umgehen. Im erstgenannten Fall wird aus Sicht des Jugendhilferechts zu berücksichtigen sein, dass eine weitere Desintegration zu verhindern ist,[70] und deshalb eine personelle Kongruenz verneint werden müssen. Würde man dagegen den mutwillig nicht gestellten Antrag ausreichen lassen, um eine Kongruenz abzulehnen, liefe dies auf ein Wahlrecht zwischen dem Leistungsregime von SGB VIII und SGB II hinaus. Ein solches Wahlrecht ist aber vom Gesetzgeber nicht gewollt.[71]

---

69 Unschädlich ist also, dass bei Hilfen zur Erziehung gem. §§ 27 ff. SGB VIII die Personensorgeberechtigten, nicht die jungen Menschen Anspruchsinhaber sind, vgl. LPK-SGB VIII/Kepert SGB VIII § 10 Rn. 8.

70 LPK-SGB VIII/Jan Kepert SGB VIII § 10 Rn. 52 m. w. N.; a. A. Kunkel, S. 70 (Rn. 70).

71 Vgl. Wiesner/Struck SGB VIII § 13 Rn. 22; Kunkel, S. 70 (Rn. 70); a. A. Schruth ZfJ 2005, 223 (228); LPK-SGB VIII/Jan Kepert SGB VIII § 10 Rn. 53.

Die **sachliche Kongruenz** erfordert, dass Inhalt und Zweck der gewährten Leistungen übereinstimmen. Wenn z. B. einem jungen Menschen vom SGB II-Träger Leistungen gewährt werden, damit er zu Essen und ein Dach über dem Kopf hat, vom Jugendamt dagegen Leistungen, die zu seiner sozialen Integration beitragen sollen, hat das eine hat mit dem anderen nichts zu tun. Vielmehr werden unterschiedliche Bedarfe gedeckt.

Inhalt und Zweck des SGB VIII ist dabei die **Förderung von Erziehung und Entwicklung**. Das SGB II will demgegenüber die Eigenverantwortung stärken und dazu beitragen, dass Erwerbsfähige ihren Lebensunterhalt ohne Grundsicherungsleistungen bestreiten können. Das SGB III schließlich soll dem Entstehen von Arbeitslosigkeit entgegenwirken und die Dauer von Arbeitslosigkeit verkürzen. Langzeitarbeitslosigkeit soll durch Verbesserung individueller Voraussetzungen vermieden werden.

Die Zielsetzungen des SGB VIII einerseits bzw. des SGB II und III andererseits unterscheiden sich folglich: Die Aufgaben des SGB VIII sind umfassender; die Integration in das Erwerbsleben ist nur ein Teil der Entwicklung des jungen Menschen. Würde man eine sachliche Kongruenz jedoch stets ablehnen, bedürfte es keiner Regelung der Konkurrenzen zwischen Leistungen nach dem SGB VIII und solchen nach dem SGB II bzw. SGB III, die Vorschrift des § 10 SGB VIII wäre in weiten Teilen überflüssig. Deshalb muss für die Kongruenz eine **partielle Übereinstimmung** genügen.[72]

**Praxishinweis**

Abzulehnen ist eine sachliche Kongruenz aber, wenn hinsichtlich der SGB VIII-Leistung der Ausgleich sozialer Benachteiligungen oder die **soziale Integration** im Vordergrund steht.[73] Dann stellt sich die Frage der Konkurrenzen nicht, SGB VIII-Leistungen sind unabhängig von eventuellen SGB II- und SGB III-Ansprüchen zu erbringen.

Liegen personelle und sachliche Kongruenz vor, gilt nach § 10 SGB VIII Folgendes:

- Nachrang der Jugendhilfe: Verpflichtungen anderer (insbesondere von anderen Sozialleistungsträgern und Schulen) bleiben bestehen (Abs. 1).
- Leistungen der Jugendhilfe werden unabhängig von evtl. bestehenden Unterhaltsrechten gewährt. Der Unterhaltsberechtigte wird an den Jugendhilfekosten durch Zahlung eines Kostenbeitrags beteiligt (Abs. 2)

72 Vgl. Kunkel, S. 68 (Rn. 68).

73 VGH München, Beschl. v. 23.6.2009, 12 ZB 07.2852 – BeckRS 2010, 46914.

- Die Jugendhilfe geht grundsätzlich Leistungen nach dem SGB II, SGB IX und SGB XII vor. Allerdings bestehen insoweit Ausnahmen, und diese Ausnahmen sind so umfangreich, dass das Regel-Ausnahme-Verhältnis praktisch umgekehrt ist (vgl. Abs. 3 und 4).

Es besteht also eine Grundregel, nach der die **Jugendhilfe subsidiär** ist. Diese Grundregel wird im Bereich des SGB II, des SGB IX und des SGB XII (ebenso wie hinsichtlich Unterhaltsansprüchen) durchbrochen; die Jugendhilfe ist insoweit also vorrangig. Eine nochmalige „Ausnahme von der Ausnahme" besteht für bestimmte Leistungen des SGB II, des SGB IX und des SGB XII, die dann wieder gegenüber der Jugendhilfe vorrangig sind.

Damit ergibt sich folgendes Prüfschema:

1. Wird die Konkurrenz einer SGB VIII-Leistung mit einer der in § 10 Abs. 3 S. 2 bzw. Abs. 4 S. 2 SGB VIII genannten Leistungen geprüft?
   - Wenn ja: Vorrang dieser (SGB II-/SGB IX-/SGB XII-)Leistung, § 10 Abs. 3 S. 2/Abs. 4 S. 2 SGB VIII

2. Handelt es sich um eine sonstige SGB II-/SGB IX-/SGB XII-Leistung?
   - Wenn ja: Vorrang der SGB VIII-Leistung, § 10 Abs. 3 S. 1/Abs. 4 S. 1 SGB VIII
   - Wenn nein: Vorrang der anderen Leistung, § 10 Abs. 1 S. 1 SGB VIII

**Praxishinweis**

Von der Möglichkeit des § 10 Abs. 4 S. 3 SGB VIII, nach der die Bundesländer regeln können, dass Leistungen der **Frühförderung** für Kinder unabhängig von der Art der zugrundeliegenden Behinderung vorrangig von den Eingliederungshilfeträgern erbracht werden, haben Baden-Württemberg, Bayern, Hessen, Niedersachsen, Nordrhein-Westfalen, das Saarland, Sachsen, Schleswig-Holstein und Thüringen Gebrauch gemacht.[74]

### k) Beratung über mögliche Leistungen

Vor dem Hintergrund dessen, dass dem SGB VIII ein Verständnis von Kinder- und Jugendhilfe als sozialer Dienstleistung zugrunde liegt, die sich an der **Subjektstellung** der Leistungsberechtigten und -empfänger orientiert und für die das Gestaltungsprinzip der Partizipation konstitutiv ist, soll § 10a SGB VIII die

74 Vgl. FK/Schönecker/Meysen SGB VIII § 10 Rn. 56.

Leistungsadressaten in die Lage versetzen, eigenverantwortlich Entscheidungen zu treffen und am Leistungsgeschehen mitzuwirken.[75]

So werden gem. § 10a Abs. 1 SGB VIII zur Wahrnehmung ihrer Rechte junge Menschen, Mütter, Väter und (sonstige) Personensorge- bzw. Erziehungsberechtigte, die leistungsberechtigt oder mögliche Empfänger von Leistungen nach § 2 Abs. 2 SGB VIII sind,[76] durch das Jugendamt beraten. Durch das Gesetz klargestellt wird, dass die Beratung in einer für die Adressaten verständlichen, nachvollziehbaren und wahrnehmbaren Form erfolgen soll. Erfasst sein soll u. a. die Verwendung der sog. **„Leichten Sprache"**.[77] Ebenso ist Rücksicht auf Sinnesbeeinträchtigungen aller Art zu nehmen. Letztlich handelt es sich bei alledem vor dem Hintergrund des § 9 Nr. 4 SGB VIII um Selbstverständlichkeiten.

Eine Vorgabe zum Verfahren ist, dass die Beratung nach § 10a Abs. 1 SGB VIII auf Wunsch des zu Beratenden im Beisein einer **Vertrauensperson** zu erfolgen hat. Ebenso wie bei der Unterstützung durch einen Beistand nach § 13 Abs. 4 SGB X steht der Wortlaut („einer") der Hinzuziehung mehrerer Vertrauenspersonen nicht entgegen.[78] Anders als bei Beiständen gilt aber das von der Vertrauensperson Vorgetragene nicht als von dem zu Beratenden vorgebracht. Auch finden die Regelungen zur Zurückweisung von Beiständen (§ 13 Abs. 5, 6 SGB X) auf Vertrauenspersonen nach § 10a Abs. 1 SGB VIII keine Anwendung.

**Inhaltlich** umfasst die Beratung nach § 10a Abs. 2 S. 1 SGB VIII insbesondere (aber nicht nur)

- die persönliche (z. B. Familien-)Situation des jungen Menschen einschließlich der Analyse von Bedarfen, vorhandenen Ressourcen sowie möglichen Hilfen (Nr. 1),
- die Leistungen des SGB VIII einschließlich des Zugangs zum Leistungssystem (Nr. 2),
- die Leistungen anderer Leistungsträger, z. B. der Agentur für Arbeit, der Krankenkasse und des Sozialamts (Nr. 3),
- mögliche Auswirkungen und Folgen einer Hilfe in pädagogischer und sonstiger Hinsicht (Nr. 4),

---

75 BT-Drs. 19/26107, S. 77.

76 Erfasst werden damit auch jene, denen Leistungen zugewendet werden, ohne dass sie selbst leistungsberechtigt wären (z. B. Kinder bzw. Jugendliche im Rahmen der Gewährung von Hilfe zur Erziehung nach §§ 27 ff. SGB VIII, vgl. dazu BT-Drs. 19/26107, S. 78).

77 BT-Drs. 19/26107, S. 78.

78 Schütze/Roller SGB X § 13 Rn. 13.

- die Verwaltungsabläufe, z. B. mit Blick auf das Erfordernis einer Antragstellung (Nr. 5),
- Hinweise auf Leistungsanbieter und andere Hilfemöglichkeiten im Sozialraum sowie auf Möglichkeiten zur Leistungserbringung, die u. a. dazu befähigen, vom Wunsch- und Wahlrecht des § 5 SGB VIIII Gebrauch zu machen (Nr. 6) und
- Hinweise auf andere Beratungsangebote im Sozialraum, sei es durch Leistungsträger, selbstorganisierte Zusammenschlüsse oder andere (Nr. 7).

Soweit erforderlich, gehört gem. § 10a Abs. 2 S. 2 SGB VIII zur Beratung auch Hilfe bei der Antragstellung, bei der Klärung weiterer zuständiger Leistungsträger, bei der Inanspruchnahme von Leistungen sowie bei der Erfüllung von Mitwirkungspflichten. Hierbei handelt es sich teilweise um eine unnötige Doppelung. Denn z. B. die Beratung über Leistungen anderer zuständiger Leistungsträger nach § 10a Abs. 2 S. 1 Nr. 4 SGB VIII umfasst bereits die Klärung von deren Zuständigkeit. Im Übrigen soll aber verhindert werden, dass Leistungsberechtigte aufgrund einer **Überforderung mit Verwaltungsabläufen** und strukturellen Gegebenheiten Leistungen nicht in Anspruch nehmen. Insoweit kann es sich bei der Hilfe nach § 10a Abs. 2 S. 2 SGB VIII um eine spezifisch sozialarbeiterische Leistung handeln.[79]

## 2. Regelungen des SGB I

Das SGB I enthält in seinen §§ 14 ff. Vorschriften, die Beratung, Auskunft und Antragstellung betreffen und auch für das SGB VIII gelten.

### a) Beratung

So hat nach § 14 SGB I jeder einen Anspruch auf Beratung über seine Rechte und Pflichten nach dem Sozialgesetzbuch.

Dieser **Beratungsanspruch** richtet sich gegen den Leistungsträger, demgegenüber die Rechte geltend zu machen sind, also gem. § 27 Abs. 2 SGB I gegen die Kreise und kreisfreien Städte bzw., soweit das Landesrecht sie zu örtlichen Trägern bestimmt, gegen kreisangehörige Gemeinden.[80]

---

79 Eine ungenügende Beratung nach § 10a Abs. 1, 2 SGB VIII kann ggf. so sozialrechtlichen Herstellungsansprüchen führen (dazu vgl. LPK-SGB I/Trenk-Hinterberger SGB I § 14 Rn. 14 ff.).

80 Dazu s. o. unter III. 1. f.) aa).

Zweck der Vorschrift ist, eine umfassende Beratung sicherzustellen. Dabei sollen alle Informationen vermittelt werden, die der Berechtigte für eine **zweckentsprechende Entscheidung** benötigt. Zumeist wird die Beratung mit einer Empfehlung verbunden.[81]

Eine fehlerhafte Beratung kann den **sozialrechtlichen Herstellungsanspruch** sowie Amtshaftungsansprüche des Ratsuchenden zur Folge haben.[82]

### b) Auskunft

Der **Auskunftsanspruch** des § 15 SGB I überschneidet sich teilweise mit dem Recht auf Beratung. Danach sind die nach Landesrecht zuständigen Stellen, überwiegend die Landkreise und kreisfreien Städte,[83] die Träger der gesetzlichen Kranken- und der sozialen Pflegeversicherung verpflichtet, über alle sozialen Angelegenheiten des Sozialgesetzbuchs Auskunft zu erteilen.

Hierzu sind die Auskunftsstellen verpflichtet, untereinander und mit den Leistungsträgern **zusammenzuarbeiten**, um eine möglichst umfassende Auskunft sicherstellen zu können. Allerdings erstreckt sich die Auskunftspflicht neben der Benennung eben dieser Leistungsträger nur insoweit auf weitere Sach- und Rechtsfragen, als die Auskunftsstelle zu deren Beantwortung imstande ist.

Die Vorschrift hat damit in erster Linie die Funktion eines **Wegweisers** und soll zu einer Beratung gem. § 14 SGB I durch den zuständigen Leistungsträger führen.[84]

Folgen fehlerhafter Auskunft können erneut Amtshaftungs- bzw. **sozialrechtliche Herstellungsansprüche** sein.[85]

### c) Antragstellung

Hinsichtlich des Antrags auf Gewährung von Sozialleistungen enthält § 16 SGB I eine Erleichterung dergestalt, dass dieser neben dem zuständigen Leistungsträger auch (fristwahrend) **bei jedem anderen Leistungsträger**, bei allen Gemeinden sowie im Falle eines Auslandsaufenthalts bei den amtlichen Vertretungen der Bundesrepublik Deutschland im Ausland gestellt werden kann.

---

81 LPK-SGB I/Trenk-Hinterberger SGB I § 14 Rn. 2, 7.

82 Vgl. dazu LPK-SGB I/Trenk-Hinterberger SGB I § 14 Rn. 12 ff.

83 Vgl. zu den Regelungen in den einzelnen Bundesländern LPK-SGB I/Trenk-Hinterberger SGB I § 15 Rn. 6.

84 LPK-SGB I/Trenk-Hinterberger SGB I § 15 Rn. 5.

85 Dazu LPK-SGB I/Trenk-Hinterberger SGB I § 15 Rn. 12.

Ist der Antrag bei einem unzuständigen Leistungsträger eingegangen, so muss er unverzüglich, also ohne schuldhaftes Zögern an den zuständigen Träger weitergeleitet werden.

Nach § 36 Abs. 1 SGB I können Jugendliche **ab einem Alter von 15 Jahren** selbst Anträge auf Sozialleistungen stellen, soweit sie Anspruchsinhaber sind. Die Sorgeberechtigten, die das Antragsrecht gem. § 36 Abs. 2 S. 1 SGB I durch schriftliche Erklärung gegenüber dem Jugendamt einschränken können, sollen dann von der Antragstellung und einer ggf. folgenden Leistungserbringung unterrichtet werden.

# IV. Jugendamt als staatlicher Wächter

Neben dem Familiengericht wird das staatliche Wächteramt des Art. 6 Abs. 2 S. 2 GG bzw. § 1 Abs. 2 S. 2 SGB VIII v. a. durch die **Jugendämter** ausgeübt.

Da der öffentlichen Jugendhilfe ein eigenständiger Erziehungsauftrag nicht zukommt, ist eine Tätigkeit ohne oder gegen den Willen der Eltern aber regelmäßig ein Eingriff in deren Recht aus Art. 6 Abs. 2 S. 1 GG. Dieser kann nur dann gerechtfertigt sein, wenn er zum Schutz anderer **Rechtsgüter von Verfassungsrang** erforderlich ist, i. d. R. also deshalb, weil eine Gefährdung des Kindeswohls vorliegt.[86]

Hinsichtlich des Schutzauftrags des Jugendamts finden wir zunächst einen „**Fahrplan**" in § 8a SGB VIII. Aus diesem ergibt sich, wie das Jugendamt mit gewichtigen Anhaltspunkten einer Kindeswohlgefährdung umzugehen hat. Entweder im Zusammenhang damit oder isoliert kann ein Kind gem. § 42 SGB VIII in Obhut genommen werden.

**Praxishinweis**

Aus den Schutzpflichten folgt zugleich eine sog. strafrechtliche Garantenpflicht der Fachkräfte des Jugendamts. Beachten diese nicht die gesetzlichen Vorgaben und kann deshalb eine Kindeswohlgefährdung nicht verhindert werden, kommt eine **Strafbarkeit** wegen fahrlässiger Körperverletzung bzw. fahrlässiger Tötung durch Unterlassen in Betracht.[87]

## 1. Schutzauftrag bei Kindeswohlgefährdung

Werden dem Jugendamt gewichtige Anhaltspunkte einer Kindeswohlgefährdung bekannt, so hat es das Gefährdungsrisiko nach § 8a Abs. 1 SGB VIII einzuschätzen. Das Ergebnis dieser Gefährdungseinschätzung entscheidet über das weitere Vorgehen.

---

86 Zum Verhältnis von Kindeswohl und Elternrecht s. o. unter III. 1. b).

87 OLG Hamm, Beschl. v. 22.10.2020, 5 RVs 83/20, 5 Ws 279/20 = BeckRS 2020, 29548; LG Arnsberg, Urt. v. 7.1.2020, 3 Ns-411 Js 274/16–101/17 = BeckRS 2020, 3602.

### a) Maßstab

Wann eine Gefährdung des Kindeswohls vorliegt, wird durch das SGB VIII nicht definiert. Es handelt sich also um einen **unbestimmten Rechtsbegriff**. Allerdings kann auf die familienrechtlichen Maßstäbe abgestellt werden, an denen sich ein Eingriff in das Elternrecht ohnehin messen lassen muss.

Zentraler Bestandteil des Kindeswohls ist die Verwirklichung des Rechts auf **Förderung der Entwicklung** und auf Erziehung zu einer eigenverantwortlichen und gemeinschaftsfähigen Persönlichkeit, § 1 Abs. 1 SGB VIII.

Gefährdet ist das Kindeswohl, wenn eine **gegenwärtige**, in solchem Maß vorhandene **Gefahr** besteht, dass sich bei weiterer Entwicklung ohne staatliches Eingreifen eine **erhebliche Schädigung mit ziemlicher Sicherheit** voraussehen lässt.[88] Die Besorgnis künftiger Gefährdungen genügt nicht. Ebenso wenig genügen vereinzelte Schäden in der Vergangenheit. Erziehungsfehler bei älteren Geschwistern mögen Anlass sein, eine Familie im Auge zu behalten, sie begründen aber nicht ohne weiteres eine gegenwärtig (noch) bestehende Gefahr, zumal wenn sich die Lebensumstände der Eltern geändert haben.[89] Mit zunehmendem Alter des Kindes ist dessen Wille ebenso wie dessen Möglichkeit, sich anderweit Hilfe zu holen, zu berücksichtigen.

Um einen Eindruck davon zu bekommen, was unter den Begriff der Kindeswohlgefährdung subsumiert werden kann, lassen sich verschiedene **Fallgruppen** unterscheiden.

So kann sich eine Gefährdung des Kindeswohls aus der **Nichtvornahme gebotener medizinischer Behandlung** oder Diagnostik ergeben, z. B. wenn Eltern sich trotz objektiv ernstzunehmender Krankheitsanzeichen weigern, das Kind zu untersuchen bzw. eine erforderliche Operation oder Bluttransfusion vorzunehmen.[90]

Zu **Erziehungsfehlern**, die ein Einschreiten rechtfertigen können, gehören z. B. das Anhalten zu Kriminalität, Prostitution oder zum Betteln. Weiter wird eine jede Entwicklung von kindlicher Eigenverantwortung hindernde erstickende Erziehungshaltung (sog. overprotection) ebenso erfasst wie massive und andauernde Elternkonflikte, die sich auf die geistig-seelische Entwicklung des Kindes auswirken.[91]

---

88 Röchling, S. 138; Schleicher/Rabe, S. 322; Palandt/Götz, § 1666 Rn. 8; vgl. auch BVerfG, Beschl. v. 19.11.2014, 1 BvR 1178/14 = FamRZ 2015, 112 (113) = BeckRS 2014, 58662.

89 BVerfG, Beschl. v. 28.02.2012, 1 BvR 3116/11 = FamRZ 2012, 1127 (1129) = BeckRS 2012, 48175; Palandt/Götz, § 1666 Rn. 8 m. w. N.

90 BayObLG, Beschl. v. 25.9.1975, BReg. 1 Z 55/75 = FamRZ 1976, 43 (46).

91 Vgl. zu diesen und weiteren Beispielen Palandt/Götz, § 1666 Rn. 13 m. w. N.

**Praxishinweis**
Allein der Besitz eines (internetfähigen) **Smartphones**, Tablets, Computers oder Fernsehers rechtfertigt dagegen selbst bei Kindern im Alter von erst acht Jahren nicht die Annahme einer Kindeswohlgefährdung. Hierfür müssen vielmehr konkrete Anhaltspunkte vorliegen.[92]

Eine weitere Fallgruppe von Gefährdungen des Kindeswohls ist die **Vernachlässigung**. Diese liegt vor bei einem „grob pflichtwidrigen passiven Verhalten bei Versorgung, Betreuung und Beaufsichtigung des Kindes, dessen Auswirkungen so gravierend sind, dass die Entwicklung ohne Eingriff auf einen nicht mehr aufhaltbaren Schaden zuläuft".[93] So begründet die Unterernährung eines Kindes regelmäßig und längerfristig eine Kindeswohlgefährdung durch den betreuenden Elternteil.[94] Weitere Beispiele sind emotionale Vernachlässigung, mangelhafte Bekleidung und extreme Hygienemängel. Dagegen ist große Zurückhaltung geboten, wenn es um „allgemeine hygienische Prinzipien geht, etwa das tägliche Waschen oder Zähne putzen. Dass die Nichteinhaltung dieser Regeln den Entzug der elterlichen Sorge rechtfertigen könnte, ist bisher […] noch nicht vertreten worden."[95]

Eltern, die ihre Kinder vernachlässigen, zeigen häufig auch i. Ü. keine hinreichende **Erziehungseignung**. Beispiele mangelnder Erziehungseignung können psychischen Erkrankungen (z. B. paranoide Psychosen) ebenso wie Alkohol- oder Drogenmissbrauch sein. Ein sozial übliches Verhalten wie der Tabakkonsum vermag jedoch nur im Ausnahmefall als Gefährdung des Kindeswohls eingestuft zu werden, z. B. bei einer akuten Asthmagefährdung des Kindes.[96] Auch ist stets nach den Auswirkungen auf das Kind zu fragen. So kann sich die psychische Erkrankung eines Elternteils auf dessen Entwicklung auswirken, muss es aber nicht.

Ein besonders schwerwiegender Erziehungsfehler, der sich auf die seelische Gesundheit des Kindes auswirken kann, ist die **Umgangsvereitelung**. Dies gilt umso mehr, wenn es um den Umgang mit dem anderen Elternteil geht. Inso-

92 OLG Frankfurt a. M., Beschl. v. 15.6.2018, 2 UF 41/18 = NZFam 2018, 689 (691) m. zust. Anm. Burschel = BeckRS 2018, 14534.

93 Palandt/Götz, § 1666 Rn. 20.

94 OLG Brandenburg, Beschl. v. 1.8.2019, 9 UF 158/19 = FamRZ 2020, 183 = BeckRS 2019, 23025.

95 OLG Hamm, Beschl. v. 22.6.2001, 7 UF 211/01 = FamRZ 2002, 691 (691 f.) = BeckRS 2001, 31160406; Palandt/Götz, § 1666 Rn. 20.

96 BayObLG, Beschl. v. 30.4.1993, 1Z BR 104/92 = FamRZ 1993, 1350 (1351 f.) = BeckRS 2011, 3622; OLG Karlsruhe, Beschl. v. 14.3.2000, 2 UF 174/99 = JAmt 2001, 192 (193 f.) = BeckRS 2000, 30100958; Palandt/Götz, § 1666 Rn. 12 m. w. N.

weit müssen Eltern zwischen den eigenen Belangen und den Bedürfnissen des Kindes unterscheiden können (Trennung von Paar- und Elternebene).

**Praxishinweis**
In der Praxis erlebt man oft, dass alleinerziehende Elternteile nach der Trennung versuchen, das Kind „auf ihre Seite" zu ziehen. Das kann so weit gehen, dass sie mit dem Kind über gerichtliche Auseinandersetzungen, Anwaltsschriftsätze u. ä. sprechen. Das Kind gerät dadurch in einen **Loyalitätskonflikt**. Es hat den Eindruck, sich zwischen den Eltern entscheiden zu müssen. Ein entsprechendes Verhalten kann daher (erneut) eine psychische Kindeswohlgefährdung sein.

Hinsichtlich **Schule und Ausbildung** haben Eltern den Maßstab des § 1631a S. 1 BGB zu beachten, also für eine Ausbildung zu sorgen, die den Neigungen des Kindes gerecht wird, aber auch dessen Begabungen ausschöpft. Ein Verstoß hiergegen, der sich kindeswohlgefährdend auswirken kann, liegt vor, wenn Eltern aus sachfremden Erwägungen eine ungeeignete Schulform wählen oder es zu erheblichen Fehlzeiten ohne triftigen Grund kommt.[97]

Körperliche **Misshandlungen**, sexueller Missbrauch sind weitere Formen der Kindeswohlgefährdung. Entsprechende Vorwürfe müssen allerdings bewiesen werden können.

Unabhängig davon, um welche Art der Kindeswohlgefährdung es sich konkret handelt, besteht eine **Wechselwirkung** zwischen der Wahrscheinlichkeit eines Schadenseintritts und der Gefährlichkeit der befürchteten Rechtsgutsverletzung: Je größer und unwiederbringlicher der befürchtete Schaden ist, desto geringere Anforderungen sind an den Grad der Gewissheit zu stellen.

### b) Gewichtige Anhaltspunkte einer Gefährdung

Gewichtige Anhaltspunkte für eine Gefährdung des Kindeswohls, wie sie durch § 8a Abs. 1 S. 1 SGB VIII für eine Einschätzung des Gefährdungsrisikos gefordert werden, liegen **nicht erst** dann vor, **wenn eine Kindeswohlgefährdung bereits festgestellt** werden kann. Andererseits muss eine Kindeswohlgefährdung nicht ausgeschlossen werden können, der staatliche Wächter also erst dann tätig werden, wenn handfeste Gründe vorliegen, die eine Gefährdung als nicht fernliegend erscheinen lassen.

97 Vgl. OLG Dresden, Beschl. v. 8.12.2014, 23 UF 633/13 = FamRZ 2015, 676 (677) = BeckRS 2015, 7265.

Entsprechend handelt es sich bei gewichtigen Anhaltspunkten einer Gefährdung um konkrete Hinweise oder **ernstzunehmende Vermutungen**, die in ihrer Zusammenschau nicht bloß entfernt auf eine Gefährdung hindeuten, sondern von gewissem Gewicht sind.[98]

### *aa) Eigene Beobachtungen*

Solche Hinweise bzw. Verdachtstatbestände können sich zunächst aus eigenen **Beobachtungen** des Jugendamts ergeben.

In Betracht kommen insoweit Kenntnisse, die **bei der Gewährung von Leistungen** nach dem SGB VIII, z. B. von Hilfe zur Erziehung nach §§ 27 ff., gewonnen werden. So kann anlässlich einer ambulanten Maßnahme festgestellt werden, dass diese nicht ausreicht, um das Kind oder den Jugendlichen wirksam zu schützen. Ein weiteres Beispiel wäre, dass anlässlich einer Beratung in Fragen der Partnerschaft, Trennung und Scheidung nach § 17 SGB VIII oder einer Beratung und Unterstützung bei Ausübung des Umgangsrechts nach § 18 Abs. 3 S. 3 SGB VIII zutage tritt, dass ein Elternteil den Kontakt des Kindes zum anderen unterbindet, was eine psychische Kindeswohlgefährdung als möglich erscheinen lässt.

Auch aus der **Mitwirkung in Verfahren vor den Familien- oder Jugendgerichten** Hinweise auf eine Kindeswohlgefährdung ergeben. So kann im Rahmen familiengerichtlicher Verfahren erneut eine Umgangsvereitelung zutage treten, während sich in Jugendstrafsachen Hinweise darauf ergeben können, dass Eltern erzieherisch überfordert sind und ein weiteres Abgleiten des Jugendlichen in die Delinquenz nicht verhindern wollen bzw. können.

### *bb) Angaben des Kindes oder Jugendlichen*

Hinweise auf eine Kindeswohlgefährdung können auch unmittelbar von den betroffenen Kindern bzw. Jugendlichen an das Jugendamt herangetragen werden. Insoweit ist insbesondere auf das Initiativrecht des § 8 Abs. 2 und auf den Beratungsanspruch des Art. 8 Abs. 3 SGB VIII hinzuweisen.

#### *(1) Initiativrecht*

Kinder und Jugendliche haben nach § 8 Abs. 2 SGB VIII das Recht, sich in allen Angelegenheiten der Erziehung und Entwicklung an das Jugendamt zu wenden. Hierzu bedarf es **niedrigschwelliger Angebote**, wie sie z. B. im Rahmen der Jugendarbeit nach § 11 SGB VIII geschaffen werden können, zu deren Schwerpunkten gem. Abs. 3 Nr. 6 u. a. die Jugendberatung zählt.

98 FK/Meysen SGB VIII § 8a Rn. 15; Wiesner/Wiesner, § 8a Rn. 14 ff.

Kinder und Jugendliche können das Initiativrecht allerdings **nicht gegen ihre Eltern** ausüben.[99]

**Praxishinweis**
Die Personensorgeberechtigten sollten daher auf die Beteiligung des Kindes hingewiesen werden, damit sie ähnlich § 36 Abs. 2 SGB I einen entgegenstehenden Willen ausdrücken können. Der Hinweis sollte **in der Akte vermerkt** werden.[100]

### *(2) Beratungsanspruch*

Neben dem Initiativrecht sieht § 8 Abs. 3 S. 1 SGB VIII vor, dass Kinder und Jugendliche einen Anspruch auf Beratung ohne Kenntnis der Personensorgeberechtigten haben, **solange durch eine Mitteilung** an die Personensorgeberechtigten **der Beratungszweck vereitelt würde**.

Bereits aus dem Wortlaut der Vorschrift („solange") ergibt sich, dass die Mitteilung an die Personensorgeberechtigten **in zeitlicher Hinsicht** nicht länger unterbleiben darf, als im Einzelfall erforderlich. Dies führt etwa bei Hinweisen auf eine Kindeswohlgefährdung dazu, dass regelmäßig dann, wenn die Gefährdungslage mit den Sorgeberechtigten erörtert wird, auch die zuvor erfolgte Beratung angesprochen werden muss. Dabei bezieht sich der Informationsanspruch von Personensorgeberechtigten auf die Beratung als solche und deren Ergebnis einschließlich der Erkenntnisse der beratenden Fachkraft.[101]

Vorgaben, nach denen sämtliche Maßnahmen, die **nach der Beratung** zu ergreifen sind (z. B. weitere Gespräche, Leistungen, Inobhutnahme), nur mit Kenntnis bzw. Beteiligung der Personensorgeberechtigten erfolgen dürfen, soweit dadurch der wirksame Schutz des Kindes bzw. Jugendlichen nicht in Frage gestellt wird, bleiben von § 8 Abs. 3 S. 1 SGB VIII unberührt.[102]

Bis zum Inkrafttreten des KJSG im Jahr 2021 war Voraussetzung einer Beratung hinter dem Rücken der Eltern, dass diese aufgrund einer **Not- und Konfliktlage** erforderlich ist. In der Begründung der SGB VIII-Novelle heißt es dazu:

> „Um den elternunabhängigen Beratungsanspruch in der Praxis weiter zu stärken, erhalten Kinder und Jugendliche durch den Wegfall der Voraussetzung des Vorliegens einer Not- und Konfliktlage [...] nunmehr einen uneingeschränkten Anspruch auf Beratung [...] ohne Kenntnis ihrer Personensorgeberechtigten. Ein solcher Be-

99 LPK-SGB VIII/Kunkel/Kepert SGB VIII § 8 Rn. 17.
100 LPK-SGB VIII/Kunkel/Kepert SGB VIII § 8 Rn. 5.
101 BeckOGK/Lack SGB VIII § 8 Rn. 39.
102 BT-Drs. 19/26107, S. 73.

ratungszugang ist insbesondere deshalb erforderlich, da sich die bislang vom Gesetz geforderte ‚Not- und Konfliktlage' auf Grund eines noch nicht aufgebauten Vertrauensverhältnisses nicht immer bereits beim ersten Kontakt zeigt. [...] Der Wegfall der Voraussetzung führt dazu, dass das Jugendamt nicht mehr wie bisher zuerst prüfen muss, ob eine Not- und Konfliktlage vorliegt, bevor es das Kind oder den Jugendlichen ohne Kenntnis der Personensorgeberechtigten berät. Der bedingungslose Beratungsanspruch ermöglicht somit einen niedrigschwelligen Zugang für Kinder und Jugendliche zur Beratung durch das Jugendamt."[103]

Ob dieses Ziel durch das KJSG erreicht werden konnte, erscheint allerdings fraglich. Denn bei einer Beratung hinter dem Rücken der Eltern handelt es sich um einen Eingriff in deren grundrechtlich geschütztes Recht aus Art. 6 Abs. 2 S. 1 GG.[104] Dieser kann **verfassungsrechtlich** nur dann gerechtfertigt werden, wenn

- eine Not- und Konfliktlage besteht, also „eine durch eine Notsituation des Kindes ausgelöste und zu einem Konflikt mit den Eltern führende Lage, die eine dringende Gefahr für das Wohl des Kindes darstellt",
- diese Gefahr ohne die Beratung nicht abgewendet werden kann und
- eine Information der Eltern die Abwendung der Gefahr verhindern würde.[105]

Daher dürfte die Vorschrift, die im Gesetz unmittelbar vor § 8a SGB VIII und damit im Kontext des Schutzauftrags bei Kindeswohlgefährdung steht, verfassungskonform dahingehend auszulegen sein, dass der darin bezeichnete **Beratungszweck** in der **Abwendung einer Kindeswohlgefährdung** liegt.[106] Dann aber ergibt sich aus dem Merkmal „solange durch die Mitteilung an den Perso-

103 BT-Drs. 19/26107, S. 73.

104 So zu Recht LPK-SGB VIII/Kunkel/Kepert SGB VIII § 8 Rn. 20.

105 LPK-SGB VIII/Kunkel/Kepert SGB VIII § 8 Rn. 21 f. Auch das BVerfG hat die Schweigepflicht von Schülerberatern nur gebilligt, soweit ein Ausnahmefall gegeben ist, bei dem „konkrete Tatsachen vorliegen, welche bei Information der Erziehungsberechtigten die unmittelbare und gegenwärtige Gefahr einer körperlichen oder seelischen Schädigung des Kindes wahrscheinlich machen" (Beschl. v. 9.2.1982, 1 BvR 845/79 = NJW 1982, 1375 (1378) = BeckRS 9998, 102734). Denn es kann nicht Aufgabe des Jugendamts sein, Kinder und Jugendliche vor Konflikten zu schützen, die Ausfluss des elterlichen Erziehungsrechts sind.

106 Damit werden die Grenzen einer verfassungskonformen Auslegung nicht überschritten. Zwar ist eine solche nicht möglich, wo sie mit dem Wortlaut und dem klar erkennbaren Willen des Gesetzgebers in Widerspruch träte (BVerfG, Beschl. v. 16.12.2014, 1 BvR 2142/11 = NVwZ 2015, 510 (515) = BeckRS 2015, 40922 m. w. N.). Allerdings lässt sich die Gesetzesbegründung, nach der § 8 Abs. 3 SGB VIII n. F. „einen uneingeschränkten Anspruch auf Beratung" gewährt, ohnehin nicht mit der (auslegungsbedürftigen) Voraussetzung vereinbaren, dass bei einer Mitteilung an die Personensorgeberechtigten der Beratungszweck vereitelt würde.

nensorgeberechtigten der Beratungszweck vereitelt würde“ weiterhin, dass außerhalb einer Not- und Konfliktlage und ohne strikte Beachtung des Verhältnismäßigkeitsgrundsatzes eine Beratung hinter dem Rücken der Eltern unzulässig ist.

**Praxishinweis**

Für die Praxis bedeutet dies, dass sich durch das KJSG an den Voraussetzungen einer Beratung von Kindern und Jugendlichen hinter dem Rücken der Eltern **nichts ändert**. Dabei hat der öffentliche Träger sicherzustellen, dass die sich aus Art. 6 Abs. 2 S. 1 GG ergebenden Voraussetzungen auch dann beachtet werden, wenn die Beratung gem. § 8 Abs. 3 S. 3 SGB VIII durch einen Träger der freien Jugendhilfe erbracht wird.

*cc) Angaben von Dritten*

Häufig sind es weder eigene Beobachtungen des Jugendamts noch Informationen vonseiten des Kindes, durch die Hinweise auf eine Kindeswohlgefährdung bekannt werden. So können sich Dritte, seien es **private** oder **staatliche Stellen,** an das Jugendamt wenden. Hierzu zählen neben Schulen, Gesundheitsbehörden und der Polizei auch Nachbarn und Verwandte.

*(1) Anonyme Hinweise*

In der Praxis wird in diesem Zusammenhang immer wieder die Frage gestellt, wie das Jugendamt mit anonymen Zuschriften umzugehen hat.

Bei solchen anonymen Hinweisen kann es sich einerseits um bloß denunziatorische Mitteilungen handeln. Andererseits bestehen aber gerade in familiären Zusammenhängen **oft gute Gründe**, aus denen jemand in Sorge um das Kindeswohl ist, aber mit Rücksicht auf sein Verhältnis zu den Kindseltern unerkannt bleiben möchte. Ein Beispiel dafür sind Großeltern, die einen dringenden Handlungsbedarf zugunsten der Enkel sehen, ihr Verhältnis zu den eigenen Kindern aber nicht aufs Spiel setzen wollen.

Daher sollten anonyme Schreiben **grundsätzlich ernst genommen** werden. Allerdings ist es oft sinnvoll, zunächst weitere Ermittlungen durchzuführen, mit denen geklärt werden kann, ob sich aus dem anonymen Schreiben ergebende Hinweise einer Kindeswohlgefährdung zu gewichtigen Anhaltspunkten verdichten.

*(2) Berufsgeheimnisträger*

Vor Inkrafttreten des **Gesetzes zur Kooperation und Information im Kinderschutz** (KKG) Anfang 2012 galt als problematisch, wie sog. Berufsgeheimnisträger mit Hinweisen auf eine Kindeswohlgefährdung umgehen sollten.

Berufsgeheimnisträger ist, wer von einer **Schweigepflicht** grundsätzlich gehindert wird, dienstlich erlangte Informationen an Dritte weiterzugeben. Solche Geheimnisträger sahen bislang das Damoklesschwert des § 203 StGB (Verletzung von Privatgeheimnissen) über sich, wenn sie sich an das Jugendamt wandten.[107]

Für bestimmte Berufsgeheimnisträger enthält § 4 KKG nun einen **Fahrplan**, wie mit gewichtigen Anhaltspunkten einer Gefährdung des Kindeswohls umzugehen ist.

Erfasst werden gem. § 4 Abs. 1 KKG u. a.

- Ärzte, Zahnärzte, Hebammen, Entbindungspfleger und Angehörige eines anderen Heilberufes mit staatlich geregelter Ausbildung (Nr. 1),
- Berufspsychologen mit staatlich anerkannter wissenschaftlicher Abschlussprüfung (Nr. 2),
- Ehe-, Familien-, Erziehungs- und Jugendberater (Nr. 3),
- Suchtberater, die in anerkannten Beratungsstellen arbeiten (Nr. 4),
- Mitglieder und Beauftragte von Beratungsstellen nach dem SchKG (Nr. 5),
- staatlich anerkannte Sozialarbeiter bzw. Sozialpädagogen (Nr. 6) sowie
- Lehrer an öffentlichen und staatlich anerkannten privaten Schulen (Nr. 7).

Diese haben nach § 4 Abs. 2 KKG einen **Anspruch auf Beratung** gegenüber dem Jugendamt durch eine insoweit erfahrene Fachkraft. Zu diesem Zweck dürfen sie die erforderlichen Daten pseudonymisiert übermitteln, haben also Namen und andere Merkmale, die Rückschlüsse auf den Betroffenen erlauben, durch Kennzeichen zu ersetzen, so dass dessen Bestimmung ausgeschlossen oder wesentlich erschwert wird.[108]

Zusätzlich ergibt sich ein Beratungsanspruch aus § 8b Abs. 1 SGB VIII. Dieser umfasst alle Personen, die **beruflich in Kontakt mit Kindern und Jugendlichen** stehen, neben den Berufsgeheimnisträgern also z. B. auch Erzieherinnen und Erzieher, Kindheitspädagogen und Kindertagespflegepersonen.

**Insoweit erfahrene Fachkräfte** i. S. d. §§ 4 Abs. 2 KKG, 8b Abs. 1 SGB VIII müssen Kenntnisse über Ursachen und Formen von Kindeswohlgefährdungen haben. Weiter müssen sie Erziehungseignung und Veränderungsfähigkeit von Sorge- bzw. Erziehungsberechtigten einschätzen können, die in Betracht kom-

107 Insoweit lag allerdings bereits vor Inkrafttreten des KKG regelmäßig ein rechtfertigender Notstand gem. § 34 StGB bzw. ein Irrtum über dessen tatsächliche Voraussetzungen vor, so dass Rechtswidrigkeit bzw. Vorsatzschuld entfielen.

108 Vgl. FK/Meysen SGB VIII § 8b Anhang – KKG Rn. 103.

menden Hilfesysteme in Theorie und Praxis kennen sowie in der Gesprächsführung mit Eltern, Kindern und Jugendlichen erfahren sein.[109]

Denn neben der Frage, ob tatsächlich ein Verdacht auf eine Kindeswohlgefährdung vorliegt bzw. ob ein umgehender Maßnahmebedarf besteht, soll im Rahmen der Beratung geklärt werden, **ob und ggf. welche öffentlichen Hilfen** zum Einsatz kommen können und ob eine Erörterung mit den Personensorgeberechtigten zu einer weiteren Gefährdung führen würde.

Unabhängig von der Inanspruchnahme des Beratungsanspruchs nach § 4 Abs. 2 KKG sollen die Berufsgeheimnisträger gem. § 4 Abs. 1 KKG mit dem Kind oder Jugendlichen und den Erziehungsberechtigten die **Situation erörtern** und, soweit dies erforderlich ist und der wirksame Schutz des Kindes bzw. Jugendlichen dadurch nicht in Frage gestellt wird, bei den Erziehungsberechtigten auf die Inanspruchnahme von Hilfen hinwirken.

Sie sollen also ihre **Vertrauensbeziehung** nutzbar machen, um mit den Beteiligten über ihre Vermutungen und Sorgen ins Gespräch zu kommen.[110]

Fälle, in denen von einer vorherigen Erörterung abgesehen werden kann, kommen in Betracht, wenn die Situation so **eilbedürftig** ist, dass für ein Gespräch keine Zeit bleibt, wenn der Kontakt zu den Betroffenen verloren gegangen ist oder wenn (z. B. bei einem vermuteten sexuellen Missbrauch) die Gefahr besteht, dass die Erziehungsberechtigten den Geheimhaltungsdruck erhöhen und so die Gefährdung für das Kindeswohl verschärfen.[111]

Bleibt die Erörterung erfolglos oder ist sie ausnahmsweise entbehrlich, und halten die Geheimnisträger ein Tätigwerden des Jugendamtes für erforderlich, um eine Kindeswohlgefährdung abzuwenden, so sind sie gem. § 4 Abs. 3 S. 1, 2 KKG befugt, das **Jugendamt zu informieren** und ihm alle erforderlichen Daten mitzuteilen. Hierauf sind die Betroffenen vorab hinzuweisen, es sei denn, dass durch den Hinweis der wirksame Schutz des Minderjährigen in Frage gestellt würde. Die Befugnis des § 4 Abs. 3 KKG zur Weitergabe von Informationen dürfte sich vor dem Hintergrund einer möglichen Strafbarkeit wegen Unterlassens aus § 323c StGB bzw. aus § 13 StGB i. V. m. anderen Straftatbeständen praktisch zur **Pflicht** verdichten.[112] Auch aus § 8a Abs. 4 S. 2 SGB VIII kann sich eine Handlungspflicht von Berufsgeheimnisträgern ergeben.[113] Bei Ge-

109 FK/Meysen SGB VIII § 8a Rn. 68. Dabei gibt das Gesetz mit der Formulierung „insoweit" zugleich einen Einzelfallbezug vor, so dass die Jugendämter auch auf Fallkonstellationen vorbereitet sein müssen, die Spezialwissen erfordern, Wiesner/Wapler KKG § 4 Rn. 25 f.

110 FK/Meysen SGB VIII § 8b Anhang – KKG Rn. 95 m. w. N.

111 Beispiele bei FK/Meysen SGB VIII § 8b Anhang – KKG Rn. 98 m. w. N.

112 Vgl. GK-SGB VIII/Kunkel KKG § 4 Rn. 13 unter Hinweis auf eine mögliche Garantenstellung nach § 13 StGB; a. A. FK/Meysen SGB VIII § 8b Anhang – KKG Rn. 104; Wiesner/Wapler KKG § 4 Rn. 33; Lackner/Kühl/Heger StGB § 203 Rn. 21.

113 BT-Drs. 19/28870, S. 113.

heimnisträgern nach § 4 Abs. 1 Nr. 1 KKG, also Ärzten, Zahnärzten, Hebammen, Entbindungspflegern und Angehörigen anderer Heilberufe mit staatlich geregelter Ausbildung, stellt § 4 Abs. 3 S. 3, 4 KKG klar, dass die Information in Fällen einer dringenden Gefahr für das Kindeswohl, die ein Tätigwerden des Jugendamtes erfordert, unverzüglich (nach der Legaldefinition des § 121 Abs. 1 S. 1 BGB ohne schuldhaftes Zögern) erfolgen soll.

Wenn eine Information des Jugendamtes durch Berufsgeheimnisträger erfolgt ist, soll das Jugendamt den Informanten gem. § 4 Abs. 4 S. 1 KKG zeitnah eine **Rückmeldung** geben, ob es gleichfalls gewichtige Anhaltspunkte einer Kindeswohlgefährdung sieht und zum Schutz des Kindes oder Jugendlichen tätig geworden ist. Dies soll für eine vertrauensvolle Kooperation zwischen Berufsgeheimnisträgern und Jugendamt förderlich sein.[114] Allerdings dürfen gem. § 64 Abs. 4 SGB VIII keine umfangreicheren Informationen mitgeteilt werden, etwa zum Fortgang eines Verfahrens nach § 1666 BGB oder zu Art und Umfang einer Hilfegewährung. Zudem sind die Betroffenen gem. § 4 Abs. 4 S. 2 KKG grundsätzlich vorher auf die beabsichtigte Information des Berufsgeheimnisträgers hinzuweisen.

**Praxishinweis**

In **Bayern** regelt Art. 14 Abs. 6 GDVG (Gesundheitsdienst- und Verbraucherschutzgesetz) ausdrücklich, dass Ärzte, Hebammen und Entbindungspfleger verpflichtet sind, gewichtige Anhaltspunkte für eine Misshandlung, Vernachlässigung bzw. sexuellen Missbrauch, die ihnen im Rahmen ihrer Berufsausübung bekannt werden, unter Übermittlung der erforderlichen personenbezogenen Daten unverzüglich dem Jugendamt mitzuteilen.[115]

### *(3) Zollbehörden, Staatsanwaltschaften und Gerichte*

Seit Inkrafttreten des KJSG wird durch das KKG auch die Information durch Zoll- und Justizbehörden geregelt.

So gelten nach § 4 Abs. 5 KKG die Abs. 2 und 3, nicht dagegen Abs. 1 für **Mitarbeiter von Zollbehörden** entsprechend. Folglich besteht ebenso wie bei Berufsgeheimnisträgern[116] ein Anspruch auf Beratung durch eine insoweit erfahrene Fachkraft. Gleiches gilt für das Recht bzw. die Pflicht zur Information des Jugendamtes. Dagegen sind die Mitarbeiter der Zollbehörden nicht zu einer

114 BT-Drs. 19/26107, S. 121.

115 Die Vorschrift wird durch § 4 KKG nicht verdrängt, GK-SGB VIII/Kunkel KKG § 4 Rn. 13.

116 Dazu s. o. unter (2).

Erörterung der Situation mit Erziehungsberechtigten und Kind bzw. Jugendlichem verpflichtet.[117]

---

**Praxishinweis**

Die Gesetzesbegründung zum KJSG führt dazu aus: „Normadressaten sind Mitarbeiterinnen und Mitarbeiter der Hauptzollämter, die gemäß § 66 des Zehnten Buches Sozialgesetzbuch (SGB X) in Verbindung mit §§ 4, 5 Verwaltungsverfahrensgesetz die nichtsteuerlichen, öffentlich-rechtlichen Geldforderungen der bundesunmittelbaren Körperschaften und Anstalten des öffentlichen Rechts wie der Bundesagentur für Arbeit und der gesetzlichen Krankenkassen **vollstrecken**. Im Rahmen der Durchführung unter anderem solcher Vollstreckungsmaßnahmen können die Mitarbeiterinnen und Mitarbeiter der Hauptzollämter Hinweise auf mögliche Gefährdungen des Kindeswohls durch Vollstreckungsschuldner oder sonstige Personensorgeberechtigte erlangen. Bei der Vollstreckung auf der Grundlage des § 66 SGB X sind die Mitarbeiterinnen und Mitarbeiter der Hauptzollämter zur Wahrung des Sozialgeheimnisses nach § 35 SGB I verpflichtet. […]“[118]

---

Für den Fall, dass in einem Strafverfahren gewichtige Anhaltspunkte einer Kindeswohlgefährdung bekannt werden, ergibt sich aus dem neu eingefügten § 5 Abs. 1 S. 1 KKG, dass **Richter bzw. Staatsanwälte** unverzüglich den zuständigen Träger der öffentlichen Jugendhilfe informieren müssen. Dabei haben sie gem. § 5 Abs. 1 S. 1 i. V. m. § 4 Abs. 2 KKG ebenso wie Berufsgeheimnisträger zur Einschätzung der Kindeswohlgefährdung einen Beratungsanspruch gegenüber dem Jugendamt.[119]

**Regelbeispiele** für das Vorliegen gewichtiger Anhaltspunkte einer Kindeswohlgefährdung im Kontext von Strafverfahren nennt § 5 Abs. 2 KKG. Diese liegen vor, wenn gegen eine Person, die mit einem Kind oder Jugendlichen in häuslicher Gemeinschaft lebt oder regelmäßig Umgang ausübt, der Verdacht

---

117 Etwas anderes ergibt sich nicht daraus, dass § 4 Abs. 3 S. 1 KKG bei Berufsgeheimnisträgern voraussetzt, dass eine Abwendung der Gefährdung nach Abs. 1 ausscheidet oder erfolglos geblieben ist. Insoweit ist eine teleologische Reduktion der Verweisung in § 4 Abs. 5 KKG geboten. Das ergibt sich daraus, dass zwischen Zollbehörden und Erziehungsberechtigten bzw. Kind/Jugendlichem keine Vertrauensbeziehung wie bei den in § 4 Abs. 1 KKG genannten Berufsgeheimnisträgern besteht. Zudem sprechen die Gesetzesmaterialien für eine solche Reduktion. Denn in der ursprünglichen Fassung des Entwurfs zum KJSG wäre eine inzidente Bezugnahme des Verweises in § 4 Abs. 5 KKG auf die gemeinsame Erörterung der Gefährdungslage nicht enthalten (vgl. BT-Drs. 19/26107, S. 35 f.). Die in den Ausschussberatungen erfolgte Änderung des Entwurfs sollte lediglich dazu dienen, die Reihenfolge der bisherigen Absätze beizubehalten (BT-Drs. 19/28870, S. 112).

118 BT-Drs. 19/26107, S. 122.

119 Mit der Neuregelung werden die Mitteilungsbefugnisse aus § 17 Nr. 5 EGGVG und Nr. 35 MiStra erweitert (BT-Drs. 19/26107, S. 122 f.).

besteht, eine Straftat nach §§ 171, 174, 176 bis 180, 182, 184b bis 184e, 225, 232 bis 233a, 234, 235 oder 236 StGB begangen zu haben. Diese genannten Vorschriften umfassen Straftaten gegen die sexuelle Selbstbestimmung, gegen Leib und Leben sowie zum allgemein-sittlichen Schutz.[120]

#### *(4) Freie Träger*

Soweit freie Träger für das Jugendamt Leistungen erbringen, können sie dabei ebenso wie öffentliche Träger Hinweisen auf eine Gefährdung des Kindeswohls gewahr werden. Allerdings ergeben sich unmittelbar aus dem SGB VIII keine Pflichten freier Träger. Denn dieses regelt als Teil des öffentlichen Rechts nicht das Verhältnis Privater untereinander.[121]

Vor diesem Hintergrund bestimmt § 8a Abs. 4 SGB VIII, dass in **Vereinbarungen mit Trägern** von Einrichtungen und Diensten, die Leistungen nach dem SGB VIII erbringen, Regelungen zum Vorgehen bei gewichtigen Anhaltspunkten für eine Gefährdung des Kindeswohls aufzunehmen sind.

So ist sicherzustellen, dass

- Fachkräfte des freien Trägers bei Bekanntwerden gewichtiger Anhaltspunkte für die Gefährdung des Wohls eines von ihnen betreuten Minderjährigen eine Gefährdungseinschätzung vornehmen,
- hierzu eine insoweit erfahrene Fachkraft beratend hinzugezogen wird und
- die Erziehungsberechtigten sowie der Minderjährige in die Gefährdungseinschätzung einbezogen werden, soweit dadurch dessen wirksamer Schutz nicht in Frage gestellt wird.

Weiter ist in die Vereinbarung neben Kriterien für die Qualifikation der beratend hinzuzuziehenden insoweit erfahrenen Fachkraft die Verpflichtung aufzunehmen, dass die Fachkräfte des freien Trägers auf die Inanspruchnahme von Hilfen hinwirken, wenn sie diese für erforderlich halten, und das **Jugendamt informieren**, falls eine Gefährdung nicht anders abgewendet werden kann.

120 BT-Drs. 19/26107, S. 123.

121 Dazu vgl. Schmidt, Familienrecht, Rn. 82 f.

**Praxishinweis**
Für **Einzelpersonen**, die Leistungen nach dem SGB VIII anbieten, aber bereits begrifflich nicht Träger von Einrichtungen und Diensten sind (z. B. Therapeuten, sozialpädagogische Familienhelfer), gilt § 8a Abs. 4 SGB VIII nicht. Sinnvoll ist dennoch, sie durch Vereinbarungen in den Schutzauftrag einzubinden.[122]

#### *(5) Pflege- und Kindertagespflegepersonen*

Ähnlich dem Schutzkonzept „übers Eck" bei der Erbringung von Leistungen durch freie Träger sieht § 8a Abs. 5 SGB VIII vor, dass in Vereinbarungen mit **Kindertagespflegepersonen**, die Leistungen nach dem SGB VIII erbringen, sicherzustellen ist, dass die Kindertagespflegepersonen bei Bekanntwerden **gewichtiger Anhaltspunkte** für die Gefährdung eines von ihnen betreuten Kindes eine Gefährdungseinschätzung vornehmen und dabei eine insoweit erfahrene Fachkraft beratend hinzuziehen. Auch hinsichtlich der Einbeziehung der Erziehungsberechtigten und des Kindes, hinsichtlich der Qualifikation der insoweit erfahrenen Fachkraft und hinsichtlich des ggf. erforderlichen Hinwirkens auf die Inanspruchnahme von Hilfen bzw. der Information des Jugendamtes gelten dieselben Maßstäbe wie für freie Träger.

Unabhängig davon haben Kindertagespflegepersonen das Jugendamt nach § 43 Abs. 3 S. 6 SGB VIII über **wichtige Ereignisse** zu unterrichten, die für die Betreuung des Kindes bedeutsam sind. Hierzu zählen z. B. schwere Erkrankungen des Kindes, soziale Auffälligkeiten von Kind oder Eltern, Entwicklungsverzögerungen und familiäre Probleme.[123]

**Pflegepersonen** („Pflegeeltern") haben das Jugendamt nach § 37b Abs. 3 S. 2 bzw. nach § 44 Abs. 4 SGB VIII über **wichtige Ereignisse** zu unterrichten, die das Wohl des Kindes oder des Jugendlichen betreffen. Hierunter fallen (erst recht) Hinweise auf eine Kindeswohlgefährdung.

### *dd) Nicht durchgeführte U-Untersuchungen*

Fraglich ist, ob die Nichtteilnahme an einer sog. U-Untersuchung, also einer **Früherkennungsuntersuchung** nach der Richtlinie des Gemeinsamen Bundesausschusses über die Früherkennung von Krankheiten bei Kindern (Kinder-Richtlinie)[124] ein gewichtiger Anhaltspunkt für eine Kindeswohlgefährdung sein kann.

---

122 FK/Meysen SGB VIII § 8a Rn. 59.

123 BeckOK SozR/Winkler SGB VIII § 43 Rn. 31; FK/Smessaert/Lakies SGB VIII § 43 Rn. 28.

124 Online verfügbar unter https://www.g-ba.de/downloads/62-492-2156/Kinder-RL_2020-05-14_iK-2020-03-25.pdf (Stand: 31.12.2020).

Dies wird inzwischen **überwiegend verneint**, nachdem in drei Bundesländern (Hessen, Nordrhein-Westfalen und Rheinland-Pfalz) ermittelt wurde, dass die Wahrscheinlichkeit, bei einer weiteren Überprüfung gewichtige Anhaltspunkte einer Kindeswohlgefährdung festzustellen, geringer sei als die einer Zufallsstichprobe. Denn damit dürften staatliche Kontrollmaßnahmen verfassungsrechtlich nicht zu rechtfertigen sein.[125]

**Praxishinweis**
Unabhängig von der Frage, ob die Nichtwahrnehmung von U-Untersuchungen als Kindeswohlgefährdung zu qualifizieren ist, besteht teilweise eine **landesrechtliche Teilnahmepflicht** (Baden-Württemberg, Bayern, Hessen). In den anderen Bundesländern bestehen überwiegend Meldepflichten, die darauf setzen, Eltern mit Appellen von einer Teilnahme zu überzeugen.[126]

### c) Einschätzung des Gefährdungsrisikos

Liegen gewichtige Anhaltspunkte für eine Gefährdung des Kindeswohls vor, so ist in einem zweiten Schritt eine **Einschätzung des Risikos** vorzunehmen.

Das gilt unbeschadet dessen, dass eine Regelung der örtlichen Zuständigkeit für Maßnahmen bei Gefährdung des Kindeswohls nicht vorgesehen ist,[127] dann nicht, wenn ein anderes Jugendamt für die Gewährung von Leistungen nach dem SGB VIII zuständig ist. Denn in diesem Fall sollen nach § 8a Abs. 6 SGB VIII die erforderlichen Daten an das **leistungszuständige Jugendamt** weitergegeben werden.[128]

Für die Einschätzung des Gefährdungsrisikos enthält § 8a Abs. 1 S. 1, 2 SGB VIII verschiedene **Vorgaben**. So ist die Gefährdungseinschätzung im Zusammenwirken mehrerer Fachkräfte vorzunehmen. Weiter hat das Jugendamt die Erziehungsberechtigten und den Minderjährigen in die Gefährdungseinschätzung einzubeziehen, soweit der wirksame Schutz des Kindes oder Jugendlichen dadurch nicht in Frage gestellt wird. Sofern dies nach fachlicher Einschätzung erforderlich ist, hat sich das Jugendamt einen unmittelbaren Ein-

---

125 LPK-SGB VIII/Bringewat SGB VIII § 8a Rn. 36; FK/Meysen SGB VIII § 8a Rn. 18; Jestaedt, S. 23; a. A. VG Köln, Beschl. v. 28.2.2012, 26 L 203/12 = FamRZ 2012, 1177 (1177) = BeckRS 2012, 49469; Mortsiefer NJW 2014, 3543 (3546).

126 Übersicht bei Schmidtke/Kuntz/Lampert, S. 171.

127 Anders als für die (vorläufige) Inobhutnahme, dazu s. unter XVII. 2. b) aa).

128 Die Mitteilung soll dabei im Rahmen eines Gesprächs zwischen den Fachkräften beider örtlicher Träger erfolgen, an dem die Personensorgeberechtigten und der Minderjährige beteiligt werden, soweit hierdurch dessen wirksamer Schutz nicht in Frage gestellt wird.

druck vom Kind und von seiner persönlichen Umgebung zu verschaffen. Ebenso sind an der Gefährdungseinschätzung ggf. Berufsgeheimnisträger in geeigneter Weise zu beteiligen, die dem Jugendamt nach § 4 Abs. 3 KKG Daten übermittelt haben.

#### *aa) Zusammenwirken mehrerer Fachkräfte*

Was unter **mehreren Fachkräften** zu verstehen sein soll, ist nicht ganz klar. So werden nach einer Auffassung **zwei**, nach anderer Auffassung drei Fachkräfte gefordert.[129]

Einigkeit besteht jedoch, dass es sich um eine **Mindestanforderung** handelt. Es spricht nichts dagegen und kann aus fachlicher Sicht sogar angezeigt sein, mehr als drei Fachkräfte mit der Einschätzung zu betrauen.

Die **Qualifikation** der Fachkräfte ist abhängig von den Erfordernissen des Einzelfalls. So dürfte bei einem Verdacht auf eine psychische Kindeswohlgefährdung regelmäßig die Hinzuziehung eines Psychologen angezeigt sein, während in Fällen unterlassener medizinischer Behandlung ggf. ein Arzt befragt werden muss.

Dabei kennzeichnet es „das Verantwortungsbewusstsein und die Sachkompetenz einer Fachkraft sozialer Arbeit, wenn sie rechtzeitig die Grenzen der eigenen diagnostischen Möglichkeiten erkennt und durch die **Konsultation von Spezialisten** kompensiert."[130]

#### *bb) Einbeziehung von Erziehungsberechtigten und Minderjährigem*

Die Einbeziehung der Erziehungsberechtigten einerseits sowie des Kindes oder Jugendlichen andererseits ist erforderlich, soweit dessen **wirksamer Schutz** dadurch nicht in Frage gestellt wird. So hat die Einbeziehung der Eltern z. B. zu unterbleiben, wenn zu befürchten ist, dass ein Kind in der Folge unter Druck gesetzt oder manipuliert wird, wie dies etwa bei Straftaten oder Umgangsvereitelung der Fall sein kann.

Ob die Einbeziehung mit Blick auf die Diagnostik und die Vorbereitung späterer Handlungsoptionen erfolgreich ist, hängt maßgeblich davon ab, ob es der Fachkraft gelingt, **Vertrauensbeziehungen** zu Eltern und Kind aufzubauen.[131]

---

129 Für mind. zwei Fachkräfte: FK/Meysen SGB VIII § 8a Rn. 23; für mind. drei Fachkräfte: Trenczek, S. 15.

130 Jans/Happe/Saurbier/Maas/Harnach SGB VIII § 50 Rn. 65.

131 Vgl. FK/Meysen SGB VIII § 8a Rn. 30.

Entsprechend besteht hinsichtlich der Art der Beteiligung, die bei Kindern und Jugendlichen auch von deren Entwicklungsstand abhängen muss, ein erheblicher, gerichtlich nicht nachprüfbarer **Beurteilungsspielraum**.

#### *cc) Unmittelbarer Eindruck vom Kind und seiner persönlichen Umgebung*

Einen unmittelbaren Eindruck von dem Kind und von seiner persönlichen Umgebung hat sich das Jugendamt im Rahmen der Gefährdungseinschätzung zu verschaffen, sofern das aus fachlicher Sicht erforderlich ist. Diese Vorgabe dient letztlich nur der Klarstellung: Auch sonst hat das Jugendamt **alle rechtmäßigen Schritte** zu unternehmen, die es für erforderlich halten muss.

Häufigster Anwendungsfall ist die Durchführung eines **Hausbesuchs**. Allerdings ist die persönliche Umgebung nicht bloß räumlich, sondern ebenso sozial zu verstehen. Geboten sein kann daher auch die Kontaktaufnahme zu Personen aus der Umwelt des Minderjährigen bzw. das Aufsuchen des Kindes oder Jugendlichen in Kindergarten oder Schule, bei Freunden oder Verwandten.

**Praxishinweis**

Zudem hat das Jugendamt die Möglichkeit, gem. § 31 Abs. 2 S. 1 i. V. m. Abs. 1 S. 1 BZRG ohne deren Einverständnis ein **erweitertes Führungszeugnis** von Personen aus dem unmittelbaren Umfeld des Kindes anzufordern.

#### *dd) Einbeziehung von Berufsgeheimnisträgern*

Unter derselben Voraussetzung, nämlich nur, sofern nach fachlicher Einschätzung erforderlich, hat das Jugendamt Berufsgeheimnisträger in geeigneter Weise an der Gefährdungseinschätzung zu beteiligen, die ihm nach § 4 Abs. 3 KKG Daten übermittelt haben.

Hinsichtlich der **Erforderlichkeit** verbieten sich dabei allgemeine Erwägungen. Vielmehr kann diese nur anhand der Lage des Einzelfalls beurteilt werden.[132]

Zu berücksichtigen sind auch Aspekte des **Datenschutzes**. Denn der Berufsgeheimnisträger muss sorgsam abwägen, welche Daten für Gefährdungseinschätzung bzw. -abwendung „erforderlich" i. S. d. § 4 Abs. 3 S. 2 KKG sind und darf unter Beachtung des Verhältnismäßigkeitsgrundsatzes nur diese, nicht aber sonstige Informationen über Eltern und Kind an das Jugendamt weiterge-

132 BT-Drs. 19/26107, S. 75.

ben.[133] Das Jugendamt seinerseits muss, wenn es dem Berufsgeheimnisträger Informationen übermittelt, die Vorgaben des Sozialdatenschutzes beachten.[134]

### d) Weiteres Vorgehen

Welches weitere Vorgehen nach der Gefährdungseinschätzung angezeigt ist, hängt von deren Ergebnis ab.

In Betracht kommt ebenso, dass ein Anlass zu weiterem Tätigwerden nicht besteht, wie dass Hilfe angeboten wird. Als **Ultima Ratio**, also letztes Mittel, ist das Familiengericht anzurufen; ggf. ist das Kind oder der Jugendliche auch in Obhut zu nehmen.

#### *aa) Kein weiterer Handlungsbedarf*

Dafür, dass ein weiteres Tätigwerden des Jugendamts nicht veranlasst ist, können zwei verschiedene Gründe bestehen: entweder hat sich als Ergebnis der Gefährdungseinschätzung herausgestellt, dass die **Gefährdung**, für die zuvor gewichtige Anhaltspunkte bestanden, tatsächlich **nicht vorliegt**.

Möglich ist auch, dass zwar weitere Schritte erforderlich sind, hierfür jedoch die **Zuständigkeit anderer Leistungsträger** oder von Einrichtungen der Gesundheitshilfe bzw. der Polizei gegeben ist. In diesem Fall hat das Jugendamt vorrangig auf eine Inanspruchnahme durch die Erziehungsberechtigten hinzuwirken. Ist ein sofortiges Tätigwerden erforderlich und wirken die Personensorge- bzw. Erziehungsberechtigten nicht mit, so schaltet das Jugendamt die anderen Stellen selbst ein, § 8a Abs. 3 SGB VIII.

#### *bb) Gewährung von Hilfe*

Ist das Ergebnis der Gefährdungseinschätzung, dass eine Gefährdung besteht, und hält das Jugendamt zur Abwendung der Gefährdung die Gewährung von Hilfen für geeignet und notwendig, so hat es diese den Erziehungsberechtigten nach § 8a Abs. 1 S. 3 SGB VIII anzubieten.

Dass ein Angebot von Hilfe erforderlich ist, ergibt sich aus dem **Verhältnismäßigkeitsgrundsatz**: Das Familiengericht könnte einen Eingriff in die elterliche Sorge nach § 1666 Abs. 1 BGB ohnehin nicht vornehmen, wenn dieser nicht erforderlich ist, weil öffentliche Hilfen als milderes, ebenso wirksames Mittel in Betracht kommen.

---

133 Vgl. PK Kindschaftsrecht/Lack KKG § 4 Rn. 10.

134 So auch die Gesetzesbegründung, BT-Drs. 19/26107, S. 75; zum Sozialdatenschutz s. unter XVI.

Dabei kann die Hilfe sowohl einen Verbleib des Kindes in der elterlichen Familie ermöglichen als auch mit einer Fremdplatzierung des Kindes verbunden sein. Denn in der Annahme von Hilfsangeboten durch die Eltern liegt eine **Abwendung der Kindeswohlgefährdung**, oder anders ausgedrückt: Beantragen die Eltern auf Hinweis des Jugendamts eine geeignete Form der Hilfe zur Erziehung, so zeigen sie damit, dass sie zur Abwendung der Gefahr i. S. d. § 1666 Abs. 1 BGB gewillt und in der Lage sind. Vor diesem Hintergrund sind kaum Fälle denkbar, in denen den Sorgeberechtigten nicht vorrangig Hilfeformen des SGB VIII anzubieten wären.[135]

Wichtig ist dabei, dass **ambulante Hilfeformen** wie die sozialpädagogische Familienhilfe nach § 31 SGB VIII nicht deshalb ausscheiden, weil zugleich eine **stationäre Hilfe** gewährt wird, etwa eine Vollzeitpflege nach § 33 SGB VIII oder eine Heimerziehung bzw. sonstige betreute Wohnform nach § 34 SGB VIII: Denn vor dem Hintergrund der Rückkehroption gilt es, die Eltern innerhalb eines im Hinblick auf die Entwicklung des Kindes bzw. Jugendlichen vertretbaren Zeitraums zu befähigen, sobald und so umfassend wie möglich Erziehungsfunktionen (wieder) selbst wahrzunehmen.

**Praxishinweis**

Im Rahmen seines Auftrags aus § 1 Abs. 1, 3 SGB VIII hat das Jugendamt auch dann Hilfen anzubieten, wenn zwar eine **Kindeswohlgefährdung nicht vorliegt**, gleichwohl aber Leistungen der Jugendhilfe z. B. beitragen können, die individuelle bzw. soziale Entwicklung des Minderjährigen zu fördern oder wenn Eltern einen Beratungs- oder Unterstützungsbedarf haben.

### *cc) Anrufung des Familiengerichts*

Sofern das Jugendamt ein Tätigwerden des Familiengerichts für erforderlich hält, hat es dieses nach § 8a Abs. 2 S. 1 SGB VIII anzurufen.

Das kann im Wesentlichen **zwei verschiedene Gründe** haben. So ist zum einen denkbar, dass zwar grundsätzlich eine Hilfe zur Erziehung ausreichen würde, um der nach dem Ergebnis der Gefährdungseinschätzung bestehenden Kindeswohlgefährdung zu begegnen, die Personensorgeberechtigten diese jedoch nicht beantragen. Zum anderen ist das Familiengericht auch dann anzurufen, wenn die Erziehungsberechtigten nicht bereit oder in der Lage sind, bei der Einschätzung des Gefährdungsrisikos mitzuwirken. Hinzutreten muss dann jedoch, dass infolge der fehlenden Mitwirkung eine hinreichende Gefähr-

135 Dies gilt nicht bei Maßnahmen mit Wirkung gegen Dritte, wie sie das Familiengericht im Bereich der Personensorge nach § 1666 Abs. 4 BGB treffen kann.

dungseinschätzung nicht möglich ist. Kann diese auch ohne die Erziehungsberechtigten erfolgen, scheidet eine Anrufung des Familiengerichts wegen fehlender Mitwirkung aus.

Gegenüber dem Gericht weist das Jugendamt dann darauf hin, welche **Hilfeformen** seiner Auffassung nach sinnvoll wären, § 50 Abs. 2 S. 1 a. E. SGB VIII.[136]

Strittig ist in diesem Zusammenhang, ob dem Gericht eine **Letztentscheidungsbefugnis** zukommt, kraft derer es das Jugendamt zur Erbringung einer bestimmten Hilfe verpflichten kann. Dies wird man dann nicht verneinen können, wenn das Jugendamt den Hilfebedarf als solchen ebenfalls bejaht, die von Gericht bzw. Sorgeberechtigten eröffneten Hilfemöglichkeiten aber nicht als geeignet ansieht. Denn andernfalls würde man das Gericht zu einem Eingriff in das Elternrecht zwingen, der unverhältnismäßig und damit verfassungsrechtlich nicht zu rechtfertigen wäre.[137]

Ggf. ist das Jugendamt zudem verpflichtet, das Kind oder den Jugendlichen gem. § 8a Abs. 2 S. 2 SGB VIII **in Obhut zu nehmen**. Das ist der Fall, wenn eine dringende Gefahr besteht und die Entscheidung des Gerichts nicht abgewartet werden kann. Insoweit nimmt das Gesetz Bezug auf § 42 Abs. 1 S. 1 Nr. 2 b) SGB VIII,[138]

**Praxishinweis**

Das Familiengericht kann nicht nur vor dem Hintergrund der §§ 1666 ff. BGB, also wegen gerichtlicher Maßnahmen bei Gefährdung des Kindeswohls, sondern ebenso mit dem Ziel einer **Verbleibensanordnung** nach § 1632 Abs. 4 oder § 1682 BGB angerufen werden. Auch Verfahren zur Regelung des Umgangs, v. a. mit den Eltern oder einem Elternteil nach § 1684 BGB können von Amts wegen eingeleitet werden.

## 2. Inobhutnahme

Die Inobhutnahme ist dabei eine hoheitliche Maßnahme, die dem Kind oder Jugendlichen in einer **akuten Krisensituation** Schutz gewährt. Das Jugendamt hat das Kind oder den Jugendlichen an sich zu nehmen und (zunächst) für dessen Wohl zu sorgen.

---

136 Zur Mitwirkung im Gerichtsverfahren i.Ü. s. unter XI.

137 So Schmidt FamRZ 2015, 1158 ff.; vgl. auch OLG Koblenz, Beschl. v. 29.5.2012, 11 UF 266/12 = NJW 2012, 3108 (3109 ff.) = BeckRS 2012, 14697; a. A. OLG Oldenburg, Beschl. v. 27.11.2007, 4 WF 240/07 = JAmt 2008, 330 (330 f.) = BeckRS 2011, 16862.

138 So auch FK/Meysen SGB VIII § 8a Rn. 49. Zu § 42 Abs. 1 S. 1 Nr. 2 b) SGB VIII s. unter 2. b) bb).

Dabei kennt § 42 Abs. 1 S. 1 SGB VIII **vier verschiedene Konstellationen**, in denen eine Inobhutnahme zu erfolgen hat, nämlich

- im Fall von Selbstmeldern, also wenn ein Kind oder Jugendlicher um die eigene Inobhutnahme bittet (Nr. 1),
- wenn eine dringende Gefahr für das Kindeswohl die Inobhutnahme erfordert und die Personensorgeberechtigten nicht widersprechen (Nr. 2a),
- wenn eine dringende Gefahr für das Kindeswohl die Inobhutnahme erfordert und eine familiengerichtliche Entscheidung nicht rechtzeitig eingeholt werden kann (Nr. 2b) und
- wenn ein ausländischer Minderjähriger unbegleitet nach Deutschland kommt und sich weder Personensorge- noch Erziehungsberechtigte im Inland aufhalten (Nr. 3).

Im Fall unbegleiteter ausländischer Minderjähriger ist die Inobhutnahme nach § 42 Abs. 1 S. 1 Nr. 3 SGB VIII von der **vorläufigen Inobhutnahme** nach § 42a Abs. 1 S. 1 abzugrenzen.[139]

Unabhängig davon, welche der genannten Situationen vorliegt, besteht **kein Ermessen** hinsichtlich des „ob" der Inobhutnahme. Das Jugendamt ist also zur Inobhutnahme verpflichtet.

Wegen der besonderen Eilbedürftigkeit besteht nach § 87 S. 1 SGB VIII für die Inobhutnahme von Selbstmeldern sowie die Inobhutnahme bei dringender Kindeswohlgefahr (§ 42 Abs. 1 S. 1 Nrn. 1, 2) eine **Zuständigkeit** des örtlichen Trägers der öffentlichen Jugendhilfe, in dessen Bereich sich das Kind oder der Jugendliche vor Beginn der Maßnahme tatsächlich aufhält, unabhängig davon, wie lange der Aufenthalt an dem betreffenden Ort andauert.[140]

### a) Selbstmelder

Nach § 42 Abs. 1 S. 1 Nr. 1 SGB VIII ist das Jugendamt zur Inobhutnahme sog. Selbstmeldern berechtigt und verpflichtet, also von Kindern und Jugendlichen, die um die eigene Inobhutnahme bitten.

139 Dazu s. unter 3.

140 Dazu s. unter XVII. 2. b) aa).

**Praxishinweis**
Diese Bitte kann ausdrücklich vorgetragen werden, kann sich aber auch aus dem Zusammenhang ergeben (z. B. wenn ein Jugendlicher erklärt, nicht mehr nach Hause zu wollen, weil er vor den Eltern **Angst** hat).[141]

Abgesehen von offensichtlich rechtsmissbräuchlichen Fällen kommt es auf die Begründung des Wunsches nach Inobhutnahme nicht an. Entscheidend ist allein das **subjektive Sicherheitsbedürfnis** des Minderjährigen, nicht dessen objektive Gefährdung. Das gilt grundsätzlich selbst dann, wenn der Minderjährige seinen Namen nicht nennen und anonym bleiben möchte.[142] Allerdings wird das Jugendamt in solchen Fällen regelmäßig auf die Selbstmelder einwirken und darauf hinweisen müssen, dass die Inobhutnahme den Schritt aus der Anonymität voraussetzt. Denn ein Kind bzw. Jugendlicher hat kein Recht darüber zu entscheiden, wie und von wem er erzogen werden will.[143]

Anders als die Einleitung der Inobhutnahme steht deren **Beendigung** nicht zur Disposition des Minderjährigen.[144] Das Kind bzw. der Jugendliche kann also weder verlangen, dass die Inobhutnahme beendet wird, noch kann er eine von Rechts wegen gebotene Beendigung der Inobhutnahme verhindern.

### b) Dringende Kindeswohlgefährdung

Eine dringende Gefahr für das Wohl eines Kindes oder Jugendlichen vermag das Jugendamt nach § 42 Abs. 1 S. 1 Nr. 2 SGB VIII in zwei Konstellationen zu einer Inobhutnahme berechtigen und verpflichten: zum einen, wenn die Personensorgeberechtigten nicht widersprechen und zum anderen, wenn eine familiengerichtliche Entscheidung nicht rechtzeitig eingeholt werden kann.

Der Begriff der **Gefährdung des Kindeswohls** ist nicht anders als in § 8a Abs. 1 S. 1 SGB VIII und in § 1666 Abs. 1 BGB auszulegen. Dass das Gesetz in § 42 Abs. 1 S. 1 Nr. 2 SGB VIII eine „**dringende**" Gefahr fordert, soll nach h. M. nicht zu einem anderen Maßstab führen.[145]

---

141 BeckOGK/Schmidt SGB VIII § 42 Rn. 8.1 m. w. N.

142 Wiesner/Wiesner SGB VIII § 42 Rn. 7a; OLG Hamm, Urt. v. 20.11.1996, 11 U 61/96 = ZfJ 1997, 433 (433 ff.) = BeckRS 2009, 23577; OVG Lüneburg, Beschl. v. 18.9.2009, 4 LA 706/07 = NJW 2010, 311 (312) = BeckRS 2009, 39392.

143 BeckOGK/Schmidt SGB VIII § 42 Rn. 13 f.

144 Zur Beendigung der Inobhutnahme s. unter i).

145 OVG Münster, Beschl. v. 22.12.2017, 12 B 1553/17 = NJW 2018, 1116 (1117) = BeckRS 2017, 137997; (keine wesentlichen Änderungen); VG Würzburg, Beschl. v. 28.7.2020, W 3 S 20.894 = BeckRS 2020, 17804 (Schadenseintritt muss hinreichend wahrscheinlich sein). Zur

Dass die dringende Gefahr die Inobhutnahme „erfordern“ muss, ist ein Hinweis auf den Grundsatz der **Verhältnismäßigkeit**. Entsprechend müssen die Auswirkungen der Inobhutnahme auf Eltern und Kind ebenso wie mögliche Alternativen sorgfältig geprüft werden.[146]

Die Verhältnismäßigkeit erfordert

- ein **legitimes Mittel** und einen legitimen Zweck,
- die **Geeignetheit** (das Mittel muss den erstrebten Zweck fördern können),
- die **Erforderlichkeit** (es darf kein milderes, ebenso wirksames Mittel zur Verfügung stehen) und
- die **Angemessenheit** (Zweck-Mittel-Relation, das eingesetzte Mittel darf nicht außer Verhältnis zum angestrebten Erfolg stehen).[147]

**Praxishinweis**

Nach dem Grundsatz der Verhältnismäßigkeit sind ungewöhnlich zwingende Gründe notwendig, wenn ein Kind bereits **unmittelbar nach der Geburt** von der Mutter getrennt werden soll. Dabei muss die traumatisierende Wirkung auf die Mutter berücksichtigt werden. Gleiches gilt für den Umstand, dass dem Vater die Nähe zum Kind genommen wird und dass das Kind nicht gestillt werden kann.[148]

### *aa) Kein Widerspruch der Personensorgeberechtigten*

Dass die Personensorgeberechtigten nicht widersprochen haben, bedeutet nicht, dass ihre Zustimmung erforderlich wäre. Die vorherige Information bzw. zumindest der **Versuch der vorherigen Information** der Personensorgeberechtigten ist aber Tatbestandsmerkmal und grundsätzlich zwingende Voraussetzung der Inobhutnahme nach § 42 Abs. 1 S. 1 Nr. 2a SGB VIII.[149]

Typischer Fall einer Inobhutnahme, die durch eine dringende Kindeswohlgefährdung erfordert wird und bei der ein Widerspruch der Personensorgeberechtigten (noch) nicht vorliegt, ist, dass Minderjährige von der Polizei in einer objektiv gefährdenden Umgebung aufgegriffen und dem Jugendamt gegen

Kritik vgl. BeckOGK/Schmidt SGB VIII § 42 Rn. 24 ff. m. w. N. (Dringlichkeit nur gegeben, wenn wirksamer Schutz sonst nicht möglich).

146 BeckOGK/Schmidt SGB VIII § 42 Rn. 27 ff.

147 Vgl. Schmidt, Familienrecht, Rn. 382 und 911.

148 EGMR, Urt. v. 8.4.2004, 11057/02 Haase/Deutschland = NJW 2004, 3401 (3404) = BeckRS 2004, 8971.

149 VG München, Urt. v. 25.9.2013, M 18 K 12.1272 = BeckRS 2014, 47125; Urt. v. 18.2.2009, M 18 K 07.3534 = BeckRS 2011, 47054; FK/Trenczek SGB VIII § 42 Rn. 18.

ihren Willen zugeführt werden. Eine solche gefährdende Umgebung liegt z. B. im **Obdachlosen-, Drogen- oder Prostitutionsmilieu** vor.

##### *bb) Familiengerichtliche Entscheidung nicht rechtzeitig erreichbar*

Nicht rechtzeitig eingeholt werden kann eine familiengerichtliche Entscheidung, wenn diese auch unter **Ausschöpfung aller verfahrensrechtlichen Möglichkeiten** wie dem Erlass einer einstweiligen Anordnung, ggf. ohne vorherige Anhörung der Eltern und des Kindes, zu spät erginge.

Dabei ist an die Möglichkeiten zu denken, nach Dienstschluss oder am Wochenende den **Eildienst** des zuständigen Amtsgerichts zu nutzen. Das führt dazu, dass die Inobhutnahme nach § 42 Abs. 1 S. 1 Nr. 2b SGB VIII regelmäßig ausscheidet, solange ein Richter des zuständigen Amtsgerichts dienstbereit ist.

**Praxishinweis**

Wann das der Fall ist, hängt von den jeweiligen örtlichen Gegebenheiten ab. So bestehen in Großstädten oft richterliche **Bereitschaftsdienste** rund um die Uhr.[150] Auf die üblichen Zuständigkeiten der einzelnen Richter kommt es im Bereitschaftsdienst nicht an.

Unabhängig von richterlichen Bereitschaftsdiensten sollten bei allen Jugendämtern Bereitschaftsdienste „24/7" eingerichtet werden. Denn das Jugendamt muss im Rahmen der Inobhutnahme u. a. dann tätig werden, wenn jede andere Hilfe zu spät käme.

Unzulässig ist die Inobhutnahme, wenn das **Gericht Maßnahmen ablehnt**. Denn die Inobhutnahme soll nicht dazu dienen, eine aus Sicht des Jugendamts fehlerhafte gerichtliche Entscheidung zu korrigieren. Andernfalls würde nämlich bis zum rechtskräftigen Abschluss des Verfahrens das Jugendamt an die Stelle des Richters treten und der Nachrang der Inobhutnahme gegenüber einer gerichtlichen Entscheidung in ihr Gegenteil verkehrt werden.[151]

Eine Missachtung des Richtervorbehalts kann gem. § 235 Abs. 1 StGB als Entziehung Minderjähriger **strafbar** sein.[152]

### c) Unbegleitete ausländische Minderjährige

Zuletzt ist das Jugendamt zur Inobhutnahme von ausländischen Kindern und Jugendlichen berechtigt und verpflichtet, wenn diese unbegleitet nach Deutsch-

150 BeckOGK/Schmidt SGB VIII § 42 Rn. 35.1.
151 BeckOGK/Schmidt SGB VIII § 42 Rn. 34.
152 BeckOGK/Schmidt SGB VIII § 42 Rn. 36.

land kommen und sich hierzulande weder ein Personensorge- noch ein Erziehungsberechtigter aufhält, § 42 Abs. 1 S. 1 Nr. 3 StGB.

„Unbegleitet" meint **nicht zwangsläufig allein**. Erforderlich ist nur, dass gemeinsam mit den Minderjährigen kein Erziehungsberechtigter einreist. So kann eine unbegleitete Einreise auch in einer Gruppe bzw. unter Vermittlung von Schleppern vorliegen.[153] Durch § 42a Abs. 1 S. 2 Hs. 2 SGB VIII wird klargestellt, dass das auch bei verheirateten Minderjährigen gilt. Nicht erfasst werden sollen nach Sinn und Zweck der Vorschrift dagegen Kinder und Jugendliche, die bloß während der Ferien, zum Einkaufen oder zum Besuch von Freunden nach Deutschland kommen.[154] Das muss auch dann gelten, wenn der Minderjährige sich zwar auf unbestimmte Zeit in Deutschland aufhält (z. B. zum Zweck des Studiums an einer deutschen Hochschule), die Erziehungsberechtigten aber aus dem Ausland eine hinreichende Betreuung sicherstellen.[155]

Weil das Gesetz im Fall der unbegleiteten Minderjährigen, die sich allein und ggf. mit unzureichenden Sprachkenntnissen in einem fremden Land aufhalten, anders als bei einem Eltern-Kind-Konflikt unabhängig von weiteren Voraussetzungen eine Gefährdung annimmt, sind **alle Behörden**, die Kenntnis davon haben, dass das Kind oder der Jugendliche nach Deutschland gekommen ist, verpflichtet, das Jugendamt so schnell wie möglich zu informieren.[156]

Einer Inobhutnahme nach § 42 Abs. 1 S. 1 Nr. 3 SGB VIII geht regelmäßig eine **vorläufige Inobhutnahme** nach § 42a Abs. 1 S. 1 voraus.[157] Entsprechend richtet sich die örtliche Zuständigkeit nach § 87 S. 2 i. V. m. § 88a Abs. 2 SGB VIII.

### d) Durchführung und unmittelbarer Zwang

Die Inobhutnahme erfolgt durch **Verwaltungsakt**. Dieser wird in § 31 S. 1 SGB X definiert als Verfügung, Entscheidung oder andere hoheitliche Maßnahme, die eine Behörde zur Regelung eines Einzelfalls auf dem Gebiet des öffentlichen Rechts trifft und die auf unmittelbare Rechtswirkung nach außen gerichtet ist. Zur Wirksamkeit des Verwaltungsakts ist gem. § 37 Abs. 1 SGB X die Bekanntgabe an die Personensorgeberechtigten erforderlich.[158] Nicht erforderlich ist,

153 Wiesner/Wiesner SGB VIII § 42a Rn. N 7; BeckOK SozR/Winkler SGB VIII § 42a Rn. 3; BeckOGK/Schmidt SGB VIII § 42 Rn. 39.

154 BeckOK SozR/Winkler SGB VIII § 42 Rn. 7; Krug/Riehle/Mortsiefer, § 42 Rn. 113.

155 BeckOGK/Schmidt SGB VIII § 42 Rn. 40.

156 Vgl. FK/Trenczek SGB VIII § 42 Rn. 20.

157 Dazu s. unter 3.

158 Wiesner/Wiesner SGB VIII § 42 Rn. 68a; Krug/Riehle/Mortsiefer, § 42 Rn. 126; BeckOGK/Schmidt SGB VIII § 42 Rn. 52; Kepert JAmt 2013, 562 (563).

dass der Verwaltungsakt schriftlich ergeht, so dass die Inobhutnahme (zunächst) mündlich erklärt werden kann.

**Praxishinweis**

Nach § 80 Abs. 1 S. 1 VwGO haben Widerspruch und Anfechtungsklage gegen einen Verwaltungsakt **aufschiebende Wirkung** (sog. Suspensiveffekt). Mit anderen Worten: Die Inobhutnahme darf dann, wenn ein Widerspruch der Personensorgeberechtigten vorliegt, nicht vollzogen werden.

Weil die Inobhutnahme i. d. R. besonders eilbedürftig ist, muss deshalb ergänzend eine **Sofortvollzugsanordnung**, nach § 80 Abs. 2 S. 1 Nr. 4 VwGO erfolgen. Erforderlich ist, dass das Jugendamt die sofortige Vollziehung im Interesse des Kindes besonders anordnet. Anders als der zugrundeliegende Verwaltungsakt ist dies gem. § 80 Abs. 3 VwGO (abgesehen von Fällen sog. Notstandsmaßnahmen) schriftlich zu begründen.

Wollen sich sorgeberechtigte Eltern im Fall einer Sofortvollzugsanordnung gegen die Inobhutnahme wenden, so können sie neben einer Anfechtungsklage gem. § 42 Abs. 1 Alt. 1 VwGO im sog. Eilrechtsschutz einen **Antrag auf Wiederherstellung der aufschiebenden Wirkung** nach § 80 Abs. 5 S. 1 Hs. 2 VwGO stellen.

Die **Vollziehung** der Inobhutnahme kann Probleme bereiten, wenn sie auf eine dringende Gefährdung des Kindeswohls gestützt wird und das Jugendamt von der Befugnis nach § 42 Abs. 1 S. 2 Hs. 2 SGB VIII Gebrauch machen muss, das Kind oder den Jugendlichen von einer anderen Person wegzunehmen.

Sofern etwa die Eltern das Kind oder den Jugendlichen in solchen Fällen nicht freiwillig herausgeben, kann die Anwendung **unmittelbaren Zwangs** erforderlich werden. Insoweit schreibt § 42 Abs. 6 SGB VIII vor, dass „die dazu befugten Stellen“ hinzuzuziehen sind. Das Jugendamt darf also außer in Fällen von Notwehr und Notstand eine Haustür nicht selbst aufbrechen oder das Kind den Eltern aus dem Arm reißen, sondern ist auf die Vollzugshilfe der **Polizei** angewiesen.[159]

### e) Unterrichtung der Personensorge- bzw. Erziehungsberechtigten

Nach § 42 Abs. 3 S. 1 SGB VIII hat das Jugendamt im Fall von Selbstmeldern sowie bei einer Inobhutnahme wegen dringender Gefahr für das Kindeswohl die Personensorge- oder Erziehungsberechtigten **unverzüglich** von der Inobhutnahme zu unterrichten, sie in einer verständlichen, nachvollziehbaren und wahrnehmbaren Form umfassend über die Maßnahme aufzuklären und mit ihnen das Gefährdungsrisiko abzuschätzen.

159 FK/Trenczek SGB VIII § 42 Rn. 60; JurisPK-SGB VIII/Kirchhoff § 42 Rn. 232.

Entsprechend der Legaldefinition in § 121 Abs. 1 S. 1 BGB ist unter „unverzüglich“ **ohne schuldhaftes Zögern** zu verstehen.

Inhaltlich umfassen Unterrichtung und Aufklärung **alle Umstände**, an denen die Personensorge- bzw. Erziehungsberechtigten interessiert sind, und zwar insbesondere mit Blick auf deren Entscheidung über das weitere Vorgehen. Das ergibt sich auch aus der Gesetzesbegründung, die auf die Verpflichtung der Eltern verweist, Gefährdungen des Kindes abzuwenden: „Sie entscheiden insbesondere auch, ob sie der Inobhutnahme zustimmen und gemeinsam mit dem Jugendamt in ein Hilfeplanverfahren zur Gewährung einer Hilfe eintreten (§ 42 Absatz 3 Satz 5 SGB VIII), oder ob sie widersprechen und dadurch gegebenenfalls die Fortsetzung der Inobhutnahme und ein familiengerichtliches Verfahren herbeiführen (§ 42 Absatz 3 Satz 2 Nummer 2 SGB VIII).“[160]

**Praxishinweis**

Das Kind oder der Jugendliche hat **kein Veto-Recht** gegen die Information der Personensorgeberechtigten. Eingeschränkt werden kann die Information (z. B. hinsichtlich des Aufenthaltsortes des Kindes) nur dann, wenn das Kind bzw. der Jugendliche andernfalls nicht wirksam geschützt werden könnte.[161]

### f) Sorge für das Wohl des Minderjährigen

In der Obhut des Jugendamtes soll es dem Kind oder Jugendlichen – soweit nach den Umständen möglich – gut gehen. Dafür ist zunächst wichtig, die Maßnahme zu erklären, über (ggf. traumatische) Erlebnisse im Vorfeld zu sprechen und Perspektiven aufzuzeigen.

Entsprechend bestimmt § 42 Abs. 2 S. 1 SGB VIII, dass das Jugendamt das Kind oder den Jugendlichen während der Inobhutnahme umfassend und in einer verständlichen, nachvollziehbaren und wahrnehmbaren Form über die Inobhutnahme **aufzuklären** hat. Das Jugendamt muss gemeinsam mit dem Kind bzw. Jugendlichen die Situation klären, die zu der Inobhutnahme geführt hat, und Möglichkeiten der Hilfe oder Unterstützung aufzeigen.

Nach § 42 Abs. 2 S. 3 SGB VIII hat das Jugendamt für das Wohl des Minderjährigen zu sorgen. Dazu besteht gem. § 42 Abs. 1 S. 2 Hs. 1 SGB VIII die Befugnis, das Kind vorläufig bei einer geeigneten Person, in einer geeigneten Einrichtung oder in einer sonstigen Wohnform **unterzubringen**.

160 BT-Drs. 19/26107, S. 96.

161 BeckOGK/Schmidt SGB VIII § 42 Rn. 67.1 f.

**Praxishinweis**
Geeignete Personen können neben Pflegepersonen, die für die Aufnahme von Kindern bzw. Jugendlichen nach einer Inobhutnahme kurzfristig zur Verfügung stehen (**Bereitschaftspflege**) auch Verwandte und andere Bezugspersonen des Kindes sein, z. B. nicht sorgeberechtigte Elternteile oder Großeltern. Als geeignete Einrichtungen oder sonstige Wohnformen kommen z. B. Kinder- und Jugendnotdienste, Jugendschutzstellen und Kinderschutzzentren in Betracht. Voraussetzung ist grundsätzlich eine pädagogische oder sonst fachliche Betreuung. Maßgeblich sind insoweit die Umstände des Einzelfalls. So kann eine geeignete Einrichtung auch ein Krankenhaus sein, wenn die Personensorgeberechtigten eine dringend erforderliche ärztliche Behandlung ablehnen, das Jugendamt den Minderjährigen (ggf. durch fernmündliche Anordnung) in Obhut nimmt, gem. § 42 Abs. 2 S. 4 SGB VIII in die Behandlung einwilligt und dazu den Verbleib in der Klinik anordnet. Ebenso können geeignete Einrichtungen solche der Kinder- und Jugendpsychiatrie sein.[162]

Zudem übt das Jugendamt während der Inobhutnahme Teilbereiche des Sorgerechts im Rahmen einer **öffentlich-rechtlichen Notkompetenz** aus.[163] Denn nach § 42 Abs. 2 S. 4 SGB VIII darf es alle Rechtshandlungen vornehmen, die zum Wohl des Kindes oder Jugendlichen notwendig sind. Das ist dann der Fall, wenn ohne die betreffende Rechtshandlung oder mit einer weniger einschneidenden Maßnahme dem Wohl des Minderjährigen weniger gut entsprochen werden könnte. Dabei ist der (mutmaßliche) Wille der Personensorgeberechtigten bzw. der Erziehungsberechtigten angemessen zu berücksichtigen.

**Praxishinweis**
Zu den Rechtshandlungen nach § 42 Abs. 2 S. 4 SGB VIII gehört nach S. 5 im Fall der Inobhutnahme unbegleiteter ausländischer Minderjähriger insbesondere die unverzügliche Stellung eines **Asylantrags**, wenn Tatsachen die Annahme rechtfertigen, dass das Kind oder der Jugendliche internationalen Schutz i. S. d. § 1 Abs. 1 Nr. 2 AsylG benötigt.

---

162 BeckOGK/Schmidt SGB VIII § 42 Rn. 89 ff. m. w. N.
163 BVerfG, Beschl. v. 14.6.2007, 1 BvR 338/07 = NJW 2007, 3560 (3562) = BeckRS 2007, 24543; FK/Trenczek SGB VIII § 42 Rn. 35; Ollmann FamRZ 2000, 261 (262).

## g) Benachrichtigung einer Vertrauensperson

Ebenfalls **ohne schuldhaftes Zögern** hat das Jugendamt dem Kind oder Jugendlichen Gelegenheit zu geben, eine Person seines Vertrauens zu benachrichtigen, § 42 Abs. 2 S. 2 SGB VIII.

Ob der Minderjährige hiervon Gebrauch machen will und wer ggf. benachrichtigt werden soll, bleibt **allein ihm überlassen**. In Betracht kommen „neben den Eltern andere Verwandte, Freunde, Pastoren oder Lehrer, und zwar ohne dass insoweit eine Pflicht des Minderjährigen bestünde, die Vertrauensperson namentlich zu benennen."[164]

---

**Praxishinweis**

Die **Form der Benachrichtigung** wird durch das Gesetz nicht vorgegeben. In der Praxis wird dem Minderjährigen meist Gelegenheit zu einem Telefonat gegeben. Das setzt jedoch voraus, dass die Vertrauensperson über einen Telefonanschluss verfügt und dem Minderjährigen die Rufnummer bekannt ist. Andernfalls sind weitere Hilfestellungen erforderlich, sei es bei der Recherche nach der Telefonnummer, durch Zurverfügungstellung eines Computers mit Internetanschluss zur Kontaktaufnahme über E-Mail, Facebook oder Skype bzw. durch Übermittlung eines Schriftstücks.[165]

Die Benachrichtigung kann nicht schon deshalb verwehrt werden, weil der Kontakt zu der betreffenden **Person nicht kindeswohldienlich** ist. Etwas anderes gilt erst dann, wenn die Benachrichtigung als solche zu einer Gefährdung des Kindeswohls führen würde.[166]

---

## h) Freiheitsentziehende Maßnahmen

Nach § 42 Abs. 5 SGB VIII sind freiheitsentziehende Maßnahmen im Rahmen der Inobhutnahme nur statthaft, soweit sie erforderlich sind, um **eine Gefahr für Leib und Leben** des Minderjährigen selbst oder Dritter abzuwenden. Ohne die nach § 1631b BGB erforderliche Genehmigung des Familiengerichts ist die Maßnahme spätestens mit Ablauf des Tages nach ihrem Beginn zu beenden.

164 BeckOGK/Schmidt SGB VIII § 42 Rn. 72.
165 BeckOGK/Schmidt SGB VIII § 42 Rn. 76.
166 BeckOGK/Schmidt SGB VIII § 42 Rn. 73 ff. m. w. N.

Nicht unter den Begriff der freiheitsentziehenden Maßnahmen fallen bloße **Freiheitsbeschränkungen** (z. B. Gitterbett bei Kleinkindern, begrenzte Ausgehzeiten).[167]

**Praxishinweis**

Häufigster Anwendungsfall freiheitsentziehender Maßnahmen ist die Unterbringung in der geschlossenen Abteilung einer Kinder- und Jugendpsychiatrie bei **Suizidgefahr.** Die Suizidgefahr kann dabei auch Anlass für die Inobhutnahme nach § 42 Abs. 1 S. 1 Nr. 2b SGB VIII sein, wenn die Eltern die Situation nicht ernst nehmen und eine Unterbringung ablehnen.

### i) Beendigung

Die **Personensorge- bzw. Erziehungsberechtigten** erfahren von der Inobhutnahme mit Bekanntgabe des zugrundeliegenden Verwaltungsaktes[168] sowie infolge der unverzüglichen Unterrichtung durch das Jugendamt gem. § 42 Abs. 3 S. 1 SGB VIII.[169]

In der Folge müssen sie entscheiden, ob sie der Inobhutnahme i. S. v. § 42 Abs. 3 S. 2 SGB VIII **widersprechen**. Bei gemeinsamer Personensorge genügt das Widersprechen eines Sorgeberechtigten. Dabei besteht für das Widersprechen weder Frist noch Form, es kann also auch später erfolgen und mündlich erklärt werden. Abzugrenzen ist das Widersprechen nach § 42 Abs. 3 S. 2 SGB VIII von dem Widerspruch gem. § 62 SGB X i. V. m. § 68 Abs. 1 S. 1, § 69 VwGO als förmlichem Rechtsbehelf.[170]

Widersprechen die Personensorge- bzw. Erziehungsberechtigten der Inobhutnahme nicht, so ist gem. § 42 Abs. 3 S. 5 SGB VIII unverzüglich ein Hilfeplanverfahren zur Gewährung einer Hilfe einzuleiten. Hauptanwendungsfälle sind Hilfe zur Erziehung und Eingliederungshilfe, aber auch alle anderen Leistungsformen. Mit der Entscheidung über die **Gewährung von Hilfen** endet dann gem. § 42 Abs. 4 Nr. 2 SGB VIII die Inobhutnahme.

---

167 BGH, Beschl. v. 7.8.2013, XII ZB 559/11 = FamRZ 2013, 1646 (1646 ff.) = BeckRS 2013, 15447; Palandt/Götz, § 1631b Rn. 2.

168 Dazu s. o. unter d).

169 Dazu s. o. unter e).

170 Dazu s. o. unter d).

Widersprechen die Personensorge- bzw. Erziehungsberechtigten der Inobhutnahme, so hat das Jugendamt nach § 42 Abs. 3 S. 2 SGB VIII unverzüglich, also ohne schuldhaftes Zögern

- das Kind oder den Jugendlichen den **Personensorge- bzw. Erziehungsberechtigten zu übergeben** oder
- eine Entscheidung des **Familiengerichts** über die erforderlichen Maßnahmen zum Wohl des Kindes oder des Jugendlichen herbeizuführen.

Im ersten Fall würde die Inobhutnahme nach § 42 Abs. 4 Nr. 1 SGB VIII direkt, im zweiten Fall infolge der Entscheidung des Familiengerichts enden. Denn diese kann ihrerseits dazu führen, dass das Kind an die Personensorgeberechtigten herauszugeben ist oder dass (ggf. gegen den Willen der Eltern) Hilfe gewährt wird und die Inobhutnahme gem. § 42 Abs. 4 Nr. 2 SGB VIII endet.

Maßstab der Entscheidung über das Vorgehen nach einem Widersprechen der Personensorge- bzw. Erziehungsberechtigten ist allein, ob nach Einschätzung des Jugendamts objektiv eine **Gefährdung des Kindeswohls** besteht und ob die Personensorge- oder Erziehungsberechtigten ggf. bereit und in der Lage sind, diese Gefährdung abzuwenden. Dabei besteht entgegen dem missverständlichen Gesetzeswortlaut kein Auswahlermessen und kein Beurteilungsspielraum. Solange eine Gefährdung nicht besteht oder die Eltern – ggf. unter Inanspruchnahme von Hilfe – eine Gefährdung abwenden wollen und können, muss das Jugendamt das Kind an sie herausgeben, und zwar selbst dann, wenn das Kind nicht zu seinen Eltern zurückkehren will.[171] Der Einschätzung, ob eine Kindeswohlgefährdung besteht, dient bereits die Klärung der Situation nach § 42 Abs. 2 S. 1 SGB VIII.

Umstritten ist, ob neben der Beendigung der Inobhutnahme nach § 42 Abs. 4 SGB VIII eine **faktische Beendigung** dadurch eintreten kann, dass sich der Minderjährige aus freien Stücken dem Einfluss des Jugendamtes entzieht, etwa indem er nach einem Entweichen nicht binnen zwei Tagen zurückkehrt. Allerdings wird das Entweichen nicht selten Indiz für die der Inobhutnahme zugrundeliegende Gefährdung sein.[172]

---

171 So zu Recht FK/Trenczek SGB VIII § 42 Rn. 45 unter Hinweis auf eine mögliche Strafbarkeit von Mitarbeitern des ASD wegen Entziehung Minderjähriger (§ 235 StGB) bei zu Unrecht verwehrter Herausgabe.

172 Vgl. dazu BeckOGK/Schmidt SGB VIII § 42 Rn. 172 ff. m. w. N.

**Praxishinweis**
Sind die Personensorge- oder Erziehungsberechtigten **nicht erreichbar**, muss eine Entscheidung des Familiengerichts nach § 42 Abs. 3 S. 3 SGB VIII herbeigeführt werden.
Im Falle der Inobhutnahme eines **unbegleiteten ausländischen Kindes oder Jugendlichen** hat das Jugendamt gem. § 42 Abs. 3 S. 4 SGB VIII unverzüglich, spätestens innerhalb von drei Arbeitstagen die Bestellung eines Vormunds oder Pflegers nach Maßgabe der zivilrechtlichen Vorschriften zu veranlassen.

## 3. Vorläufige Inobhutnahme ausländischer Kinder und Jugendlicher

Im Zuge der sog. Flüchtlingskrise wurde 2015 die vorläufige Inobhutnahme eingeführt, um die Situation von **allein einreisenden Kindern bzw. Jugendlichen** zu verbessern, besonders belastete Kommunen zu entlasten und eine angemessene bundesweite Verteilung der Geflüchteten zu ermöglichen.[173]

Die betreffenden Vorschriften finden sich in §§ 42a ff. SGB VIII.

### a) Gegenstand

Das Jugendamt ist nach § 42a Abs. 1 S. 1 SGB VIII **berechtigt und verpflichtet**, ein ausländisches Kind oder einen ausländischen Jugendlichen vorläufig in Obhut zu nehmen, sobald dessen unbegleitete Einreise nach Deutschland festgestellt wird. Anders als im Fall der Inobhutnahme nach § 42 Abs. 1 S. 1 Nr. 3 SGB VIII, die neben der vorläufigen Inobhutnahme bestehen bleibt,[174] ist nicht Voraussetzung, dass sich weder Personensorge- noch Erziehungsberechtigte im Inland aufhalten.

Dabei ergibt sich aus dem Umstand, dass erst im Rahmen des Clearings bzw. Erstscreenings abschließende Ermittlungen zur **Altersfeststellung** gem. § 42f SGB VIII erfolgen, dass im Zweifel bis zu einer anderweiten Gewissheit von der Minderjährigkeit der Betroffenen auszugehen ist.[175]

173 BT-Drs. 18/5921, S. 15 f.; BeckOGK/Fazekas SGB VIII § 42a Rn. 2 ff. Die angemessene Verteilung soll durch §§ 42c f. SGB VIII sichergestellt werden.

174 BeckOGK/Fazekas SGB VIII § 42a Rn. 3.

175 Vgl. VGH München, Beschl. v. 18.8.2016, 12 CE 16.1570 = BeckRS 2016, 51383; BeckOGK/Fazekas SGB VIII § 42f Rn. 3; BeckOK SozR/Winkler SGB VIII § 42f Rn. 1.

Aus einem **Verweis in § 42a Abs. 1 S. 3 SGB VIII** folgt, dass ebenso wie im Rahmen der Inobhutnahme nach § 42 SGB VIII

- die Polizei hinzuzuziehen ist, wenn die Anwendung unmittelbaren Zwangs für erforderlich gehalten wird,[176]
- dem Kind oder Jugendlichen unverzüglich Gelegenheit zu geben ist, eine Person seines Vertrauens zu benachrichtigen,[177]
- das Jugendamt während der Inobhutnahme für das Wohl des Kindes oder Jugendlichen zu sorgen hat und befugt ist, dieses vorläufig unterzubringen[178] und
- freiheitsentziehende Maßnahmen ggf. zulässig sind.[179]

Nach § 42a Abs. 3 SGB VIII ist das Jugendamt zudem berechtigt und verpflichtet, alle **Rechtshandlungen** vorzunehmen, die zum Wohl des Kindes oder des Jugendlichen notwendig sind. Das Kind bzw. der Jugendliche ist dabei zu beteiligen und der mutmaßliche Wille der Personensorge- bzw. Erziehungsberechtigten angemessen zu berücksichtigen.[180]

### b) Clearing bzw. Erstscreening

Im Rahmen des Clearings bzw. Erstscreenings wird zum einen das behördliche Verfahren zur Altersfeststellung durchgeführt, zum anderen geht es um eine Klärung des weiteren Vorgehens.

#### *aa) Altersfeststellung*

Nach § 42f Abs. 1 S. 1 SGB VIII hat das Jugendamt im Rahmen der vorläufigen Inobhutnahme die **Minderjährigkeit** des Betroffenen durch Einsichtnahme in dessen Ausweispapiere oder hilfsweise mittels einer qualifizierten Inaugenscheinnahme einzuschätzen und festzustellen.

176 Dazu s. o. unter 2. d).
177 Dazu s. o. unter 2. g).
178 Dazu s. o. unter 2. f.).
179 Dazu s. o. unter 2. h).
180 Dazu s. o. unter 2. f.).

**Praxishinweis**
**Ausweispapiere** müssen hinreichend verlässlich die Identität zwischen dem Inhaber und der in dem Ausweis bezeichneten Person nachweisen, z. B. durch Lichtbild oder Fingerabdruck. Dokumente die diesem Maßstab nicht genügen, reichen als Beleg für eine behauptete Minderjährigkeit nicht aus.[181]

Die **qualifizierte Inaugenscheinnahme** „würdigt den Gesamteindruck, der neben dem äußeren Erscheinungsbild insbesondere die Bewertung der im Gespräch gewonnenen Informationen zum Entwicklungsstand umfasst." Weiter ist die Einholung von Auskünften jeder Art, die Vernehmung von Zeugen und Sachverständigen sowie die Beziehung von Akten denkbar.[182]

**Praxishinweis**
Die Inaugenscheinnahme ist **nur im angekleideten Zustand** zulässig. Zudem haben Kriterien wie ein ruhiges und sicheres Auftreten oder ein problemloses Zurechtkommen in der Gemeinschaftsunterkunft keine Aussagekraft.[183]

Bleiben nach Einsichtnahme in ggf. vorhandene Ausweispapiere sowie nach einer qualifizierten Inaugenscheinnahme Zweifel oder wird dies durch den Betroffenen beantragt, so ist nach § 42f Abs. 2 S. 1 SGB VIII eine **ärztliche Untersuchung** zur Altersbestimmung zu veranlassen.

Ein Zweifelsfall liegt dabei vor, wenn **nicht mit Sicherheit ausgeschlossen** werden kann, dass ein fachärztliches Gutachten zu dem Ergebnis kommen wird, der Betroffene sei noch minderjährig.[184]

Dabei sind körperliche Untersuchungen mit **schonenden Methoden** vorzunehmen. Genitaluntersuchungen sind ausgeschlossen, Röntgenuntersuchungen von Handwurzelknochen bzw. Gebiss sind höchst umstritten.[185] Zudem ist angesichts der erheblichen Schwankungsbreiten medizinischer Untersuchungsmethoden bei der Altersfeststellung ein „Sicherheitszuschlag" von zwei bis drei Jahren erforderlich.[186]

181 OVG Bremen, Urt. v. 10.5.2019, 1 B 32/19 = BeckRS 2019, 9598; BeckOK SozR/Winkler SGB VIII § 42f Rn. 2.
182 BT-Drs. 18/6392, S. 20.
183 So zu Recht FK/Trenczek, § 42f Rn. 7.
184 VGH München, Beschl. v. 18.8.2016, 12 CE 16.1570 = BeckRS 2016, 51383 m. w. N.; a. A. (kein Zweifelsfall bei hinreichend sicherer Überzeugungsbildung) LPK-SGB VIII/Kepert/Dexheimer SGB VIII § 42f Rn. 5.
185 FK/Trenczek, § 42f Rn. 11 f.
186 VGH München, Beschl. v. 18.8.2016, 12 CE 16.1570 = BeckRS 2016, 51383.

Können die Zweifel auch im Rahmen der ärztlichen Untersuchung nicht ausgeräumt werden, so ist davon auszugehen, dass der Betroffene minderjährig ist („**Im Zweifel pro Minderjährigkeit**").[187]

### *bb) Weiteres Vorgehen*

Neben der Altersfeststellung hat das Jugendamt während des Clearings bzw. Erstscreenings gem. § 42a Abs. 2 S. 1 SGB VIII einzuschätzen,

- ob das Wohl des Kindes bzw. Jugendlichen durch die Durchführung eines **Verteilungsverfahrens** nach § 42b gefährdet würde,
- ob sich **Verwandte** im Inland bzw. Ausland ermitteln lassen,
- ob das Kindeswohl eine **gemeinsame Inobhutnahme** mit Geschwistern bzw. anderen unbegleiteten ausländischen Kindern oder Jugendlichen erfordert und
- ob der **Gesundheitszustand** des Betroffenen die Durchführung des Verteilungsverfahrens binnen 14 Werktagen nach Beginn der vorläufigen Inobhutnahme ausschließt; hierzu soll eine ärztliche Stellungnahme eingeholt werden.

Auf der Grundlage dieser Einschätzung entscheidet das Jugendamt sodann gem. § 42a Abs. 2 S. 2 SGB VIII über die Anmeldung zur Verteilung oder den **Ausschluss der Verteilung**.

Insoweit sind die **Fristen** des § 42a Abs. 4 SGB VIII zu beachten. Danach sind der nach Landesrecht zuständigen Stelle innerhalb von sieben Werktagen und unter Beachtung der Vorgaben des Sozialdatenschutzes[188] die vorläufige Inobhutnahme und das Ergebnis des Clearings mitzuteilen. Zuständige Stelle ist nach § 42b Abs. 3 S. 3 SGB VIII das Landesjugendamt, sofern nicht durch Landesrecht etwas anderes bestimmt wird.[189] Das Landesjugendamt hat seinerseits binnen drei Werktagen den Betroffenen beim Bundesverwaltungsamt zur Verteilung anzumelden oder den Ausschluss der Verteilung anzuzeigen.

---

187 VGH München, Beschl. v. 5.7.2016, 12 CE 16.1186 = BeckRS 2016, 49246; BeckOK SozR/Winkler SGB VIII § 42f Rn. 11.

188 BeckOGK/Fazekas SGB VIII § 42a Rn. 11; zum Datenschutz s. unter XVI.

189 Abweichende Regelungen bestehen in Bayern und Nordrhein-Westfalen, vgl. BeckOK SozR/Winkler SGB VIII § 42a Rn. 14.

So wird die Durchführung des **Verteilungsverfahrens** nach § 42b Abs. 4 SGB VIII **ausgeschlossen**,

- wenn dadurch das Wohl des Kindes bzw. Jugendlichen gefährdet würde,
- wenn der Gesundheitszustand des Betroffenen die Durchführung des Verteilungsverfahrens nicht binnen 14 Werktagen nach Beginn der vorläufigen Inobhutnahme zulässt,
- wenn kurzfristig (maximal innerhalb eines Monats)[190] die Zusammenführung mit Verwandten erfolgen kann und dies dem Kindeswohl entspricht bzw.
- wenn die Durchführung des Verteilungsverfahrens nicht innerhalb eines Monats nach Beginn der vorläufigen Inobhutnahme erfolgt.

Eine Zusammenführung mit Verwandten ist **auch im Ausland** möglich. Gemeint ist aber nicht der Herkunftsstaat, aus dem der Betroffene geflüchtet ist, sondern v. a. ein anderer EU-Mitgliedsstaat.[191]

**Geschwister** dürfen nach § 42b Abs. 5 SGB VIII nur getrennt werden, wenn das Kindeswohl dies erfordert. Unter derselben Voraussetzung sollen andere ausländische Kinder und Jugendliche im Rahmen des Verteilungsverfahrens gemeinsam in Obhut genommen werden. Der Begriff des Kindeswohls ist anhand der Umstände des Einzelfalls auszulegen.[192]

### c) Beendigung

Wenn das Kind oder der Jugendliche nach dem Ergebnis des Clearings im Rahmen eines Verteilungsverfahrens untergebracht werden soll, so umfasst die vorläufige Inobhutnahme nach § 42a Abs. 5 SGB VIII die Pflicht, die **Begleitung** des Kindes bzw. Jugendlichen und dessen Übergabe an das für die anschließende Inobhutnahme nach § 42 Abs. 1 S. 1 Nr. 3 zuständige Jugendamt sicherzustellen und diesem unverzüglich die für die Aufgabenwahrnehmung erforderlichen Daten zu übermitteln. Halten sich **Verwandte** im In- oder Ausland auf, ist auf eine Zusammenführung hinzuwirken, wenn dies dem Kindeswohl entspricht.

Mit der **Übergabe** an das nach dem Verteilungsverfahren für die anschließende Inobhutnahme zuständige Jugendamt endet die vorläufige Inobhut-

---

190 FK/Trenczek, § 42b Rn. 8; LPK-SGB VIII/Kepert/Dexheimer SGB VIII § 42b Rn. 10.

191 Näher dazu sowie zu der Verordnung (EU) Nr. 604/2013 (Dublin III) FK/Trenczek § 42b Rn. 8.

192 BeckOGK/Fazekas SGB VIII § 42b Rn. 6.

nahme, § 42a Abs. 6 SGB VIII. Gleiches gilt bei einer Übergabe an Personensorge- oder Erziehungsberechtigte oder wenn die nach Landesrecht zuständige Stelle beim Bundesverwaltungsamt den Ausschluss des Verteilungsverfahrens anzeigt, die vorläufige Inobhutnahme also ohne einen Wechsel der Zuständigkeit in eine Inobhutnahme nach § 42 Abs. 1 S. 1 Nr. 3 SGB VIII übergeht.[193]

193 Zur faktischen Beendigung s. o. unter 2. i).

# V. Allgemeine Förderung

Als allgemeine Leistungen zur Förderung junger Menschen werden zu Beginn des Besonderen Teils des SGB VIII die **Jugendarbeit** und damit in Zusammenhang die Förderung von Jugendverbänden und Jugendgruppen, die **Jugendsozialarbeit** sowie der **erzieherische Kinder- und Jugendschutz** geregelt.

Während die Jugendarbeit und der erzieherische Jugendschutz in erster Linie präventiv wirken, setzt die Jugendsozialarbeit eine abstrakte Gefährdungslage voraus.[194]

## 1. Jugendarbeit

Nach § 11 Abs. 1 SGB VIII besteht eine **objektive Pflicht** des öffentlichen Trägers der Jugendhilfe, jungen Menschen Angebote der Jugendarbeit zur Verfügung zu stellen. Sie sollen an den Interessen junger Menschen anknüpfen. Dabei sollen die Zugänglichkeit und Nutzbarkeit der Angebote für junge Menschen mit Behinderungen sichergestellt werden.

**Zweck** der Jugendarbeit ist die Förderung der Entwicklung sowie die Befähigung zur Selbstbestimmung, zu gesellschaftlicher Mitverantwortung und zu sozialem Engagement. Damit in Zusammenhang steht, dass die Jugendarbeit von den jungen Menschen mitbestimmt und mitgestaltet werden soll.

Zu den **Schwerpunkten** der Jugendarbeit gehören gem. § 11 Abs. 3 SGB VIII

- außerschulische Jugendbildung mit allgemeiner, politischer, sozialer, gesundheitlicher, kultureller, naturkundlicher und technischer Bildung (Nr. 1),
- Jugendarbeit in Sport, Spiel und Geselligkeit (Nr. 2),
- arbeitswelt-, schul- und familienbezogene Jugendarbeit (Nr. 3),
- internationale Jugendarbeit (Nr. 4),
- Kinder- und Jugenderholung (Nr. 5) und
- Jugendberatung (Nr. 6).

Voraussetzung ist, dass jedenfalls auch die **Erziehungsfunktion** im Mittelpunkt steht. Insoweit ist z. B. nicht jede sportliche Betätigung junger Menschen Ju-

194 Zu den landesrechtlichen Vorschriften mit Blick auf §§ 11 ff. SGB VIII vgl. FK/Schäfer/Weitzmann SGB VIII § 15 Rn. 2.

gendarbeit. Vielmehr ist eine Abgrenzung von sportlicher Jugendarbeit einerseits und dem Sport als Feld der Talentsuche andererseits erforderlich.[195]

**Angeboten** werden soll Jugendarbeit gem. § 11 Abs. 2 S. 1 SGB VIII von Jugendverbänden, Jugendgruppen, Jugendinitiativen, Trägern der öffentlichen Jugendhilfe und anderen.

**Jugendverbände** sind Zusammenschlüsse junger Menschen, die i. d. R. überregional tätig sind. Beispiele sind der CVJM und die Pfadfinderjugend. Demgegenüber sind **Jugendgruppen** örtliche oder regionale Zusammenschlüsse. **Jugendinitiativen** entstehen ähnlich Bürgerinitiativen bei bestimmten Problemlagen, wobei die Übergänge zu Jugendgruppen und Jugendverbänden fließend sind.

**Andere Anbieter** von Jugendarbeit können Städte und Gemeinden sein, die nicht örtlicher Träger der öffentlichen Jugendhilfe sind, gleichwohl aber z. B. ein Jugendzentrum betreiben. Auch Kirchen betreiben Jugendarbeit.

Nicht entscheidend ist, ob die Angebote öffentlich sind (sog. offene bzw. gemeinwesenorientierte Angebote) oder eine **Mitgliedschaft voraussetzen**, § 11 Abs. 2 S. 2 SGB VIII.

Andere als junge Menschen, nämlich solche, die **27 Jahre und älter** sind, können gem. § 11 Abs. 4 SGB VIII in angemessenem Umfang in die Angebote der Jugendarbeit einbezogen werden. Damit soll gerade in Jugendverbänden eine personelle Kontinuität erreicht werden. Denn Ehrenamtliche, die sich dort engagieren, sind oft deutlich älter.[196] Würden sie ausgeschlossen, ließen sich viele Angebote praktisch nicht aufrechterhalten.

## 2. Förderung der Jugendverbände und Jugendgruppen

Nach § 12 Abs. 1 SGB VIII ist die Tätigkeit von Jugendverbänden und Jugendgruppen durch die öffentliche Jugendhilfe zu fördern.

Mit der Förderung soll **mittelbar** die **Jugendarbeit unterstützt** werden. Das ergibt sich aus § 12 Abs. 2 SGB VIII. Denn danach wird in Jugendverbänden und Jugendgruppen die Jugendarbeit von jungen Menschen selbst organisiert, gemeinschaftlich gestaltet und mitverantwortet. Weiteres Kennzeichen soll sein, dass die Arbeit auf Dauer angelegt ist, sich i. d. R. an die eigenen Mitglieder wendet, aber auch gemeinwesensorientiert sein kann.

Jugendverbänden und Jugendgruppen kommt zudem eine **Lobbyfunktion** für die Interessen junger Menschen zu: Deren Anliegen und Interessen sollen zum Ausdruck gebracht und vertreten werden.

195 Wiesner/Struck SGB VIII § 11 Rn. 20; FK/Schäfer/Weitzmann SGB VIII § 11 Rn. 30.
196 FK/Schäfer/Weitzmann SGB VIII § 11 Rn. 39.

Inhaltlich gibt § 12 Abs. 1 SGB VIII hinsichtlich der Förderung vor, dass diese unter Wahrung des **satzungsgemäßen Eigenlebens** der Gruppen bzw. Verbände und nach Maßgabe des § 74 SGB VIII zu erfolgen habe.

Die Vorgabe, dass das satzungsgemäße Eigenleben zu wahren ist, bedeutet dabei nicht, dass eine Förderung bedingungslos oder ohne Auflagen erfolgen müsste. Allerdings sind Auflagen unzulässig, die eine politische, religiöse oder weltanschauliche Tendenz des Jugendverbands negieren, weil sie in den **Kernbereich der Verbandsautonomie** eingreifen würden. So wäre es nicht statthaft, eine Zuwendung für den Bau eines Jugendheims von der Bedingung abhängig zu machen, dass der Jugendverband dieses an junge Menschen überlässt, die nicht seiner Grundrichtung angehören.[197] Ebenso muss es den Jugendverbänden und Jugendgruppen überlassen werden, auf welche Gebiete sich ihre Tätigkeit erstreckt. Entsprechend darf nicht von einem Briefmarkenverein verlangt werden, sportliche Angebote vorzuhalten.[198]

Hinsichtlich der Anwendung von **§ 74 SGB VIII** gelten keine anderen Maßstäbe als bei der Förderung freier Träger, die weder Jugendverbände noch -gruppen sind.[199]

Während das Gesetz eine Förderungspflicht verbindlich festschreibt, besteht hinsichtlich **Art und Höhe der Förderung** ein weites Ermessen. So haben zwar jeder Jugendverband und jede Jugendgruppe einen Anspruch darauf, bei der Verteilung der Mittel pflichtgemäß berücksichtigt zu werden. Ein Anspruch, tatsächlich Leistungen zu erhalten, folgt daraus aber nicht zwingend, sondern nur dann, wenn das jugendamtliche Ermessen auf Null reduziert ist, etwa deshalb, weil bei der Nichtförderung des betreffenden Verbands gleichgelagerte Sachverhalte willkürlich unterschiedlich behandelt würden (Willkürverbot).

Eingeschränkt wird das Ermessen hinsichtlich der Höhe der Förderung der Jugendverbände bzw. -gruppen zudem durch § 79 Abs. 2 S. 2 SGB VIII. Danach haben die Träger der öffentlichen Jugendhilfe nämlich von den für die Jugendhilfe insgesamt bereitgestellten Mitteln einen **angemessenen Anteil** für die Jugendarbeit zu verwenden.

**Praxishinweis**

Neben einer Förderung durch Geldmittel ist eine Förderung durch Beratung sowie durch das Bereitstellen von Räumlichkeiten und anderen **Sachmitteln** möglich. So wird z. B. ein Sportverein gefördert, wenn er unentgeltlich die Turnhalle nutzen darf.

197 Wiesner/Struck SGB VIII § 12 Rn. 6.

198 Vgl. Wiesner/Struck SGB VIII § 12 Rn. 7.

199 Dazu s. o. unter III. 1. f.) dd).

## 3. Jugendsozialarbeit

Die Jugendsozialarbeit wird in § 13 SGB VIII geregelt.

Nach dessen Abs. 1 sollen jungen Menschen **sozialpädagogische Hilfen** angeboten werden, wenn sie wegen sozialer Benachteiligungen oder individueller Beeinträchtigungen in erhöhtem Maß auf Unterstützung angewiesen sind.

**Soziale Benachteiligungen** sind dabei gruppenbezogen zu verstehen. Hierzu gehört z. B. ein Migrationshintergrund oder das Aufwachsen in einem sozialen Problemviertel. Dabei lässt sich die soziale Benachteiligung dadurch charakterisieren, dass die Betroffenen „aufgrund der Zugehörigkeit zu einer bestimmten gesellschaftlichen Gruppe in ihren persönlichen Entwicklungsmöglichkeiten, in ihrem Zugang zu Bildung, Ausbildung und Beruf sowie allgemein in ihrer Teilhabe an der Gesellschaft systematisch eingeschränkt werden."[200] Regelmäßig handelt es sich um gesellschaftliche Minderheiten. Dennoch soll zur Vermeidung sozialer Benachteiligungen auch Jungen- und Mädchenarbeit zulässig sein.[201]

Eine **individuelle Beeinträchtigung** liegt vor, wenn es dem Betroffenen aufgrund persönlicher Merkmale erschwert ist, für seine Entwicklung und seine gleichberechtigte Teilhabe in der Gesellschaft wichtige physische, kognitive oder soziale Anforderungen zu erfüllen.[202] Beispiele sind Behinderungen, fehlende Bildungsabschlüsse und Suchtprobleme.

Bei entsprechenden Benachteiligungen bzw. Beeinträchtigungen soll die Jugendsozialarbeit die schulische und berufliche Ausbildung, die Eingliederung in die Arbeitswelt und die **soziale Integration** der Betroffenen fördern, also z. B. dafür sorgen, dass die jungen Menschen nicht die Schule abbrechen, einen Job finden und in die Gesellschaft integriert sind.

Anwendungsfelder der Jugendsozialarbeit sind die **Jugendberufshilfe** (einschließlich Bildungsmaßnahmen, mit denen Schulabschluss nachgeholt werden kann) sowie auf junge Menschen bezogene Angebote der **Flüchtlingssozialarbeit**.

Besonders hervorgehoben wird vor dem Hintergrund der wachsenden Bedeutung durch § 13a SGB VIII die **Schulsozialarbeit**.[203] Diese umfasst nach § 13a S. 1 SGB VIII sozialpädagogische Angebote nach den §§ 11 ff. SGB VIII, die jungen Menschen am Ort Schule zur Verfügung gestellt werden.

---

200 LPK-SGB VIII/Nonninger SGB VIII § 13 Rn. 14.

201 Dazu vgl. FK/Schäfer/Weitzmann SGB VIII § 13 Rn. 19 BeckOK SozR/Winkler SGB VIII § 13 Rn. 14.

202 Wiesner/Struck SGB VIII § 13 Rn. 3; LPK-SGB VIII/Nonninger SGB VIII § 13 Rn. 15.

203 Vgl. Beschlussempfehlung und Bericht des Ausschusses für Familie, Senioren, Frauen und Jugend zum KJSG, BT-Drs. 19/28870, S. 101.

Nach § 13 Abs. 2 SGB VIII können sozialpädagogisch begleitete **Ausbildungs- und Beschäftigungsmaßnahmen** angeboten werden, dies jedoch nur subsidiär, nämlich soweit die Ausbildung nicht durch Maßnahmen anderer Träger und Organisationen sichergestellt wird.

Eingeschlossen werden sowohl **privatrechtliche** Arbeitsverträge als auch spezielle **öffentlich-rechtliche Beschäftigungsverhältnisse.**[204] Durchgeführt werden Ausbildungs- und Beschäftigungsmaßnahmen z. B. in Jugendwerkstätten und Produktionsschulen.

In § 13 Abs. 3 SGB VIII ist schließlich vorgesehen, jungen Menschen während der Teilnahme an schulischen oder beruflichen Bildungsmaßnahmen oder bei der beruflichen Eingliederung Unterkunft in **sozialpädagogisch begleiteten Wohnformen** anzubieten.

Hierzu zählen **Jugendwohnheime** und Wohngemeinschaften ebenso wie Einzelwohnungen, Jugendgästehäuser und kombinierte Wohn-Beschäftigungs-Projekte.[205] In allen Fällen sollen als Annex der wirtschaftlichen Jugendhilfe auch Unterhalt und Krankenhilfe geleistet werden.

Nach § 13 Abs. 4 SGB VIII sollen die Angebote der Kinder- und Jugendhilfe im Bereich der Jugendsozialarbeit nach Abs. 1–3 mit den Maßnahmen der Schulverwaltung, der Bundesagentur für Arbeit, der Jobcenter, der Träger betrieblicher und außerbetrieblicher Ausbildung sowie der Träger von Beschäftigungsangeboten abgestimmt werden. So ist z. B. eine „**Koordinierung und Vernetzung** der verschiedenen Bemühungen gegen Jugendberufsnot in einem Verbundsystem aller Träger notwendig", damit deren Angebote optimal wirksam werden.[206] Für die Träger der Schulsozialarbeit enthält § 13a S. 2 SGB VIII die Selbstverständlichkeit, dass diese bei der Erfüllung ihrer Aufgaben mit den Schulen zusammenarbeiten.

Umstritten ist die **Rechtsverbindlichkeit** der Jugendsozialarbeit nach § 13 Abs. 1 SGB VIII. So soll die Vorschrift nach einer Auffassung nur eine objektivrechtliche Verpflichtung des Jugendamts enthalten, während nach anderer Auffassung subjektive, also klagbare Rechte der jungen Menschen bejaht werden (unter Berücksichtigung des sich aus der Formulierung als Soll-Vorschrift ergebenden intendierten Ermessens).[207] Nach beiden Auffassungen besteht aus

---

204 Vgl LPK-SGB VIII/Nonninger SGB VIII § 13 Rn. 33.

205 Vgl. VGH Mannheim, Urt. v. 22.5.2013, 9 S 889/11 = BeckRS 2013, 52331; LPK-SGB VIII/Nonninger SGB VIII § 13 Rn. 37.

206 Wiesner/Struck SGB VIII § 13 Rn. 37.

207 Für eine lediglich objektivrechtliche Verpflichtung: BeckOK SozR/Winkler SGB VIII § 13 Rn. 9; LPK-SGB VIII/Nonninger SGB VIII § 13 Rn. 19; für ein subjektives Recht: Wiesner/Struck SGB VIII § 13 Rn. 7; Münder/Schruth ZfJ 2002, 125 (128 f.).

dem Gleichheitssatz des Art. 3 Abs. 1 GG ein Anspruch auf gleichmäßige Teilhabe, soweit das Jugendamt Leistungen der Jugendsozialarbeit anbietet.[208]

Eindeutig bestehen **subjektive Rechte** gerichtet auf ermessensfehlerfreie Entscheidung bei sozialpädagogisch begleiteten Ausbildungs- und Beschäftigungsmaßnahmen nach § 13 Abs. 2 SGB VIII. Gleiches gilt für die Gewährung von Unterkunft in sozialpädagogisch begleiteten Wohnformen nach § 13 Abs. 3 SGB VIII.[209]

Hinsichtlich der **Schulsozialarbeit** sieht ein Landesrechtsvorbehalt in § 13a S. 4 SGB VIII vor, dass bestimmt werden kann, dass diese durch andere Stellen nach anderen Rechtsvorschriften erbracht wird.[210]

## 4. Erzieherischer Kinder- und Jugendschutz

Nach § 14 Abs. 1 SGB VIII sollen jungen Menschen und Erziehungsberechtigten Angebote des erzieherischen Kinder- und Jugendschutzes gemacht werden.

Der Leistungszweck ist bezogen auf die jungen Menschen, sie zu befähigen, sich vor **gefährdenden Einflüssen** zu schützen und sie zur Kritik- und Entscheidungsfähigkeit sowie zur Verantwortung gegenüber sich selbst und ihren Mitmenschen zu führen, § 14 Abs. 2 Nr. 1 SGB VIII.

Demgegenüber sollen Eltern und andere Erziehungsberechtigte besser befähigt werden, die ihnen anvertrauten Minderjährigen vor gefährdenden Einflüssen zu schützen, § 14 Abs. 2 Nr. 2 SGB VIII.

Gefährdende Einflüsse können z. B. von illegalen **Drogen, Alkohol und Nikotin**, aber auch von menschenverachtenden Computerspielen, häufig wechselnden sexuellen Kontakten, rechtsradikalen Kameradschaften, von linksradikalen „Autonomen" und von Sekten ausgehen.[211] So können Angebote des Kinder- und Jugendschutzes das Ziel haben, die Anzahl der **„Disco-Unfälle"** im Straßenverkehr im Zusammenhang zu reduzieren (Alkohol am Steuer). Sie können der Prävention von Gewalt, Kriminalität und Schulden dienen.

208 BeckOK SozR/Winkler SGB VIII § 13 Rn. 9; LPK-SGB VIII/Nonninger SGB VIII § 13 Rn. 19.

209 Wiesner/Struck SGB VIII § 13 Rn. 32a bzw. 34a; LPK-SGB VIII/Nonninger SGB VIII § 13 Rn. 32 bzw. 36.

210 Eine Übersicht zu den Regelungen der verschiedenen Bundesländer findet sich in E&W 2/2020, S. 14.

211 Vgl. Schleicher/Winkler, S. 65.

Mittel des erzieherischen Kinder- und Jugendschutzes sind u. a. **Informationsveranstaltungen**, Vorträge in Schulen und Kindertageseinrichtungen, Ausstellungen und Medienarbeit. Entscheidend für den Erfolg ist, dass das Angebot auf die Zielgruppe abgestimmt ist. Dabei ist eine Zusammenarbeit mit anderen Institutionen möglich.

# VI. Förderung der Erziehung in der Familie

Die Leistungen zur Förderung der Erziehung in der Familie teilen sich in solche der **allgemeinen Förderung** gem. § 16 SGB VIII und der Hilfen in besonderen Lebenslagen nach §§ 17–21 SGB VIII.

**Hilfen in besonderen Lebenslagen** sind die Beratung in Fragen der Partnerschaft, Trennung und Scheidung, die Beratung und Unterstützung bei der Ausübung der Personensorge und des Umgangsrechts, gemeinsame Wohnformen für Mütter bzw. Väter und Kinder, die Betreuung und Versorgung des Kindes in Notsituationen sowie die Unterstützung bei notwendiger Unterbringung zur Erfüllung der Schulpflicht.

Dabei besteht hinsichtlich der Leistungen nach § 16 SGB VIII kein klagbarer Anspruch, während i. Ü. solche Ansprüche gegeben sind.

Von der Jugendarbeit und Jugendsozialarbeit unterscheiden sich die Leistungen nach §§ 16 ff. SGB VIII dadurch, dass hier die **gesamte Familie**, teilweise auch v. a. die Eltern **im Vordergrund** stehen. Dem liegt die Annahme zugrunde, dass ein stabiles Elternhaus letztlich den Kindern bzw. Jugendlichen zugutekommt. Damit erfüllt der Gesetzgeber zugleich den sich aus Art. 6 Abs. 2 GG ergebenden Verfassungsauftrag, Familien durch geeignete Maßnahmen zu fördern.[212]

## 1. Allgemeine Förderung der Erziehung in der Familie

Nach § 16 Abs. 1 S. 1 SGB VIII sollen Müttern, Vätern, anderen Erziehungsberechtigten und jungen Menschen Leistungen der allgemeinen Förderung der Erziehung in der Familie angeboten werden.

Die Zielsetzung der allgemeinen Förderung ergibt sich aus § 16 Abs. 1 S. 2, 3 SGB VIII. Danach sollen die betreffenden Leistungen Erziehungsberechtigte bei der Wahrnehmung ihrer Erziehungsverantwortung unterstützen und dazu beitragen, dass Familien sich die für ihre jeweilige Erziehungs- und Familienkonstellation erforderlichen **Kenntnisse und Fähigkeiten** aneignen können. Beispielhaft nennt das Gesetz insoweit Fragen von Erziehung, Beziehung und gewaltfreier Konfliktbewältigung, von Gesundheit, Bildung, Medienkompetenz und Hauswirtschaft sowie hinsichtlich der Vereinbarkeit von Familie und Er-

212 Wiesner/Struck SGB VIII Vorb. v. § 16 Rn. 2.

werbstätigkeit. Gleichzeitig sollen die Erziehungsberechtigten in ihren Fähigkeiten zu aktiver Teilhabe und Partizipation gestärkt werden.

**Regelbeispiele** solcher Leistungen finden sich in § 16 Abs. 2 S. 1 SGB VIII. Danach handelt es sich bei den allgemeinen Leistungen zur Förderung der Erziehung in der Familie insbesondere um Angebote der Familienbildung, der Familienberatung, der Familienfreizeit und der Familienerholung. Diese Aufzählung ist nicht abschließend. So können Mütterzentren, Gesprächskreise für Väter und vieles andere mehr als Leistungen der allgemeinen Förderung der Erziehung in der Familie initiiert bzw. unterstützt werden.[213] Dabei soll gem. § 16 Abs. 2 S. 2 SGB VIII die Entwicklung vernetzter, kooperativer, niedrigschwelliger, partizipativer und sozialraumorientierter Angebotsstrukturen unterstützt werden.

Angebote der **Familienbildung** sollen Eltern und andere Erziehungsberechtigte befähigen, ihre Aufgaben besser wahrnehmen zu können, ohne dass jedoch eine Professionalisierung angestrebt würde. Beispiele sind Seminare zu Themen wie Säuglingspflege oder Haushaltsarbeit, Gesprächskreise und schriftliche Informationen.[214]

Dabei soll im Rahmen der Familienbildung auf die Erfahrungen, Interessen und Bedürfnisse von Familien in **unterschiedlichen Lebenslagen** eingegangen werden. Solche Lebenslagen sind z. B. Migrationshintergrund, Verschuldung, Arbeitslosigkeit, Behinderung sowie Kinderreichtum.[215] Zudem soll die Familie zur Mitarbeit in Schule und Kindergarten sowie in Formen der Selbst- und Nachbarschaftshilfe befähigt werden und zur Teilhabe von Familien beitragen. Junge Menschen sollen durch die Familienbildung auf Ehe, Partnerschaft und das Zusammenleben mit Kindern vorbereitet werden.

Ebenso wie die Familienbildung ist auch die **Familienberatung** auf allgemeine Fragen der Erziehung und Entwicklung junger Menschen bezogen. Darin unterscheidet sie sich zugleich von der Erziehungsberatung nach § 28 SGB VIII, die engere Voraussetzungen, dafür aber auch spezifische Erziehungs-, Entwicklungs- bzw. Lebensschwierigkeiten des Minderjährigen zum Inhalt hat.[216]

**Werdenden Müttern und Vätern** sowie **jungen Eltern** soll nach § 16 Abs. 3 SGB VIII Beratung und Hilfe in Fragen der Partnerschaft sowie des Aufbaus elterlicher Erziehungs- und Beziehungskompetenzen angeboten werden.

---

213 FK/Tammen SGB VIII § 16 Rn. 7.

214 BeckOK SozR/Winkler SGB VIII § 16 Rn. 4.

215 LPK-SGB VIII/Kunkel/Pattar SGB VIII § 16 Rn. 9; BeckOK SozR/Winkler SGB VIII § 16 Rn. 5.

216 Wiesner/Struck SGB VIII § 16 Rn. 20.

**Praxishinweis**

Das Gesetz verdeutlicht damit einmal mehr, dass **Hilfen in der ersten Lebensphase** des Kindes „zum unverzichtbaren Basisangebot jedes Jugendamts gehören“[217] und dass eine stabile Paarbeziehung im vorrangigen Interesse von Kindern liegt.

Zudem bezieht § 16 Abs. 3 SGB VIII mit „schwangeren Frauen und werdenden Vätern“ das ungeborene Leben in den Schutzbereich der Jugendhilfe ein.

**Familienfreizeit und Familienerholung** sieht das Gesetz insbesondere in belastenden Familiensituationen vor, wie sie z. B. bei Arbeitslosigkeit, nach Trennung und Scheidung oder in kinderreichen Familien vorliegen können. Trotzdem können Familienfreizeit und -erholung auch ohne eine solche Belastung angeboten werden, wie sich aus der Formulierung „insbesondere“ ergibt.[218] Bei Bedarf schließen die Angebote eine Betreuung von Kindern ein, v. a., wenn der bezweckte Erholungserfolg ansonsten nicht erreicht werden könnte. Zudem erfordert die Bearbeitung von Konflikten häufig eine intensive Arbeit mit Erziehungsberechtigten.[219]

Während die Angebote der **Familienberatung stets kostenfrei** sind, also Kostenbeiträge nicht erhoben werden, sieht § 90 Abs. 1 Nr. 2 SGB VIII solche Beiträge für Familienbildung, Familienfreizeit und Familienerholung vor. Allerdings ist darauf zu achten, dass die Höhe der Kostenbeiträge nicht die präventive Zielsetzung der allgemeinen Förderung der Erziehung in der Familie unterläuft.[220]

Bei den Leistungen nach § 16 SGB VIII handelt es sich für die Träger der öffentlichen Jugendhilfe um **Pflichtaufgaben**. Allerdings besteht außerhalb des sich aus dem Gleichheitsgrundsatz ergebenden Teilhaberechts **kein subjektiver Anspruch** der Leistungsadressaten. Diese können eine allgemeine Förderung der Erziehung in der Familie also i. d. R. nicht gerichtlich einfordern.[221]

217 BT Drs. 17/6256, S. 22; LPK SGB VIII/Kunkel/Pattar SGB VIII § 16 Rn. 10; BeckOK SozR/Winkler SGB VIII § 16 SGB VIII Rn. 21.

218 BeckOK SozR/Winkler SGB VIII § 16 SGB VIII Rn. 9.

219 JurisPK-SGB VIII/Telscher § 16 Rn. 84; BeckOK SozR/Winkler SGB VIII § 16 SGB VIII Rn. 11.

220 Wiesner/Struck SGB VIII § 16 Rn. 21. Zur pauschalierten Kostenbeteiligung siehe auch unter XIX. 1.

221 VGH München, Urt. v. 5.4.2001, 12 B 96.2358 = BeckRS 2001,28881; FK/Tammen SGB VIII § 16 Rn. 4.

**Praxishinweis**
Soweit nicht Fragen der Partnerschaft unter den Eltern im Mittelpunkt stehen, deckt sich § 16 Abs. 3 SGB VIII überwiegend mit **§ 2 Abs. 1 KKG**. Danach sollen Eltern sowie werdende Mütter und Väter über Beratungs- und Hilfeleistungen in Fragen von Schwangerschaft, Geburt und frühkindlicher Entwicklung informiert werden. Zu diesem Zweck sind gem. § 2 Abs. 2 KKG die zuständigen Stellen befugt, den Eltern ein persönliches Gespräch anzubieten, das auf Wunsch der Eltern in deren Wohnung stattfinden kann.
Mit der Vorschrift will der Gesetzgeber möglichen Kindeswohlgefährdungen durch eine frühzeitige Information vorbeugen und die Bringschuld der staatlichen Gemeinschaft betonen. Allerdings haben die Familien keine Pflicht, ein Informationsgespräch zu führen. Auch ermächtigt die Vorschrift nicht zu „Kontrollbesuchen".[222]

## 2. Beratung in Fragen der Partnerschaft, Trennung und Scheidung

Die Beratung in Fragen der Partnerschaft, Trennung und Scheidung wird durch § 17 SGB VIII geregelt.

Nach dessen Abs. 1 haben Mütter und Väter einen Anspruch auf Beratung in Fragen der Partnerschaft, wenn sie **tatsächlich für ein Kind sorgen** oder wenn sie für ein Kind zu sorgen haben.

Hinsichtlich der Eigenschaft als **Mutter oder Vater** ist zunächst auf die Vorschriften des BGB über die Elternschaft kraft Abstammung bzw. kraft Adoption abzustellen. Darüber hinaus sollen Stiefeltern, (nur) leibliche, nicht rechtliche Väter und Pflegeeltern anspruchsberechtigt sein. Auch schwangere Frauen und werdende Väter sind erfasst.[223] Denn Konflikte, die zu Trennung und Scheidung führen, können bereits während der Schwangerschaft entstehen.[224]

Vorrangiges Ziel der Beratung ist, die Eltern zu befähigen, die **familiäre Krise** zu **bewältigen** und die Lebensgemeinschaft fortführen zu können. In diesem Sinne sollen Konflikte aufgearbeitet und so ein erneutes partnerschaftliches Zusammenleben ermöglicht werden.

222 LPK-SGB VIII/Kemper SGB VIII Anh. zu § 16 – § 2 KKG Rn. 1 f.
223 Vgl. BeckOK SozR/Winkler SGB VIII § 17 Rn. 4; Wiesner/Struck SGB VIII § 17 Rn. 10; LPK-SGB VIII/Kunkel/Pattar SGB VIII § 17 Rn. 2 f.
224 MüKoBGB/Tillmanns SGB VIII § 17 Rn. 6.

**Praxishinweis**
Selbst dann, wenn aus fachlicher Sicht Zweifel bestehen, ob die Fortsetzung einer konfliktbehafteten Paarbeziehung im Interesse der Kinder liegt („lieber ein Ende mit Schrecken als ein Schrecken ohne Ende"), darf das Jugendamt vor dem Hintergrund der Wertung des Art. 6 Abs. 1 GG **nicht auf eine Trennung von Eheleuten hinwirken.**

Wenn das nicht gelingt, muss die Einsicht vermittelt werden, dass die **Elternschaft fortbesteht**.

Die **Trennungs- und Scheidungsberatung** nach § 17 Abs. 2 SGB VIII versucht dabei, in einer für das Kind meist misslichen Situation deren negative Auswirkungen möglichst gering zu halten. So sind die Eltern unter angemessener Beteiligung des Minderjährigen bei der Entwicklung eines einvernehmlichen Konzepts für die Wahrnehmung von elterlicher Sorge bzw. Verantwortung zu unterstützen. Das Gesetz entspricht damit dem sich aus dem Grundgesetz ergebenden Vorrang elterlicher Eigenverantwortung.[225]

Dabei ist zu berücksichtigen, dass eine dauerhafte Beziehung des Kindes zu beiden Elternteilen dem Kindeswohl i. d. R. am besten entspricht.[226] Das Kind soll wissen, dass seine Beziehungen zu den Eltern von deren Trennung unabhängig sind, die Eltern also weiter und dem Grunde nach gleichberechtigt Verantwortung für das Kind tragen (Trennung von Eltern- und Paarebene). Damit spricht viel dafür, dass sich das Jugendamt als Anwalt der Interessen des Kindes dafür einsetzt, die **gemeinsame Sorge** beizubehalten.

Ist bereits ein gerichtliches Verfahren rechtshängig, stellt § 17 Abs. 2 Hs. 2 SGB VIII klar, dass ein einvernehmlich entwickeltes Konzept als **Grundlage für einen Vergleich** oder eine familiengerichtliche Entscheidung dienen kann.

Die Beratung in Fragen der Partnerschaft, Trennung und Scheidung ist für die Leistungsberechtigten **kostenfrei**.

---

225 BVerfG, Urt. v. 3.11.1982, 1 BvL 25/80, 1 BvL 38/80, 1 BvL 40/80, 1 BvL 12/81 = NJW 1983, 101 (101) = BeckRS 9998, 101882; Beschl. v. 7.5.1991, 1 BvL 32/88 = NJW 1991944 (945) = BeckRS 9998, 09156; MüKoBGB/Tillmanns SGB VIII § 17 Rn. 11

226 Vgl. BGH, Beschl. v. 24.5.2000, XII ZB 72/97 = NJWE-FER 2000, 278 (279) = BeckRS 2000, 7001.

**Praxishinweise**

Dass die Folgen von Trennung und Scheidung in rechtlicher Sicht weitgehend isoliert zu betrachten sind, ändert nichts daran, dass die Beteiligten entsprechende **Konflikte als einheitlich wahrnehmen**. Es wäre daher einer Konsensfindung nicht förderlich, dürften die Eltern nicht unter der Moderation des Jugendamts auch über solche Themen sprechen, die mit der Elternebene zunächst nichts zu tun haben, also z. B. über Unterhaltsansprüche, den Versorgungsausgleich oder die Überlassung der Ehewohnung. Hierfür bietet sich an, Techniken der **Mediation** anzuwenden. Denn geschuldet ist keine schnelle, sondern eine angemessene Beratung.

Die Leistungsberechtigten können dabei vom Wunsch- und Wahlrecht des § 5 SGB VIII Gebrauch machen und sich für eine Leistungserbringung durch selbständige **Mediatoren** (als freie Träger) entscheiden.[227]

Damit das Jugendamt von sich aus entsprechende Hilfen anbieten kann, sieht § 17 Abs. 3 SGB VIII vor, dass die Familiengerichte ihm bei gemeinsamen minderjährigen Kindern die **Zustellung des Scheidungsantrags** einschließlich der Angaben zu den beteiligten Eheleuten und ihren Kindern mitteilen.

Zugleich ist es Elternpflicht, die Hilfe nach § 17 SGB VIII im Interesse der Kinder anzunehmen. Ihre Verweigerung kann von den Familiengerichten als „**kindeswohlfeindliche Unterlassung**" bewertet werden. So kann das Nichterscheinen eines Elternteils zum Gespräch im Familienkreis beim Jugendamt als Anhaltspunkt dafür gewertet werden, dass das Sorgerecht missbraucht würde, die ungestörte Entwicklung des Kindes zu beeinträchtigen.[228] Dies gilt umso mehr, als sich regelmäßig bereits aus der Trennung der Eltern eine Schädigung für die Entwicklung des Kindes ergibt.[229] Darauf kann in der Beratungspraxis hingewiesen werden!

## 3. Exkurs Mediation

Die Mediation ist ein **strukturiertes Verfahren**, bei dem die Beteiligten mit Hilfe eines Mediators miteinander ins Gespräch kommen und Lösungen finden sollen. Dem liegt der Gedanke zugrunde, dass die Konfliktparteien selbst am besten wissen, was ihre Bedürfnisse sind und wie eine für alle Teile zufriedenstellende Lösung gefunden werden kann.

Das kann anhand des **„Orangenbeispiels"** verdeutlicht werden. Dabei streiten sich zwei Personen um eine Orange. Schließlich rufen sie einen Schiedsrichter an. Der Schiedsrichter schneidet die Orange in zwei Hälften und gibt sie

227 Dazu. Schmidt, ZKM 2015, 114 ff.; 2020, 128 (129).

228 OLG Zweibrücken, Beschl. v. 23.11.1999, 5 UF 88/99 = NJW-RR 2000, 957 (958) = BeckRS 9998, 02139; Dickmeis DAV 1993, 865 (876 ff.); Runge FPR 1999, 142 (144); vgl. auch Rummel ZfJ 1997, 202 (212).

229 BVerfG, Urt. v. 3.11.1982, 1 BvL 25/80, 1 BvL 38/80, 1 BvL 40/80, 1 BvL 12/81 = NJW 1983, 101 (101) = BeckRS 9998, 101882.

den Parteien. Diese sind gleichwohl nicht zufrieden: Der eine wollte Orangensaft pressen und wirft die Schale weg. Der andere wollte Kuchen backen, hat nun aber nicht genug Schale fürs Aroma.

Hätten die Parteien nicht bloß Positionen bzw. Ansprüche formuliert („Ich will die Orange"), sondern ihre dahinterstehenden **Interessen und Bedürfnisse** ergründet (Orangensaft trinken bzw. Kuchen backen), hätte eine Win-win-Lösung gefunden werden können, bei der beide zufrieden gewesen wären.

Ein **zentraler Unterschied** zwischen Mediation und streitiger Entscheidung, etwa vor Gericht bzw. im Rahmen von Verhandlungssituationen, bei der Einigungsvorschläge von Dritten erwartet werden, ist damit, dass es bei der Mediation um Interessen bzw. Bedürfnisse geht, während bei anderen Techniken Positionen und Ansprüche im Vordergrund stehen.

Weitere Gründe, die dazu führen, dass die Mediation erfolgreich ist, liegen darin, dass es nicht um Fehler in der Vergangenheit, sondern um **Lösungen für die Zukunft** geht. Ziel ist, dass beide Parteien als Gewinner dastehen. Dabei wird die Beziehungsebene nicht ausgeblendet. Denn oft liegt hier der Schlüssel zu einer erfolgreichen Einigung. Zudem werden selbstbestimmte und selbst erarbeitete Lösungen in stärkerem Maße akzeptiert als fremdbestimmte Entscheidungen oder Vorschläge Dritter, auf die sich die Beteiligten „wohl oder übel" einlassen. So werden Konflikte oft endgültig gelöst.

Die Mediation ist nicht nur ein interessantes Arbeitsfeld für Fachkräfte Sozialer Arbeit, die eine entsprechende Fortbildung durchlaufen haben. Für das Jugendamt kann die Vermittlung von Klienten zu **niedergelassenen Mediatoren** helfen, Eltern in Trennungssituationen besser zu unterstützen. Die Kosten hierfür sind ggf. im Rahmen des jugendhilferechtlichen Dreiecksverhältnisses zu übernehmen.[230]

## 4. Beratung und Unterstützung in sorgerechtlichen Angelegenheiten

Eine Beratung und Unterstützung in sorgerechtlichen Angelegenheiten sieht § 18 SGB VIII in **zwei Konstellationen** vor: hinsichtlich der Ausübung der Personensorge durch Alleinsorgeberechtigte bzw. Alleinerziehende gem. Abs. 1 Nr. 1 sowie hinsichtlich der Möglichkeit der Abgabe einer Sorgeerklärung bzw. der gerichtlichen Übertragung der gemeinsamen Sorge bei unverheirateten Eltern gem. Abs. 2.

Die Beratung bzw. Unterstützung ist in beiden Fällen **kostenfrei**.

230 Schmidt, ZKM 2020, 128 (131).

### a) Ansprüche Alleinsorgeberechtigter bzw. Alleinerziehender

Ob einem Elternteil die **Alleinsorge** zusteht, bestimmt sich nach bürgerlichem Recht. So ist originär die Mutter eines nichtehelichen Kindes allein sorgeberechtigt, § 1626a Abs. 3 BGB. Darüber hinaus kann es durch gerichtliche Entscheidung zu einer Alleinsorge kommen, z. B. nach § 1666 Abs. 1, 3 Nr. 6 BGB oder nach § 1671 Abs. 1 BGB.[231]

Dabei ist auch eine **partielle Alleinsorge** denkbar, wenn z. B. nur das Aufenthaltsbestimmungsrecht oder die Gesundheitssorge auf einen Elternteil allein übertragen wurde.

Neben denjenigen, die im Rechtssinne ganz oder teilweise allein sorgeberechtigt sind, ist anspruchsberechtigt, wer die elterliche Sorge tatsächlich **allein ausübt**, wer also nicht rechtlich, aber faktisch alleinerziehend ist, weil nur er sich um Pflege und Erziehung des Kindes kümmert.

Inhalt des Anspruchs ist die Beratung und Unterstützung in den von der Personensorge nach §§ 1631 ff. BGB umfassten Bereichen. Zweck ist, dass der Alleinsorgeberechtigte bzw. Alleinerziehende die ihm obliegenden Aufgaben bestmöglich ausüben kann. So kann Hilfe in Erziehungs- und Ausbildungsfragen sowie eine **rechtliche, sozialpädagogische und psychologische Beratung** geleistet werden.[232]

**Praxishinweis**

Der Beratungs- und Unterstützungsanspruch führt nicht zu einer Parteinahme des Jugendamts gegen den anderen Elternteil. Letztlich berät das Jugendamt Alleinerziehende als **Vertreter des Kindeswohls** und nicht als Anwalt der Alleinerziehenden.

### b) Ansprüche unverheirateter Eltern

Entsprechend dem **Leitbild gesetzlicher Sorgegemeinsamkeit**, nach dem die gemeinsame Sorge grundsätzlich die Bedürfnisse des Kindes nach Bindungen an beide Eltern am besten befriedigt und dem Kind zugleich verdeutlicht, dass beide gleichermaßen Verantwortung tragen,[233] sollen unverheiratete Eltern über

231 Andere Fälle sind das Ruhen der elterlichen Sorge, die tatsächliche Verhinderung eines Elternteils oder die Beendigung dessen Sorge durch Tod oder Todeserklärung, §§ 1678 ff. BGB.

232 FK/Tammen SGB VIII § 18 Rn. 12.

233 Vgl. BGH, Beschl. v. 15.6.2016, XII ZB 419/15 = NJW 2016, 2497 (2498) = BeckRS 2016, 12735; OLG Celle, Beschl. v. 17.1.2014, 10 UF 80/13 = NJW 2014, 1309 (1310) = NZFam

die Möglichkeit einer Sorgeerklärung sowie der gerichtlichen Übertragung der gemeinsamen Sorge beraten werden.

Die Eltern sollen **motiviert** werden, die Sorge in rechtlicher Hinsicht gemeinsam zu übernehmen und aktiv zu leben, damit auch nichteheliche Kinder die Möglichkeit bekommen, so gut es geht von beiden Elternteilen erzogen zu werden.[234]

## 5. Beratung und Unterstützung hinsichtlich Umgangs- und Auskunftsrechten

Die Beratung und Unterstützung bei Ausübung von **Umgangsrechten** richtet sich gem. § 18 Abs. 3 SGB VIII zum einen an das Kind bzw. den Jugendlichen, zum anderen an die (sonstigen) Umgangsberechtigten und die Obhutsperson des Minderjährigen.

Der Begriff des Umgangs ist dabei in einem weiten Sinn zu verstehen: Ebenso wie im bürgerlichen Recht umfasst er **jedwede Form** der sozialen Begegnung, also nicht nur wechselseitige Besuche, sondern auch eine Kontaktaufnahme durch Briefe, E-Mails, Kurzmitteilungen oder per Telefon. Denn für „eine gedeihliche Entwicklung des Kindes ist es bedeutsam, nicht nur einen sorgenden Elternteil als ständigen Bindungspartner zu haben, sondern auch den anderen Elternteil nicht faktisch zu verlieren."[235]

Sowohl für das Kind als auch für die Dritten sind Beratung und Unterstützung **kostenfrei**.

### a) Ansprüche des Minderjährigen

Dabei unterscheidet das Gesetz hinsichtlich des Beratungs- und Unterstützungsanspruchs Minderjähriger zwischen dem Umgangsrecht nach § 1684 Abs. 1 BGB einerseits, also dem Umgang mit Mutter bzw. Vater, und den Umgangsrechten aus §§ 1685 und 1686a Abs. 1 Nr. 1 BGB andererseits, also dem Umgang mit Großeltern, Geschwistern, sonstigen Bezugspersonen sowie mit dem nur leiblichen, nicht rechtlichen Vater.

---

2014, 367 (368) = BeckRS 2014, 02760; Eckebrecht NZFam 2016, 673 (676 f.); BeckOK BGB/Veit BGB § 1626a Rn. 25; Palandt/Götz, § 1626a Rn. 1.

234 So zu Recht FK/Tammen SGB VIII § 18 Rn. 18 f.; weniger deutlich Wiesner/Struck SGB VIII § 18 Rn. 14c.

235 FK/Tammen SGB VIII § 18 Rn. 20; OLG Brandenburg, Beschl. v. 29.12.2009, 10 UF 150/09 = FamFR 2010, 68 (68) = BeckRS 2009, 26214.

Hinsichtlich aller Umgangsrechte soll das Kind oder der Jugendliche darin unterstützt werden, dass die Umgangsberechtigten von dem Umgangsrecht zu seinem Wohl **Gebrauch machen**, § 18 Abs. 3 S. 2 SGB VIII.

Aus dem Gesetzeswortlaut wird deutlich, dass die Ausübung des Umgangs i. d. R. **kindeswohlkonform** ist. Denn Aufgabe des Jugendamts ist eben nicht, zu klären, ob, sondern den Minderjährigen darin zu bestärken, dass der Umgang erfolgen soll. Damit ergibt sich eine klare Tendenz für den Umgang. So wird das Jugendamt insbesondere den sorgeberechtigten bzw. betreuenden und ggf. die Alltagssorge (§ 1687 Abs. 1 S. 2 BGB) ausübenden Elternteil darauf hinweisen, dass der Umgang dem Kindeswohl dient.[236]

**Praxishinweis**
Auch nach **§ 1626 Abs. 3 BGB** gehört zum Wohl des Kindes i. d. R. der Umgang mit beiden Elternteilen. Gleiches gilt für den Umgang mit anderen Personen, zu denen das Kind Bindungen besitzt, wenn ihre Aufrechterhaltung für seine Entwicklung förderlich ist. In diesem Zusammenhang ist zu beachten, dass Bindungs- und Kontaktabbrüche der kindlichen Entwicklung grundsätzlich abträglich sind.

Allerdings gewähren die §§ 1685 bzw. 1686a Abs. 1 Nr. 1 BGB dem Minderjährigen keine subjektiven Rechte: **Großeltern, Geschwister, sonstige Bezugspersonen** bzw. der **nur leibliche Kindsvater** haben zwar ggf. ein Recht auf Umgang, aber eben keine Pflicht. Das ist bei dem elterlichen Umgangsrecht aus § 1684 Abs. 1 BGB anders. Hier steht das Recht des Kindes auf Umgang mit beiden Elternteilen an erster Stelle, die elterliche Umgangspflicht an zweiter und deren Umgangsrecht erst an dritter Stelle. Entsprechend gewährt das SGB VIII dem Minderjährigen in § 18 Abs. 3 S. 1 hinsichtlich des Elternumgangs weitergehende Beratungs- und Unterstützungsansprüche als hinsichtlich der übrigen Umgangsrechte.

Die Beratung nach § 18 Abs. 3 S. 1, 2 SGB VIII darf **ohne Wissen der Sorgeberechtigten** erfolgen. Insoweit stehen der Anspruch des Minderjährigen auf effektive Durchsetzung seiner Rechte und das Elternrecht aus Art. 6 Abs. 2 S. 1 GG bzw. § 1 Abs. 2 S. 1 SGB VIII in einem gewissen Spannungsverhältnis. Das gilt insbesondere dann, wenn der Elternteil, bei dem das Kind lebt, den Umgang ablehnt und deshalb eine Beratung untersagen möchte. Sinnvoll können solche Problemkonstellationen v. a. durch Motivationsarbeit bzw. Aufklärung

236 MüKoBGB/Tillmanns SGB VIII § 18 Rn. 9.

des betreuenden Elternteils, nicht aber durch eine vorzeitige Weitergabe von Beratungsergebnissen gelöst werden.[237]

Bei dieser **Motivationsarbeit** handelt es sich bereits um eine Form der über die bloße Beratung hinausgehenden Unterstützung des Kindes. Kann auf diese Weise ein Umgang nicht erreicht werden, darf am Ende nicht Resignation stehen. Vielmehr wird das Jugendamt, wenn der nach § 1684 Abs. 1 BGB umgangsberechtigte Elternteil sein Umgangsrecht nicht aus freien Stücken geltend macht, die Einleitung eines Umgangsverfahrens v. A. w. beim Familiengericht anregen müssen, in dessen Rahmen dem Minderjährigen ein Verfahrensbeistand nach § 158 Abs. 1, 2 Nr. 1 FamFG zu bestellen ist.[238]

### b) Ansprüche Dritter

Diejenigen, die einen Umgang mit dem Minderjährigen verlangen können, und die Obhutsperson, i. d. R. also der betreuende Elternteil, haben ihrerseits einen Beratungs- und Unterstützungsanspruch bei der Ausübung des Umgangsrechts.

Aus der Formulierung **„bei der Ausübung“** folgt dabei, dass eine Beratung, die auf Verhinderung des Umgangs gerichtet ist, nicht zu erfolgen hat. Dies würde auch der Wertung des § 18 Abs. 3 S. 2 SGB VIII widersprechen.

Voraussetzung ist, dass nach den Vorschriften des **bürgerlichen Rechts** ein Anspruch auf Umgang besteht oder wenigstens möglich erscheint.

Sofern aufgrund **persönlicher Unzulänglichkeiten** umgangsberechtigter Eltern ausnahmsweise ein Grund für eine Einschränkung bzw. einen Ausschluss des Umgangsrechts nach § 1684 Abs. 4 BGB besteht, umfasst die Unterstützungsleistung gemeinsam mit dem Umgangsberechtigten Strategien zu entwickeln, die bestehenden Defizite zu beheben.

Erweitert wird der Anspruch auf Beratung und Unterstützung durch § 18 Abs. 3 S. 4 SGB VIII, wonach die Unterstützung in geeigneten Fällen Hilfestellung bei der **Herstellung von Umgangskontakten** sowie bei der Ausführung gerichtlicher oder vereinbarter Umgangsregelungen umfasst.

Ob ein Fall insoweit „geeignet“ ist, darf das Jugendamt nicht nach eigenem Ermessen oder gar freiem Belieben entscheiden. Vielmehr handelt es sich um einen unbestimmten Rechtsbegriff, der durch die Verwaltungsgerichte voll

237 Wiesner/Struck SGB VIII § 18 Rn. 21; MüKoBGB/Tillmanns SGB VIII § 18 Rn. 8 (unter Verweis auf § 8 Abs. 3 SGB VIII).

238 Vgl. Wiesner/Struck SGB VIII § 18 Rn. 22 a. E.; MüKoBGB/Tillmanns SGB VIII § 18 Rn. 8 a. E.

überprüfbar ist.[239] Dabei ist im Rahmen der Auslegung das durch Art. 6 Abs. 2 S. 1 GG und Art. 8 EMRK geschützte Elternrecht zu beachten,[240] d. h.: **Im Zweifel liegt ein geeigneter Fall vor!**

Die Hilfe kann ganz praktisch bedeuten, einen ersten Kontakt herzustellen. Umfasst ist aber auch ein Anspruch auf behördliche **Mediation**,[241] die ggf. über geschulte Dritte zu gewähren ist, sowie erforderlichenfalls eine Begleitung des Umgangs.

**Praxishinweis**

Die **Umgangsbegleitung** ist eine häufige Form der Hilfestellung. Diese ist unabhängig von der Kassenlage und einer ggf. angespannten Personalsituation zu gewähren. Dabei besteht eine Eignung auch dann, wenn das Kind den Umgang als langweilig empfindet und das Jugendamt bei einem umgangsberechtigten Elternteil „keine Entwicklung" sieht, solange eine Kindeswohlgefährdung im Fall der Umgangsbegleitung nicht vorliegt. Denn andernfalls würde unwiederbringlich in das durch Art. 6 Abs. 2 GG geschützte Elternrecht eingegriffen.[242]

Hinsichtlich des **Umfangs** der geschuldeten Umgangsbegleitung ist eine ggf. ergangene Entscheidung des Familiengerichts zugrunde zu legen. Doch auch wenn die Eltern sich aus freien Stücken auf einen begleiteten Umgang verständigt haben, ist die betreffende Einigung i. d. R. maßgeblich.[243]

Entsprechend kommt ggf. selbst dann, wenn ein begleiteter Umgang nach Maßgabe von § 1684 Abs. 4 BGB nicht angeordnet werden könnte, eine Begleitung der ersten ein oder zwei Umgangstermine in Betracht, wenn dies eine **bessere Akzeptanz** des Umgangs durch den betreuenden Elternteil ermöglicht, alle Beteiligten damit einverstanden sind und so eine einvernehmliche Lösung erzielt werden kann.

Neben der Hilfestellung hinsichtlich des Umgangs soll bei der Befugnis, **Auskunft** über die persönlichen Verhältnisse des Kindes zu verlangen, vermittelt bzw. in geeigneten Fällen Hilfe geleistet werden. Entsprechende Auskunftsansprüche ergeben sich aus dem materiellen Zivilrecht, namentlich für Eltern aus § 1686 BGB und für den nur leiblichen, nicht rechtlichen Vater aus § 1686a Abs. 1 Nr. 2 BGB.

---

239 OVG Münster, Beschl. v. 22.2.2017, 12 E 780/16 = BeckRS 2017, 107582; Beschl. v. 27.6.2014, 12 B 579/14 = NJW 2014, 3593 (3593) = BeckRS 2014, 56811; LPK-SGB VIII/Kunkel/Pattar SGB VIII § 18 Rn. 23.

240 BVerfG, Beschl. v. 29.11.2012, 1 BvR 335/12 = NJW 2013, 1867 (1868 f.) = BeckRS 2013, 46036; OVG Saarlouis, Beschl. v. 4.8.2014, 1 B 283/14 = FamRZ 2014, 1862 (1862) = BeckRS 2014, 54689; BeckOK SozR/Winkler SGB VIII § 18 Rn. 48.

241 LPK-SGB VIII/Kunkel/Pattar SGB VIII § 18 Rn. 22.

242 VG Aachen, Beschl. v. 13.11.2020, 1 L 820/20 = BeckRS 2020, 31553 m. w. N.

243 Vgl. zur Bedeutung von Elternvereinbarungen über den Umgang BVerfG, Beschl. v. 25.10.1994, 1 BvR 1197/93 = NJW 1995, 1342 (1343) = BeckRS 9998, 49781.

## 6. Beratung und Unterstützung bei Unterhaltsansprüchen

Mit Blick auf Unterhaltsansprüche wird eine Beratung und Unterstützung, die i. d. R. eine Rechtsberatung ist, durch § 18 SGB VIII in folgenden **drei Konstellationen** geschuldet:

- bei alleinsorgeberechtigten oder faktisch alleinerziehenden Elternteilen hinsichtlich der Geltendmachung von Unterhalts- bzw. Unterhaltsersatzansprüchen des Minderjährigen (Abs. 1 Nr. 1),[244]
- hinsichtlich derselben Anspruchsberechtigten bei der Geltendmachung von Unterhaltsansprüchen nach § 1615l BGB, also den sog. Unterhaltsansprüchen von Mutter und Vater aus Anlass der Geburt (Abs. 1 Nr. 2) sowie
- bei Unterhalts- und Unterhaltsersatzansprüchen junger Volljähriger im Alter von bis zu 20 Jahren (Abs. 4).

Die Leistung ist vonseiten des Jugendamts **kostenfrei**.

### a) Unterhaltsansprüche Minderjähriger

Unterhaltsansprüche Minderjähriger ergeben sich zumeist aus **Verwandtschaft**. Maßgeblich sind insoweit die §§ 1601 ff. BGB. Anspruchsgegner ist i. d. R. der andere, das Kind nicht betreuende Elternteil.

**Unterhaltsersatzansprüche** können zum einen auf öffentlich-rechtliche Leistungen gerichtet sein. Beispiele sind Unterhaltsvorschuss nach Maßgabe von §§ 1 ff. UhVorschG und Waisenrente nach Maßgabe von § 48 SGB VI bzw. § 45 BVG. Sie können aber auch aus dem Zivilrecht herrühren, z. B. als Schadensersatzanspruch bei Tötung des Unterhaltspflichtigen aus § 844 Abs. 2 BGB.[245]

Keine Unterhaltsansprüche des Kindes oder Jugendlichen sind solche des alleinerziehenden Elternteils selbst. Insoweit kann ein Beratungs- und Unterstützungsanspruch allenfalls auf § 18 Abs. 1 Nr. 2 SGB VIII gestützt werden.

---

244 Zur Beratung und Unterstützung gem. § 18 Abs. 1 Nr. 1 SGB VIII bei Ausübung der Personensorge s. o. unter 4. a).

245 Vgl. dazu Wiesner/Struck SGB VIII § 18 Rn. 10; MüKoBGB/Tillmanns SGB VIII § 18 Rn. 4.

### b) Unterhaltsansprüche unverheirateter Eltern

Die Vorschrift des § 1615l BGB ist **nur** auf **unverheiratete Eltern** anwendbar. Daraus ergibt sich im Umkehrschluss, dass eine Beratung und Unterstützung hinsichtlich Ansprüchen auf Ehegattenunterhalt nicht verlangt werden kann.[246]

Unterhalt wird unverheirateten Eltern in folgenden **vier Konstellationen** gewährt:

- der Mutter während der Mutterschutzfristen (sechs Wochen vor und acht Wochen nach der Geburt), § 1615l Abs. 1 S. 1 BGB,
- der Mutter hinsichtlich weiterer Kosten aus Anlass von Schwangerschaft und Entbindung (z. B. Schwangerschaftskleidung, Fahrtkosten ins Krankenhaus), § 1615l Abs. 1 S. 2 BGB,
- der Mutter aufgrund schwangerschaftsbedingter Erwerbsunfähigkeit, § 1615l Abs. 2 S. 1 BGB sowie
- Mutter und Vater wegen Pflege und Erziehung des Kindes (Betreuungsunterhalt), § 1615l Abs. 2 S. 2–5 und Abs. 4 BGB.

Zu beachten ist aber stets, dass der Anspruchsberechtigte **allein sorgeberechtigt** sein bzw. das Kind oder den Jugendlichen **tatsächlich allein erziehen** muss. So können Beratung und Unterstützung nicht verlangt werden, wenn z. B. die gemeinsam sorgeberechtigte Mutter mit einem Dritten zusammenlebt, der sich ebenso um das Kind kümmert.

Auch erstreckt sich die Beratung nach § 18 Abs. 1 Nr. 2 SGB VIII nicht auf Unterhaltsersatzansprüche.[247]

### c) Unterhaltsansprüche junger Volljähriger

Junge Menschen **zwischen 18 und 20 Jahren** sind nach § 18 Abs. 4 SGB VIII bei der Geltendmachung von Unterhaltsansprüchen bzw. Unterhaltsersatzansprüchen zu beraten und zu unterstützen. Die Altersgrenze entspricht derjenigen privilegiert volljähriger Kinder.[248] Die weiteren Erfordernisse (unverheira-

---

246 Ausnahmsweise ist dies dann möglich, wenn es sich bei dem Unterhaltsgläubiger um einen Minderjährigen oder einen jungen Volljährigen bis zur Vollendung des 21. Lebensjahrs handelt, § 18 Abs. 1 Nr. 1, Abs. 4 SGB VIII.

247 Missverständlich MüKoBGB/Tillmanns SGB VIII § 18 Rn. 5.

248 Vgl. dazu Schmidt, Familienrecht, Rn. 623.

tet, noch wohnhaft bei einem Elternteil und in der allgemeinen Schulausbildung) finden sich jedoch in § 18 Abs. 4 SGB VIII nicht.

Die Vorschrift gilt für **alle Arten von Unterhalt**, also neben dem Verwandtenunterhalt für Ehegattenunterhaltsansprüche, wenn die jungen Menschen bereits verheiratet sind, und für Unterhaltsansprüche aus Anlass der Geburt, wenn die jungen Menschen ihrerseits unverheiratete Eltern sind.

**Praxishinweis**

Auch wenn es sich hierbei nicht um Unterhaltsansprüche handelt, sollte im Rahmen der Beratung auch auf **Sozialleistungen** hingewiesen werden, hinsichtlich derer ein Anspruch in Betracht kommt. Insoweit ist z. B. an Leistungen nach dem SGB II, dem SGB III, dem SGB XII und dem BAföG zu denken.

## 7. Gemeinsame Wohnformen für Mütter, Väter und Kinder

Nach § 19 Abs. 1 S. 1 SGB VIII soll das Jugendamt Mütter und Väter, die für ein Kind **unter sechs Jahren** allein sorgeberechtigt sind oder tatsächlich allein sorgen, mit dem Kind in einer geeigneten Wohnform betreuen, wenn diese Form der Unterstützung bei Pflege und Erziehung des Kindes aufgrund der Persönlichkeitsentwicklung der Mutter bzw. des Vaters erforderlich ist. Die entsprechenden Einrichtungen werden oft als „Mutter-Kind-Einrichtung" bezeichnet. Dabei schließt die Betreuung gem. § 19 Abs. 1 S. 2 SGB VIII ältere Geschwister ein, wenn die Mutter bzw. der Vater für diese allein zu sorgen hat. Die Betreuung umfasst Leistungen, welche die Bedürfnisse der Mutter bzw. des Vaters, des Kindes sowie ggf. mitbetreuter Geschwister gleichermaßen berücksichtigen, § 19 Abs. 1 S. 3 SGB VIII.

Hinsichtlich des „ob" der Leistungsgewährung besteht **intendiertes Ermessen**, d. h., außer in atypischen Fällen besteht eine Pflicht des Jugendamts, die Leistung zu erbringen. Damit korrespondiert ein subjektives, also klagbares Recht der Leistungsberechtigten.

**Praxishinweis**

**Schwangere Frauen** können nach § 19 Abs. 1 S. 4 SGB VIII bereits vor der Geburt in der Wohnform betreut werden. Damit leistet die Kinder- und Jugendhilfe einen Beitrag zum Schutz ungeborenen Lebens. Das ist verfassungsrechtlich geboten. Denn das BVerfG hat ausgeführt, dass das Grundgesetz den Staat verpflichtet, „menschliches Leben, auch das ungeborene, zu schützen." Der Schwangerschaftsabbruch müsse „für die ganze Dauer der Schwangerschaft grundsätzlich als Unrecht angesehen" werden.[249]

Vor diesem Hintergrund soll ein **Schwangerschaftsabbruch** keinesfalls deshalb vorgenommen werden, weil eine Schwangere nicht ausreichend (familiäre) Unterstützung erfährt oder Nachteile hinsichtlich Schule und Ausbildung befürchtet. Vielmehr können selbst sehr junge Schwangere (z. B. Schülerinnen) unter dem Schutz einer Mutter-Kind-Einrichtung und frei von Einflussnahme Dritter (z. B. den eigenen Eltern) entscheiden, wie es weitergehen soll. So kann die Mutter nach der Geburt weiter in der Einrichtung leben, sich aber auch dafür entscheiden, dem Kind das Leben zu schenken und es anschließend zur Adoption freizugeben.

In jedem Fall müssen sich Fachkräfte der Jugendhilfe für den **Schutz des ungeborenen Lebens** einsetzen und in geeigneten Fällen um die Inanspruchnahme von Wohnformen nach § 19 SGB VIII durch Schwangere werben![250]

Ob die für die Leistungsgewährung erforderlichen **Defizite in der Persönlichkeitsentwicklung** des Alleinerziehenden vorliegen, kann gerichtlich voll überprüft werden. Beispiele sind insoweit eine körperliche oder geistige Behinderung. Weitere Anwendungsfälle sind schwere familiäre Belastungen, etwa durch Armut oder sexuellen Missbrauch.[251] Der mit Abstand häufigste Fall liegt bei fehlender Reife, fehlender finanzieller Selbständigkeit und fehlendem familiärem Rückhalt vor.[252]

In der Praxis wird eine Unterkunft in gemeinsamen Wohnformen, deren Bedeutung im Leistungsspektrum der Kinder- und Jugendhilfe in den vergangenen Jahren zugenommen hat,[253] oft **minderjährigen Elternteilen** gewährt, die ihre Schul- bzw. Berufsausbildung noch nicht abgeschlossen haben, und die diese auch nicht abschließen könnten, würden sie hinsichtlich der Kinderbetreuung nicht massiv entlastet.

---

249 So die Grundsatzentscheidung v. 28.5.1993, 2 BvF 2/90, 2 BvF 4/92, 2 BvF 5/92 = NJW 1993, 1751 (1753 f.) = BeckRS 1993, 12.

250 Dazu näher Schmidt, ZfL 2019, 175 ff.; GK-SGB VIII/Gerstein SGB VIII § 19 Rn. 14.

251 MüKoBGB/Tillmanns SGB VIII § 19 Rn. 3.

252 Vgl. LPK-SGB VIII/Kunkel/Kepert SGB VIII § 19 Rn. 3.

253 BT-Drs. 19/28870, S. 102.

Entsprechend soll nach § 19 Abs. 3 SGB VIII darauf hingewirkt werden, dass der Elternteil während der Maßnahme eine **schulische bzw. berufliche Ausbildung** beginnt oder fortführt oder eine Berufstätigkeit aufnimmt.

Welche Wohnform geeignet ist, muss anhand der konkreten Umstände des **Einzelfalls** beurteilt werden. So kann die Hilfe grundsätzlich in einem stationären, teilstationären oder ambulanten Setting erbracht werden. Unterschiedliche Konzeptionen und Modelle sind „geprägt durch relativ niedrige oder hohe Betreuungsintensität“ sowie durch eine „relativ geringe oder größere wirtschaftliche Selbständigkeit der zu Betreuenden.[254]

Nach § 19 Abs. 2 S. 1 SGB VIII ist es mit Zustimmung des betreuten Elternteils sogar möglich, den **anderen Elternteil** oder eine Person, die für das Kind tatsächlich sorgt, in die Leistung **einzubeziehen**, wenn und soweit dies dem Leistungszweck dient. Dies kann für die Persönlichkeitsentwicklung eine wichtige Ressource sein.[255] Unter den Voraussetzungen des § 19 Abs. 2 S. 2 SGB VIII können die Eltern auch gemeinsam mit dem Kind (oder ein Elternteil mit dessen Lebenspartner) in der Einrichtung leben.

Als Annexleistung werden in den gemeinsamen Wohnformen gem. § 19 Abs. 4 SGB VIII **Unterhalt und Krankenhilfe** gewährt.

Durch § 91 Abs. 1 Nr. 2 SGB VIII wird die Erhebung von **Kostenbeiträgen** vorgesehen.[256] Allerdings ist nach § 92 Abs. 4 S. 2 SGB VIII von der Heranziehung der Eltern abzusehen, wenn die Leistungsberechtigte schwanger ist oder ein leibliches Kind bis zur Vollendung des sechsten Lebensjahrs betreut.

**Praxishinweis**

Zweck der Regelung ist erneut die **Unterstützung schwangerer Frauen**, die nicht aus Angst vor finanzieller Verantwortung zu einer Abtreibung gedrängt werden sollen.[257]

## 8. Betreuung und Versorgung von Kindern in Notsituationen

Eine Unterstützung der Eltern bei der Betreuung und Versorgung des Kindes in Notsituationen wird durch § 20 SGB VIII geregelt.

254 FK/Struck SGB VIII § 19 Rn. 10.

255 BT-Drs. 19/28870, S. 102.

256 Dazu s. unter XIX. 2.

257 FK/Schindler SGB VIII § 92 Rn. 29 m. w. N.

### a) Früheres Recht

Bis zum Inkrafttreten des KJSG wurde eine entsprechende Unterstützung durch § 20 Abs. 1 SGB VIII a. F. in Fällen gewährt, in denen die Eltern ein Kind gemeinsam, jedoch nicht zu gleichen Teilen betreuten, der Elternteil, der die **überwiegende Betreuung** übernommen hatte, aus zwingenden Gründen ausfiel (z. B. die Mutter im Fall der „Hausfrauenehe"), der andere aber wegen berufsbedingter Abwesenheit nicht in der Lage war, das Kind zu betreuen. Außerdem gewährte Abs. 2 a. F. eine Unterstützung in Fällen, in denen ein **alleinerziehender Elternteil** oder **beide Elternteile gleichzeitig** aus zwingenden Gründen ausfielen. In allen Fällen war Voraussetzung, dass die Hilfe für das Wohl des Kindes erforderlich war und dass Angebote in Tageseinrichtungen oder in Kindertagespflege nicht ausreichten.

Für Fälle, in denen sich die Eltern die Pflege und Erziehung im Sinne eines **modernen Rollenverständnisses** geteilt hatten und damit eine „überwiegende" Betreuung nicht vorlag, war nach alter Rechtslage umstritten, ob eine analoge Anwendung der Vorschrift möglich ist.[258]

### b) Reform durch das KJSG

Seit Inkrafttreten des KJSG haben Eltern einen **einheitlichen Anspruch** auf Unterstützung bei der Betreuung und Versorgung des im Haushalt lebenden Kindes aus § 20 Abs. 1 SGB VIII n. F., wenn

1. ein Elternteil, der für die Betreuung des Kindes überwiegend verantwortlich ist, aus gesundheitlichen oder anderen zwingenden Gründen ausfällt,
2. das Wohl des Kindes nicht anderweitig, insbesondere durch Übernahme der Betreuung durch den anderen Elternteil, gewährleistet werden kann,
3. der familiäre Lebensraum für das Kind erhalten bleiben soll und
4. Angebote der Förderung des Kindes in Tageseinrichtungen oder in Kindertagespflege nicht ausreichen.

Der **Elternbegriff** umfasst zunächst Mutter und Vater i. S. d. §§ 1591 ff. BGB, ist aber im Wege der Analogie auch auf Stief- und Pflegeeltern zu erstrecken.[259] **Kind** ist nach der Definition in § 7 Abs. 1 Nr. 1 SGB VIII, wer das 14. Lebens-

---

258 Dafür: Krug/Riehle/Riehle SGB VIII § 20 Rn. 18; dagegen: LPK-SGB VIII/Kunkel/Kepert SGB VIII § 20 Rn. 3 (eindeutiger Wortlaut steht Analogie entgegen).

259 Wiesner/Struck SGB VIII § 20 Rn. 11; Mrozynski SGB VIII § 20 Rn. 8; LPK-SGB VIII/Kunkel/Kepert SGB VIII § 20 Rn. 1.

jahr noch nicht vollendet hat, wobei auf den Beginn der Maßnahme abzustellen ist.[260]

Zu den weiteren Voraussetzungen heißt es in der **Gesetzesbegründung**:

> „[…] In Nummer 1 bis 4 sind kumulativ die Voraussetzungen dieses Anspruchs geregelt. Diese […] legen […] nicht mehr die überkommene Konstellation zugrunde, dass ein Elternteil die familiäre Versorgung im Haushalt sicherstellt, während der andere Elternteil berufstätig ist. Dies ist **nicht mehr zeitgemäß**. Angeknüpft wird […] nunmehr an den Ausfall eines für die Betreuung des Kindes verantwortlichen Elternteils (Nummer 1), der nicht anderweitig, vor allem durch den anderen Elternteil, aber etwa auch im weiteren familiären Rahmen übernommen werden kann (Nummer 2). Es muss sich also um eine Bedarfslage handeln, in der die Versorgung bzw. Betreuung des Kindes und damit sein Wohl vorübergehend nicht sichergestellt sind, weil ein betreuender Elternteil aus gesundheitlichen oder anderen zwingenden Gründen diese Aufgabe nicht wahrnehmen kann. Dies kann auch dann der Fall sein, wenn dieser Elternteil weiterhin im familiären Haushalt anwesend ist. […] Voraussetzung für den Anspruch ist weiterhin, dass das räumliche und soziale Umfeld des Kindes erhalten bleiben soll (Nummer 3). […] Hingegen besteht kein Anspruch auf diese Hilfe, wenn Angebote der Förderung des Kindes in Tageseinrichtungen oder in Kindertagespflege ausreichen, um eine für die Gewährleistung des Kindeswohls hinreichende Betreuung und Versorgung des Kindes sicherzustellen (Nummer 4). […]“[261]

Dies legt nahe, dass der Gesetzgeber einen Anspruch schaffen wollte, der die **bisherigen Fallkonstellationen** (Ausfall des überwiegend betreuenden Elternteils, eines alleinerziehenden Elternteils oder beider Elternteile), darüber hinaus aber auch eine **gleichberechtigte Aufteilung** von Erwerbstätigkeit und Kindererziehung erfassen wollte, also Fälle, in denen nicht ein Elternteil die Kinder überwiegend betreut.

Allerdings schlägt sich diese Zielsetzung nicht im Wortlaut des Gesetzes nieder. Denn gem. § 20 Abs. 1 Nr. 1 SGB VIII kann die Leistung nur gewährt werden, wenn der Elternteil ausfällt, der für die Betreuung „**überwiegend**“ verantwortlich ist. Das Wort „überwiegend“ kann sich nur auf die tatsächlich gelebte Aufgabenteilung beziehen.[262] Anders als von der Gesetzesbegründung

260 Wiesner/Struck SGB VIII § 20 Rn. 5; vgl. auch BSG, Urt. v. 3.7.1991, 9b RAr 10/90 = BeckRS 1991, 41011.

261 BT-Drs. 19/28870, S. 103.

262 Würde man auf die rechtliche Verantwortung für das Kind, mithin das sich aus dem bürgerlichen Recht ergebende Sorgerecht abstellen, wäre bei gemeinsam sorgeberechtigten Eltern, die mit dem Kind zusammenleben, niemals ein Elternteil überwiegend, sondern immer beide gleichermaßen für die Betreuung verantwortlich.

suggeriert, werden also keine Fälle gleichberechtigter Betreuung erfasst. Das gilt selbst dann, wenn beide Elternteile gleichzeitig ausfallen, und dürfte sich nicht durch eine analoge Anwendung der Vorschrift „reparieren" lassen.[263]

Damit liegt eine **Verschlechterung gegenüber der früheren Rechtslage** vor.

---

**Praxishinweis**

Ggf. kann eine **sozialpädagogische Familienhilfe** gem. §§ 27, 31 SGB VIII gewährt werden, wenn eine Leistung nach § 20 SGB VIII ausscheidet, weil kein Elternteil die Erziehung bisher „überwiegend" übernommen hat, ohne eine entsprechende Leistung aber (mangels Betreuungsmöglichkeit) eine dem Wohl des Kindes entsprechende Erziehung nicht gewährleistet ist. Gleiches gilt, wenn eine Betreuung von Jugendlichen in Notsituationen erforderlich wird.

---

Hinsichtlich der Frage, ob ein Elternteil die Betreuung im Wesentlichen übernommen hatte und ggf. wer von beiden dies war, sind die Umstände des **Einzelfalls** maßgeblich. In der Regel kann hier den Angaben der Eltern gefolgt werden, ohne dass „ins Einzelne gehende Untersuchungen" geboten wären.[264]

**Zwingende Gründe** für den Ausfall eines Elternteils können neben den im Gesetz genannten gesundheitlichen Gründen eine Inhaftierung oder der Tod des bisher überwiegend betreuenden Elternteils sein.

Fraglich ist, inwieweit sich Eltern auf **freiwillige Leistungen Dritter** verweisen lassen müssen, etwa von Nachbarn oder nicht im Haushalt lebenden Verwandten.[265] Dafür spricht, dass die Leistung nach § 20 Abs. 1 Nr. 2 SGB VIII ausdrücklich subsidiär ist. Allerdings hat die Frage nur geringe praktische Auswirkungen. Denn wenn Eltern die Hilfe des Jugendamts in Anspruch nehmen wollen, werden Dritte i. d. R. nicht (mehr) zur Verfügung stehen.

---

263 Insoweit spricht gegen eine planwidrige Regelungslücke, dass § 28a Abs. 1 S. 1 Nr. 1 des Regierungsentwurfs, der i.Ü. bereits wortgleich mit § 20 Abs. 1 Nr. 1 SGB VIII n. F. war, nicht an eine „überwiegende" Betreuung anknüpfte. Zu den allgemeinen Voraussetzungen einer Analogie s. o. unter I. 5.

264 Krug/Riehle/Riehle SGB VIII § 20 Rn. 18; GK-SGB VIII/Bernzen SGB VIII § 20 Rn. 9. Dass „eine (widerlegbare) Vermutung immer noch dafür spricht, dass die Mutter die Hauptlast der Betreuung trägt", dürfte vor dem Hintergrund von Art. 3 Abs. 2, 3 GG kaum vertretbar sein; so aber LPK-SGB VIII/Kunkel/Kepert SGB VIII § 20 Rn. 3.

265 Dazu vgl. BeckOK SozR/Winkler SGB VIII § 20 Rn. 10 m. w. N.

**Praxishinweis**

Demgegenüber kann der Bedarf durch eine **Haushaltshilfe** nach § 38 SGB V abgedeckt werden, wenn diese sofort zur Verfügung steht und auch dem erzieherischen Bedarf genügt. Ist das nicht der Fall, muss das Jugendamt ggf. in Vorleistung treten bzw. ergänzende Leistungen erbringen.[266]

Hinsichtlich der Voraussetzung des § 20 Abs. 1 Nr. 3 SGB VIII, dass der **familiäre Lebensraum** für das Kind erhalten bleiben soll, ist auf das Kindeswohl abzustellen. Regelmäßig wird dieses den Erhalt der gewohnten Umgebung erfordern. Dabei kann die Leistung auch für einen Übergangszeitraum gewährt werden, etwa, wenn das Kind nach dem Tod der Eltern nicht unmittelbar aus der vertrauten Umgebung herausgerissen werden soll.

Angebote in **Tageseinrichtungen und Kindertagespflege** reichen grundsätzlich dann nicht aus, wenn eine Betreuung rund um die Uhr erforderlich ist. In solchen Fällen entspricht es § 20 Abs. 1 Nr. 4, Abs. 2 S. 2 SGB VIII, die Unterstützungsleistung im elterlichen Haushalt als ergänzende Hilfe zu erbringen.

**Praxishinweis**

Aus einem Umkehrschluss aus § 20 Abs. 1 Nr. 4 SGB VIII ergibt sich, dass eine stationäre Unterbringung (z. B. in **Kurzzeitpflege**) gegenüber der Betreuung und Versorgung im elterlichen Haushalt nachrangig ist. Vor einer solchen Lösung sollten daher alle anderen Möglichkeiten ausgeschöpft werden. Dabei muss nicht zwangsläufig eine Pflegeperson das Kind im elterlichen Haushalt über Tag und Nacht versorgen. Vielmehr sind auch „Schichtlösungen" unter Einbeziehung mehrerer Fachkräfte sowie für sich genommen unzureichender Leistungen von Tageseinrichtungen bzw. Kindertagespflege denkbar.[267]

Nach § 20 Abs. 2 S. 2 SGB VIII soll sich nicht nur der **zeitliche Bedarf**, sondern auch **Art und Weise der Betreuung** und Versorgung des Kindes nach dem Bedarf im Einzelfall richten.

Insoweit sieht Abs. 2 S. 1 neben der Beschäftigung haupt- oder nebenamtlicher Fachkräfte den Einsatz **ehrenamtlich tätiger Paten** vor, wenn eine zwischen dem Träger der öffentlichen Jugendhilfe und dem Leistungserbringer geschlossene Vereinbarung die professionelle Anleitung und Begleitung gem. § 20 Abs. 3 S. 2 i. V. m. § 36a Abs. 2 S. 2 sicherstellt. Denn dadurch werde „gewährleistet, dass auch bei der Einbeziehung ehrenamtlich tätiger Personen in

266 BeckOK SozR/Winkler SGB VIII § 20 SGB VIII Rn. 10.

267 Vgl. Wiesner/Struck SGB VIII § 20 Rn. 19.

die Leistungserbringung wesentliche fachliche Standards und Qualitätsmerkmale zum Tragen kommen".[268]

Unabhängig vom Einsatz ehrenamtlicher Paten ergibt sich aus § 20 Abs. 3 S. 1 i. V. m. § 36a Abs. 2 SGB VIII, dass eine **niedrigschwellige unmittelbare Inanspruchnahme** der Unterstützung bei Betreuung und Versorgung des Kindes in Notsituationen insbesondere dann zugelassen werden soll, wenn die Hilfe von einer Erziehungsberatungsstelle oder von anderen Beratungsdiensten bzw. -einrichtungen nach § 28 SGB VIII angeboten oder vermittelt wird. Der örtliche Träger der öffentlichen Jugendhilfe ist dann ohne vorherige Prüfung und Bewilligung zur Kostenübernahme verpflichtet.[269]

Eine **Kostenbeitragspflicht** besteht nach § 91 Abs. 1 Nr. 3 bzw. Abs. 2 Nr. 1 SGB VIII nur für teil- und vollstationäre Hilfeformen, wenn also die Betreuung und Versorgung zumindest zeitweise außerhalb des elterlichen Haushalts erfolgt.[270]

## 9. Unterstützung bei Unterbringung zur Erfüllung der Schulpflicht

Die letzte Leistung im Rahmen der Förderung der Erziehung in der Familie ist die Beratung und Unterstützung bei einer notwendigen Unterbringung zur Erfüllung der Schulpflicht gem. § 21 SGB VIII. Diese wird den Personensorgeberechtigten gewährt.

Voraussetzung ist, dass die Personensorgeberechtigten die Erfüllung der Schulpflicht des Kindes bzw. Jugendlichen aufgrund einer mit **ständigen Ortswechseln** verbundenen beruflichen Tätigkeit nicht sicherstellen können. Das kann z. B. der Fall sein bei Schaustellern, Binnenschiffern, Artisten oder Vertretern im Außendienst.[271]

Wann die **Schulpflicht** beginnt und wie lange sie andauert, richtet sich nach den Schulgesetzen der Länder.

Dass die Eltern den Schulbesuch nicht sicherstellen können, erfordert dabei mehr als ein bloßes Nicht-Wollen, nämlich, dass beide Elternteile der Reisetätigkeit zur Sicherung des Familienunterhalts nachgehen müssen. Dies ent-

268 BT-Drs. 19/28870, S. 103.

269 Der Gesetzgeber geht davon aus, dass die Anbindung an Erziehungsberatungsstellen u. ä. sowohl wegen der Möglichkeit einer qualifizierten Bedarfsfeststellung als auch vor dem Hintergrund einer etablierten Infrastruktur sinnvoll ist, die auf hohe Akzeptanz der Familien stößt und diesen einen wohnortnahen Hilfezugang ermöglicht (BT-Drs. 19/28870, S. 104).

270 Dazu s. unter XIX. 2.

271 Wiesner/Struck SGB VIII § 21 Rn. 7.

spricht auch der Wertung des Art. 6 Abs. 2 S. 1 GG bzw. § 1 Abs. 2 S. 1 SGB VIII, wonach Pflege und Erziehung nicht nur das Recht der Eltern, sondern auch die ihnen zuvörderst obliegende Pflicht sind. Gegebenenfalls muss daher ein Elternteil seine bisherige **Erwerbstätigkeit aufgeben**, soweit das nicht aus wirtschaftlichen oder sonstigen Gründen unzumutbar ist.[272]

Auf Rechtsfolgenseite sind unter Beratung und Unterstützung zunächst Hilfestellungen bei der **Auswahl einer den Bedürfnissen entsprechenden Einrichtung**, aber auch **Familienfreizeiten** und Familienbildungsmaßnahmen zu verstehen, die den Kontakt des Kindes zu seinen Eltern erhalten sollen.[273]

In geeigneten Fällen können nach dem Gesetzeswortlaut zudem die **Kosten der Unterkunft** in einer geeigneten Wohnform einschließlich Unterhalt und Krankenhilfe übernommen werden.

Liegt ein solch **geeigneter Fall** vor, ist also eine kontinuierliche Unterbringung erforderlich, weil nur so die Schulpflicht erfüllt werden kann und sind die für die Unterbringung entstehenden Kosten Eltern und Kind nicht zumutbar,[274] so besteht trotz der Formulierung als Kann-Vorschrift kein Ermessen. Die Kosten sind also zwingend zu übernehmen.[275]

Die Leistung kann über das schulpflichtige Alter hinaus bis längstens zum **21. Geburtstag** des jungen Menschen gewährt werden, sofern die begonnene Schulausbildung noch nicht abgeschlossen ist. Insoweit besteht ein Ermessen.[276]

Eine **Kostenbeitragspflicht** folgt ggf. aus § 91 Abs. 1 Nr. 4 SGB VIII.[277]

---

272 Vgl. BVerwG, Urt. v. 13.6.1991, 5 C 27/88 = NJW 1991, 3165 (3166) = NVwZ 1992, 63 (63) – BeckRS 9998, 48174; MüKo BGB/Tillmanns SGB VIII § 21 Rn. 2; a. A. Wiesner/Struck SGB VIII § 21 Rn. 8.

273 FK/Struck SGB VIII § 21 Rn. 3.

274 Vgl. LPK-SGB VIII/Kunkel/Kepert SGB VIII § 21 Rn. 5.

275 So auch Wiesner/Struck SGB VIII § 21 Rn. 10; FK/Struck SGB VIII § 21 Rn. 5; MüKo BGB/Tillmanns SGB VIII § 21 Rn. 5; a. A. LPK-SGB VIII/Kunkel/Kepert SGB VIII § 21 Rn. 8.

276 FK/Struck SGB VIII § 21 Rn. 6.

277 Dazu s. unter XIX. 2.

# VII. Kindertageseinrichtungen und Kindertagespflege

Das Verständnis von Kindertageseinrichtungen und Kindertagespflege hat sich in den vergangenen Jahrzehnten gewandelt. So dürfte spätestens seit der Diskussion über die Ergebnisse der sog. PISA-Studien der OECD[278] klar sein, dass **frühkindliche Bildung** in Bezug auf die geistige, seelische und körperliche Entwicklung von Kindern wichtig ist.

Vor diesem Hintergrund erscheint auch fraglich, weshalb für die Inanspruchnahme von Angeboten der Tageseinrichtungen bzw. Kindertagespflege weiter die Erhebung von **Kostenbeiträgen** in § 90 Abs. 1 Nr. 3 SGB VIII zulässig ist, während gleichzeitig Studiengebühren für ein Erststudium flächendeckend abgeschafft wurden, und zwar selbst für Langzeitstudenten bzw. für ein Zweitstudium.[279]

In einem gewissen Spannungsverhältnis zu dieser kindbezogenen Perspektive steht das **Interesse der Eltern**, in weitem Umfang von der mit dem Elternrecht korrelierenden Pflicht zu Pflege und Erziehung der Kinder befreit zu werden. Entsprechend begründet das SGB VIII, obgleich es nach dem Auftrag des § 1 Abs. 1 vorrangig Entwicklung und Erziehung junger Menschen fördern soll, Ansprüche auf Ganztagsplätze mit Bedürfnissen der Eltern. Vor Ort treten im Rahmen kommunaler Haushaltsberatungen Vorschläge zur Verbesserung der Qualität von Tageseinrichtungen, etwa durch Schaffung zusätzlicher Angebote musischer oder motorischer Förderung, in Konkurrenz zu einer von den Eltern gewünschten Flexibilisierung der Öffnungszeiten. Das wird auch anhand des Ost-West-Gefälles deutlich: Während im Westen ein Erzieher durchschnittlich 3,8 Kinder zu betreuen hat, sind es im Osten, wo seit jeher die gesellschaftlich gewünschte Erwerbstätigkeit beider Elternteile im Vordergrund steht, 6,3 Kinder.[280] Plakativ könnte man also formulieren, dass die aus Elternperspektive besseren Betreuungsangebote dort zulasten der Kinder geschaffen werden.

Für die Soziale Arbeit gilt es zu betonen, dass die **kindlichen Bedürfnisse vorrangig** zu berücksichtigen sind. Demgegenüber kann den Interessen der

278 Vgl. dazu http://www.oecd.org/berlin/themen/pisa-studie/ (Stand: 31.12.2020).

279 Allerdings gehen einzelne Länder dazu über, stufenweise eine Beitragsfreiheit einzuführen, vgl. Wiesner-Struck, vor § 22 Rn. 33. Auch auf kommunaler Ebene gibt es Bemühungen um eine Abschaffung der Elternbeiträge. Zu den Kostenbeiträgen insgesamt vgl. unter XIX. 1.

280 Wiesner/Struck SGB VIII Vorb. v. § 22 Rn. 18b.

Eltern an einer besseren Vereinbarkeit von Erwerbstätigkeit und Familie nur eine subsidiäre Bedeutung zukommen.[281]

Mit **qualitativ hochwertigen Angeboten** gilt es, auch jene Eltern vom Wert frühkindlicher Bildung zu überzeugen, die ihre Kinder bislang nicht in Tageseinrichtungen betreuen lassen. Denn eine Kindergartenpflicht im Sinne einer weiteren Verstaatlichung von Erziehungsverantwortung widerspräche der Werteordnung des Grundgesetzes. Insoweit mag es zwar zutreffen, dass die Familie Ausgangspunkt sozialer Ungleichheit und unterschiedlicher Bildungschancen sei.[282] Das jedoch ist grundsätzlich hinzunehmen, solange nicht eine Gefährdung des Kindeswohls vorliegt.[283] Nur in solchen Fällen kann unter den engen Voraussetzungen des § 1666 Abs. 1, 3 Nr. 1 BGB durch das Familiengericht angeordnet werden, dass Eltern ihr Kind in einer Tageseinrichtung oder in Kindertagespflege betreuen lassen.

## 1. Begriff

Die Begriffe Tageseinrichtungen bzw. Kindertagespflege werden durch § 22 Abs. 1 S. 1, 2 SGB VIII **legal definiert**. Das Nähere über die Abgrenzung von Tageseinrichtungen und Kindertagespflege regelt gem. § 22 Abs. 1 S. 5 SGB VIII das Landesrecht. Zielgruppe beider Formen der Tagesbetreuung sind Kinder, nicht Jugendliche.

Die Förderung eines Kindes in einer Tageseinrichtung schließt eine **ergänzende Kindertagespflege** nicht aus.

### a) Tageseinrichtungen für Kinder

Tageseinrichtungen für Kinder sind nach der Legaldefinition des § 22 Abs. 1 S. 1 SGB VIII Einrichtungen, in denen sich Kinder für einen Teil des Tages oder ganztägig aufhalten und in Gruppen gefördert werden.

Der **Begriff der Einrichtung** wird seinerseits in § 45a SGB VIII definiert. Danach handelt es sich bei einer Einrichtung grundsätzlich um eine auf gewisse Dauer unter Verantwortung eines Trägers angelegte Verbindung ortsgebundener räumlicher, personeller und sachlicher Mittel mit dem Zweck der Betreuung oder Unterkunftsgewährung sowie Beaufsichtigung, Erziehung, Bildung und Ausbildung von Kindern und Jugendlichen außerhalb ihrer Familie.

281 Wiesner/Struck SGB VIII Vorb. v. § 22 Rn. 9c.

282 Vgl. dazu Wiesner/Struck SGB VIII Vorb. v. § 22 Rn. 9, 12 m. w. N.

283 Dazu s. o. unter III. 1. b).

Soweit sich die Kinder ganztägig in Tageseinrichtungen aufhalten können, ist darunter **nicht der 24-Stunden-Tag**, sondern lediglich ein über die übliche Halbtagsbetreuung hinausgehendes Angebot zu verstehen. Zwar gibt es inzwischen auch sog. 24-Stunden-Kitas. Diese sollen die Elternbedürfnisse nach weiterer Flexibilisierung befriedigen – häufig zulasten der Kinder, die dort wechselnde Bezugspersonen vorfinden, und zwar sowohl mit Blick auf die Fachkräfte als auch die Spielkameraden. Doch können sich Kinder selbst in solchen Einrichtungen nicht dauerhaft, also rund um die Uhr aufhalten. Denn insoweit ist die Betreuung in einer Tageseinrichtung von der Heimerziehung abzugrenzen, die in § 34 Abs. 1 S. 1 SGB VIII als Hilfe zur Erziehung in einer Einrichtung über Tag und Nacht definiert wird.

Das Erfordernis der **Förderung in Gruppen** ist in Abgrenzung zur Kindertagespflege dahingehend zu verstehen, dass diese eine gewisse Größe haben müssen.[284] Dabei bestehen altershomogene, altersgemischte und alterserweiterte Gruppen.[285]

Der Träger einer Tageseinrichtung bedarf für deren Betrieb einer **Erlaubnis**, § 45 Abs. 1 S. 1 SGB VIII.

### b) Kindertagespflege

Kindertagespflege wird nach § 22 Abs. 1 S. 2 SGB VIII von einer geeigneten Kindertagespflegeperson (früher als „**Tagesmutter**" oder „**Tagesvater**" bezeichnet) in ihrem Haushalt, im Haushalt der Erziehungsberechtigten oder in anderen geeigneten Räumen geleistet.

Daraus ergeben sich zwei verschiedene Grundformen: einmal die **außerhäusige Betreuung**, die in der Praxis der Regelfall ist, und zum anderen eine **Inhouse-Lösung**. Entsprechend werden im Haushalt der Erziehungsberechtigten i. d. R. lediglich ein oder mehrere Kinder derselben Familie betreut, während im Haushalt der Kindertagespflegeperson oder in anderen geeigneten Räumlichkeiten eine Kleingruppe zusammenkommen kann.[286]

Zentraler Unterschied zwischen der Kindertagespflege und der Tageseinrichtung ist, dass für letztere der Einrichtungscharakter kennzeichnend ist, während die Kindertagespflege auf einer **persönlichen Bindung** zwischen Kindertagespflegeperson und Kind beruht. So ist der Bestand eines Vertrags zwischen Tageseinrichtung und Erziehungsberechtigten bzw. Kind unabhängig

---

284 MüKoBGB/Tillmanns SGB VIII § 22 Rn. 3; Wiesner/Struck SGB VIII § 22 Rn. 4; a. A. JurisPK-SGB VIII/Rixen § 22 Rn. 11; BeckOK SozR/Winkler SGB VIII § 22 Rn. 8.

285 Wiesner/Struck SGB VIII § 22 Rn. 7a.

286 Dazu s. unter 4. b).

davon, welche Fachkräfte in der Tageseinrichtung beschäftigt sind, während ein Vertrag über Kindertagespflegeleistungen mit der Tätigkeit der Tagespflegeperson steht und fällt.

Die Kindertagespflege ist insoweit **erlaubnisbedürftig**, als ein Kind oder mehrere Kinder außerhalb des Haushalts des Erziehungsberechtigten während eines Teils des Tages und mehr als 15 Stunden wöchentlich gegen Entgelt länger als drei Monate betreut werden, § 43 Abs. 1 SGB VIII. Im Umkehrschluss ergibt sich daraus, dass eine Kindertagespflege im Haushalt der Erziehungsberechtigten, eine Kindertagespflege von bis zu 15 Stunden wöchentlich oder über einen Zeitraum von höchstens drei Monaten sowie eine unentgeltliche Kindertagespflege, etwa durch Großeltern oder andere Verwandte keiner Erlaubnis bedarf.

### c) Großpflegestellen

In Großtagespflegestellen betreuen **mehrere Kindertagespflegepersonen** die ihnen anvertrauten Kinder. Weil die Abgrenzung zu Kindertageseinrichtungen in diesen Fällen nicht immer offensichtlich ist, wird insoweit von einem „Hybridcharakter" zwischen Kindertagespflege und Tageseinrichtungen gesprochen.[287]

Die sich daraus ergebende fachliche Diskussion um eine **„Kita light"** führte dazu, dass die Großtagespflege vor Inkrafttreten des KJSG nur in elf der 16 Bundesländer vorgesehen war.[288] Seitdem sieht § 22 Abs. 1 S. 2–4 SGB VIII vor, dass Kindertagespflege nicht nur im Haushalt der Erziehungsberechtigten bzw. der Kindertagespflegeperson, sondern auch in anderen geeigneten Räumen geleistet werden kann. Kennzeichnend bleibt aber die vertragliche und pädagogische Zuordnung jedes einzelnen Kindes zu einer bestimmten Kindertagespflegeperson. Eine gegenseitige Vertretung der Kindertagespflegepersonen steht dem nicht entgegen, darf aber nur kurzzeitig erfolgen.

---

287 Wiesner/Struck SGB VIII § 22 Rn. 10a; zur Kritik an Großtagespflegestellen vgl. GK-SGB VIII/Gerstein SGB VIII § 22 Rn. 6.

288 Keine landesrechtlichen Regelungen bzw. ein expliziter Ausschluss der Großtagespflege bestehen in Brandenburg, Rheinland-Pfalz, Sachsen, Schleswig-Holstein und Thüringen, vgl. Wiesner/Struck SGB VIII § 22 Rn. 10a m. w. N.

**Praxishinweis**
Kindertagespflege in Form von Großpflegestellen, die Räume von der Gemeinde gestellt bekommen, kann eine Möglichkeit sein, ein **Betreuungsangebot in (entlegenen) Dörfern** aufrechtzuerhalten.[289]

## 2. Grundsätze der Leistungserbringung

Grundsätze der Förderung, die sowohl für Tageseinrichtungen als auch für Kindertagespflege gelten, ergeben sich aus § 22 Abs. 2, 3 SGB VIII.

So sollen **Tageseinrichtungen** für Kinder und **Kindertagespflege** nach § 22 Abs. 2 S. 1 SGB VIII

- die Entwicklung des Kindes zu einer selbstbestimmten, eigenverantwortlichen und gemeinschaftsfähigen Persönlichkeit fördern (Nr. 1),
- die Erziehung und Bildung in der Familie unterstützen und ergänzen (Nr. 2) sowie
- den Eltern dabei helfen, Erwerbstätigkeit, Kindererziehung und familiäre Pflege besser miteinander vereinbaren zu können (Nr. 3).

Das Gesetz stellt damit erneut die Belange der Kinder an die erste Stelle, während die Belange der Eltern erst danach genannt werden. Alle drei Zielvorgaben sind jedoch **zwingend** zu beachten: Dass das Gesetz insoweit von „sollen" und nicht von „müssen" spricht, führt nicht zu einem intendierten Ermessen: Vielmehr wird damit nur zum Ausdruck gebracht, dass pädagogische Interventionen ein Bemühen, nicht einen Erfolg schulden. Hinsichtlich eines solchen Bemühens besteht eine unbedingte Pflicht.[290]

Hinsichtlich der Förderung der kindlichen Entwicklung enthält § 22 Abs. 3 SGB VIII weitere Vorgaben. So umfasst der Förderungsauftrag Erziehung, Bildung und Betreuung des Kindes. Er bezieht sich auf die **soziale, emotionale, körperliche und geistige Entwicklung**. Dabei wird die Vermittlung orientierender Werte und Regeln eingeschlossen. Die Förderung soll sich am Alter und Entwicklungsstand, an den sprachlichen und sonstigen Fähigkeiten, an der Lebenssituation sowie an den Interessen und Bedürfnissen des einzelnen Kindes orientieren. Mit diesem umfassenden Auftrag erinnert das Gesetz daran, dass eine ganzheitliche Entwicklung alle Dimensionen der kindlichen Persön-

289 Dazu und zu anderen Lösungsansätzen Thiersch, S. 39.
290 Ausführlich dazu JurisPK-SGB VIII/Rixen § 22 Rn. 23.

lichkeit einbeziehen muss und wird zugleich ein Differenzierungsgebot aufgestellt.[291] Eine Förderung, die sich nur am Gros der Kinder orientieren und Einzelne „links liegen“ lassen würde, entspräche nicht der gesetzlich geschuldeten Leistungserbringung.

**Praxishinweis**

Das gilt auch für die **ethnische Herkunft** der Kinder: „Die Tageseinrichtung muss die Prägung des Kindes, die es insb. kulturell erfahren hat, wahr- und ernstnehmen und in die pädagogische Arbeit einfließen lassen (Pflicht zur diversitätssensiblen Förderung).“[292]

Indem das Gesetz Tageseinrichtungen für Kinder bzw. Kindertagespflege vorgibt, die Erziehung und Bildung in der **Familie zu unterstützen** und zu ergänzen, verbietet es eine „vom Elternrecht entkoppelte Parallelerziehung“. Vielmehr muss die Erziehung „durchweg und ausnahmslos auf das Interpretationsprimat der Eltern (Art. 6 Abs. 2 S. 1 GG) ausgerichtet bleiben“.[293]

Der Pflicht, den Eltern zu helfen, **Erwerbstätigkeit und Kinderbetreuung** besser miteinander vereinbaren zu können, kann z. B. durch eine Wohnortnähe oder flexible Betreuungszeiten genügt werden. Dabei können freilich Zielkonflikte zur Förderung des Kindes entstehen, etwa dadurch, dass die Eltern ein Interesse daran haben, in der Einteilung ihrer Arbeitszeiten weitgehend frei zu sein, das Kind aber auch in einer Tageseinrichtung Bezugspersonen braucht, sei es als Erzieher oder als Spielkameraden.[294]

Um dem Auftrag aus § 22 Abs. 2 S. 1 SGB VIII gerecht werden zu können, sollen Tageseinrichtungen für Kinder und Kindertagespflege gem. § 22 Abs. 2 S. 2 SGB VIII die **Erziehungsberechtigten einbeziehen** und mit dem Jugendamt sowie anderen Personen, Diensten oder Einrichtungen, die bei der Leistungserbringung für das Kind tätig werden, zusammenarbeiten. Sofern Kinder mit und ohne Behinderung gemeinsam gefördert werden, arbeiten Tageseinrichtungen bzw. Kindertagespflege und das Jugendamt gem. § 22 Abs. 2 S. 3 SGB VIII mit anderen beteiligten Rehabilitationsträgern zusammen.

Konkretisiert werden die Inhalte der frühkindlichen Bildung durch **Bildungs- und Erziehungspläne** der Länder.[295]

291 JurisPK-SGB VIII/Rixen § 22 Rn. 28 f.

292 JurisPK-SGB VIII/Rixen § 22 Rn. 30.

293 JurisPK-SGB VIII/Rixen § 22 Rn. 25.

294 In solchen Fällen dürften die Interessen der Kinder Vorrang haben, was sich nicht nur aus § 22 Abs. 2 SGB VIII, sondern ebenso aus § 1 Abs. 1 SGB VIII ergibt.

295 So z. B. durch den Orientierungsplan für Bildung und Erziehung in baden-württembergischen Kindergärten und weiteren Kindertageseinrichtungen i. d. F. v. 15.3.2011, online

## 3. Leistungserbringung in Tageseinrichtungen

Weitere inhaltliche Vorgaben für die Leistungserbringung in Tageseinrichtungen enthält § 22a SGB VIII. Diese betreffen das **Personal** und dessen Arbeitsweise, die **Ausgestaltung der Angebote**, die **gemeinsame Förderung behinderter und nichtbehinderter Kinder** sowie die Qualitätssicherung und -entwicklung.

Dass § 22a SGB VIII seinem Wortlaut zufolge lediglich Soll-Vorschriften enthält, ändert ebenso wie bei § 22 Abs. 2 SGB VIII nichts an der unbedingten **Verbindlichkeit**: Die betreffenden Vorgaben sind verpflichtend.

Dabei ist systematisch zu beachten, dass durch § 22a SGB VIII unmittelbar nur der öffentliche Träger gebunden wird. Damit die **Angebote freier Träger**, die i. d. R. über das jugendhilferechtliche Dreiecksverhältnis oder sonstige Vereinbarungen durch den örtlichen Träger der öffentlichen Jugendhilfe finanziert werden,[296] vergleichbare Qualitätsstandards bieten, sollen die Jugendämter nach § 22a Abs. 5 SGB VIII die Realisierung des Förderungsauftrags nach Maßgabe der für die von ihnen betriebenen Einrichtungen geltenden Vorgaben durch insofern geeignete Maßnahmen sicherstellen. Solche geeigneten Maßnahmen können neben öffentlich-rechtlichen Verträgen auch informelle Formen der Kooperation sein, z. B. „Runde Tische“.[297]

**Praxishinweis**

Ein ggf. bestehender Anspruch von Sorgeberechtigten bzw. Kind auf Förderung in einer Tageseinrichtung kann nur dann erfüllt werden, wenn den Standards des § 22a Abs. 1–4 SGB VIII genügt wird. Vor diesem Hintergrund dürfte es kaum zu empfehlen sein, auf eine **rechtssichere Regelung** zur Qualitätssicherung in Einrichtungen freier Träger zu verzichten.

### a) Fachkräfte und deren Arbeitsweise

Die wichtigste Vorgabe, die in § 22a Abs. 2 S. 1 SGB VIII vorausgesetzt wird und sich überdies für Mitarbeiter des öffentlichen Trägers aus § 72 Abs. 1 SGB VIII ergibt, ist, dass in Tageseinrichtungen Fachkräfte zu arbeiten haben.

---

ebenso wie die Bildungspläne der anderen Länder abzurufen unter http://www.kindergartenpaedagogik.de/1951.html (Stand: 19.12.2020).

296 Dazu s. o. unter III. 1. f.) dd).

297 Vgl. dazu und zu Planungsmaßnahmen nach Maßgabe des Landesrechts JurisPK-SGB VIII/Rixen § 22a Rn. 21.

Was unter **Fachkräften** zu verstehen ist, wird durch § 72 Abs. 1 S. 1 SGB VIII legal definiert. Danach handelt es sich hierbei um Personen, die sich für die jeweilige Aufgabe nach ihrer Persönlichkeit eignen und eine dieser Aufgabe entsprechende Ausbildung erhalten haben. Gefordert wird also eine fachliche und eine persönliche Eignung.

Die Bewertung der **persönlichen Eignung** ist dabei eine subjektive Entscheidung des jeweiligen Beurteilers, die der gerichtlichen Überprüfung nur eingeschränkt zugänglich ist.[298] Gleichwohl ist sie gerade bei der Ausübung von Erziehungsfunktionen von besonderer Bedeutung. Als Kriterien werden vor diesem Hintergrund Mitmenschlichkeit, Empathie, soziale Gesinnung, Engagement und Belastbarkeit genannt.[299] Zudem ist der Tätigkeitsausschluss einschlägig vorbestrafter Personen nach § 72a Abs. 1, 2 SGB VIII zu beachten.[300]

Hinsichtlich der **Ausbildung** wird bisher i. d. R. gefordert, dass es sich bei Mitarbeitern von Tageseinrichtungen um Erzieher bzw. ggf. auch um Sozialassistenten handelt. Im Zuge der fortschreitenden Akademisierung des Bildungssektors haben inzwischen jedenfalls Führungskräfte in Tageseinrichtungen z. T. ein Studium der Kindheitspädagogik abgeschlossen.

Für ihre Arbeit wird den Fachkräften in Tageseinrichtungen in § 22a Abs. 2 S. 1 SGB VIII vorgegeben, sich umfassend zu **vernetzen**. So sollen sie mit Erziehungsberechtigten, mit Kindertagespflegepersonen, mit den Schulen und mit anderen kinder- und familienbezogenen Institutionen bzw. Initiativen im Gemeinwesen zusammenarbeiten.

### aa) *Zusammenarbeit mit Erziehungsberechtigten und Kindertagespflegepersonen*

Die Zusammenarbeit mit Erziehungsberechtigten und Kindertagespflegepersonen hat bereits nach dem Gesetzeswortlaut zum Wohl der Kinder und zur Sicherung der Kontinuität des Erziehungsprozesses zu erfolgen. Die Leitlinien der Erziehung sollen also unter Beachtung des **Interpretationsprimats der Eltern**[301] aufeinander abgestimmt werden. Zugleich erlaubt die Betonung des Kindeswohls den Fachkräften in Tageseinrichtungen, Eltern in geeigneter Form

298 So Wiesner/Wiesner SGB VIII § 72 Rn. 6, der aus diesem Grund eine Beweislastumkehr zugunsten (abgelehnter) Bewerber fordert.

299 LPK-SGB VIII/Nonninger SGB VIII § 72 Rn. 9; JurisPK-SGB VIII/Weißenberger § 72 Rn. 18.

300 Dazu s. unter XV. 2. c).

301 Dazu s. o. unter 2.

auf eventuell bestehende schädigende Einflüsse aufmerksam zu machen und so zu helfen, diese abzubauen.[302]

Eine Zusammenarbeit mit Kindertagespflegepersonen ist zum einen hinsichtlich des **Übergangs** eines Kindes von der Kindertagespflege in eine Tageseinrichtung, zum anderen bei **ergänzender Kindertagespflege** von Bedeutung. So können Kinder z. B. vormittags in einer Tageseinrichtung und im Anschluss von einer Kindertagespflegeperson betreut werden.

Über § 22a Abs. 2 S. 1 Nr. 1 SGB VIII hinaus sind Erziehungsberechtigte nach S. 2 an Entscheidungen in wesentlichen Angelegenheiten der Erziehung, Bildung und Betreuung zu **beteiligen**.

Zu solchen **wesentlichen Angelegenheiten** zählen z. B. die pädagogische Ausrichtung einer Einrichtung, die Öffnungszeiten, ergänzende Angebote der musikalischen und sportlichen Förderung sowie die personelle und sachliche Ausstattung.[303]

In welcher Form die Beteiligung stattfindet, wird bundesgesetzlich nicht geregelt. Vielmehr bildet die Vorschrift die Grundlage für eine landesrechtliche Schaffung von Elternvertretungen.[304] In jedem Fall meint Beteiligung **mehr als eine bloße Anhörung**, bedeutet aber nicht, dass zwischen Eltern und pädagogischer Leitung bzw. Träger der Einrichtung ein Einvernehmen herzustellen wäre. Erforderlich ist vielmehr eine gemeinsame Diskussion, bei der die wechselseitigen Argumente ernst genommen und in die Entscheidungsfindung einbezogen werden.

#### *bb) Zusammenarbeit mit den Schulen*

Eine Zusammenarbeit mit den Schulen dient dem Zweck, den Kindern einen guten und reibungslosen **Übergang in die Schule** zu sichern sowie die Arbeit mit Schulkindern in Horten bzw. altersgemischten Gruppen zu unterstützen.

Insoweit ist mit Blick auf die Schulfähigkeit insbesondere an eine ausreichende **Sprachförderung**, aber auch an **Schnuppertage** o. ä. zu denken,[305] die den Kindern den Wechsel in den neuen Lebensabschnitt erleichtern.

Sinnvoll kann auch sein, die Schulen vorab über den Entwicklungsstand und eventuelle Schwierigkeiten einzelner Kinder zu unterrichten. Allerdings

---

302 FK/Beckmann/Lakies SGB VIII § 22a Rn. 6.

303 FK/Beckmann/Lakies SGB VIII § 22a Rn. 7; MüKoBGB/Tillmanns SGB VIII § 22a Rn. 5.

304 BT-Drs. 11/5948, S. 64; MüKoBGB/Tillmanns SGB VIII § 22a Rn. 5.

305 Vgl. Wiesner/Struck SGB VIII § 22a Rn. 13, der auch auf die Kooperation im Zusammenhang mit dem Ausbau der Ganztagsbetreuung verweist.

sind die Grenzen des **Sozialdatenschutzes** zu beachten. So wird die Weitergabe von Informationen nur mit Zustimmung der Sorgeberechtigten zulässig sein.[306]

Ein praktisches Problem ist gelegentlich, dass durch die Vorschriften des SGB VIII nur die (öffentliche) Jugendhilfe verpflichtet wird. Für die Schulen sind allein die **Schulgesetze** der Länder maßgeblich.

**Praxishinweis**

Sofern sich Schulen einer Zusammenarbeit verweigern, sollten die Tageseinrichtungen die **Schulaufsicht** oder den (kommunalen) **Schulträger** um Vermittlung bitten.

#### *cc) Zusammenarbeit mit anderen Institutionen und Initiativen*

Hinsichtlich der anderen **kinder- und familienbezogenen Institutionen** und Initiativen im Gemeinwesen hebt das Gesetz solche der Familienbildung bzw. Familienberatung ausdrücklich hervor.

In Betracht kommen **Kirchen, Vereine** und Elterngruppen ebenso wie Familienzentren und Mehrgenerationenhäuser.

Entscheidend für die Zusammenarbeit mit einer konkreten Institution bzw. Initiative ist dabei die **Konzeptkohärenz**, d. h., dass die Kooperation im Sinne der Umsetzung der Gesamtkonzeption einer Einrichtung förderlich sein muss.[307]

### b) Ausgestaltung der Angebote

Nach § 22a Abs. 3 S. 1 SGB VIII soll sich das Angebot pädagogisch und organisatorisch an den **Bedürfnissen der Kinder und ihrer Familien** orientieren.

Der **pädagogische Auftrag** bedeutet dabei, dass sich die Einrichtung um eine individuelle Förderung des einzelnen Kindes zu bemühen hat. Dessen Entwicklungsstand und äußere Lebensumstände haben bei der Förderung im Vordergrund zu stehen.[308]

Demgegenüber zielt der **organisatorische Auftrag** v. a. auf die Betreuungszeiten ab. So konkretisiert § 22a Abs. 3 S. 2 SGB VIII, dass der öffentliche Träger der Jugendhilfe für Kinder, die von den Erziehungsberechtigten nicht betreut werden können, während der „Kindergartenferien" anderweite Betreuungsmöglichkeiten zu schaffen hat. Darüber hinaus müssen die Öffnungszeiten

306 So zu Recht Wiesner/Struck SGB VIII § 22a Rn. 14. Zum Sozialdatenschutz siehe auch unter XVI.

307 Vgl. JurisPK-SGB VIII/Rixen § 22a Rn. 13.

308 Vgl. Wiesner/Struck SGB VIII § 22a Rn. 15.

auch sonst dem Bedarf der Kinder und ihrer Familien entsprechen. Dies führt in der Praxis oft zu einer Flexibilisierung, bei der Eltern ihre Kinder binnen bestimmter Zeitfenster bringen bzw. abholen können.

Nicht mit den Interessen der Kinder sowie der Familien als solcher zu verwechseln sind freilich Interessen einzelner Elternteile sowie wirtschafts- und gesellschaftspolitische Wünschbarkeiten. So können **gleichstellungspolitische oder betriebliche Interessen** allenfalls eine nachrangige Bedeutung haben und verpflichtet § 22a Abs. 3 SGB VIII nicht dazu, jedem aus Elternsicht verständlichen Wunsch nach einer weitergehenden Betreuung zu folgen.[309] Denn vor dem Hintergrund der Zielsetzung des SGB VIII können Kindesinteressen nicht nachrangig gegenüber wirtschaftlichen Zielsetzungen sein.

### c) Integrative und inklusive Förderung

Hinsichtlich einer integrativen bzw. inklusiven Förderung gibt § 22a Abs. 4 SGB VIII vor, dass Kinder **mit und ohne Behinderung** gemeinsam gefördert werden sollen. Die besonderen Bedürfnisse von Kindern mit Behinderungen und von Kindern, die von Behinderung bedroht sind, müssen dabei berücksichtigt werden.

Gesetzlicher Regelfall ist damit, dass behinderte und nichtbehinderte Kinder **in ein und derselben Gruppe** betreut werden, wenngleich das in der Praxis noch nicht immer umgesetzt wird.[310] Der frühere Vorbehalt, nach dem aus Gründen des jeweils bestehenden Hilfebedarfs etwas anderes gelten kann, wurde inzwischen aufgegeben. Eine Grenze der gemeinsamen Betreuung ist damit erst dann erreicht, wenn dem individuellen Förderbedarf eines Kindes mit Behinderung bzw. eines von Behinderung bedrohten Kindes bei gemeinsamer Betreuung schlechterdings nicht entsprochen werden kann. Die Vorgabe der Berücksichtigung spezifischer Bedarfe bezieht sich sowohl auf die konkrete pädagogische Arbeit als auch auf die strukturellen Rahmenbedingungen.[311]

### d) Qualitätssicherung und -entwicklung

Qualitätssicherung und Qualitätsentwicklung bedeutet nach § 22a Abs. 1 SGB VIII, dass die Träger der öffentlichen Jugendhilfe die Qualität der Förderung durch geeignete Maßnahmen sicherzustellen bzw. weiterzuentwickeln

309 Wiesner/Struck SGB VIII § 22a Rn. 16.
310 FK/Beckmann/Lakies SGB VIII § 22a Rn. 13.
311 BT-Drs. 19/26107, S, 81.

haben. Hierzu zählen eine pädagogische Konzeption sowie eine Evaluation der Arbeit in den Einrichtungen.

**Geeignete Maßnahmen** können bei eigenen Einrichtungen des öffentlichen Trägers v. a. organisations- bzw. arbeits- und dienstrechtlicher Natur sein.[312]

**Praxishinweis**

Sofern Kinder durch ein Fehlverhalten in Tageseinrichtungen geschädigt werden, das auf fehlerhafte Qualitätssicherungskonzepte oder ein dadurch hervorgerufenes Fehlverständnis der Rechtslage zurückzuführen ist, die aber vom öffentlichen Jugendhilfeträger erstellt oder „abgesegnet" wurden, kann sich die Frage nach einem sog. **Organisationsverschulden** stellen. In der Folge können dann **Amtshaftungsansprüche** aus Art. 34 GG i. V. m. § 839 Abs. 1 BGB bestehen.[313]

## 4. Leistungserbringung in Kindertagespflege

Inhaltliche Vorgaben für die Förderung von Kindern im Rahmen der Kindertagespflege ergeben sich zunächst aus Voraussetzungen und Reichweite der nach § 43 Abs. 1 SGB VIII erforderlichen **Erlaubnis für Pflegepersonen**, die vom öffentlichen Träger zu erteilen ist.[314]

Darüber hinaus wird die **Förderung seitens des öffentlichen Trägers** durch § 23 SGB VIII geregelt.

### a) Persönliche und fachliche Voraussetzungen von Kindertagespflegepersonen

Zunächst bestehen bei Kindertagespflegepersonen ebenso wie bei Fachkräften in Tageseinrichtungen gesetzlich bestimmte Anforderungen hinsichtlich der persönlichen und fachlichen Eignung.

So sind gem. § 23 Abs. 3 SGB VIII bzw. § 43 Abs. 2 SGB VIII solche Personen geeignet, die sich durch ihre **Persönlichkeit, Sachkompetenz und Kooperationsbereitschaft** mit Erziehungsberechtigten und anderen Kindertagespflegepersonen auszeichnen und für den Fall der Betreuung in ihrem Haushalt über **kindgerechte Räumlichkeiten** verfügen.

312 JurisPK-SGB VIII/Rixen § 22a Rn. 10; vgl. auch LPK-SGB VIII/Kaiser SGB VIII § 22a Rn. 2.

313 So zu Recht JurisPK-SGB VIII/Rixen § 22a Rn. 22.

314 Dazu s. o. unter 1. b).

Ihre Sachkompetenz sollen sie in **qualifizierten Lehrgängen** erworben oder in anderer Weise nachgewiesen haben, z. B. durch eine Erzieherausbildung.[315]

Auch der **Tätigkeitsausschluss** einschlägig vorbestrafter Personen gilt nach Maßgabe des § 43 Abs. 2 S. 4 i. V. m. § 72a Abs. 1, 5 SGB VIII für die Kindertagespflege.

### b) Gruppengröße

Im Regelfall wird die Erlaubnis für die Betreuung von **bis zu fünf** gleichzeitig anwesenden fremden Kindern erteilt, § 43 Abs. 3 S. 1 SGB VIII. Daraus ergibt sich, dass die Betreuung in Kindertagespflege, wenn nicht individuell, dann doch jedenfalls in besonders kleinen Gruppen erfolgt, wobei eigene Kinder der Kindertagespflegeperson und Kinder, die bei ihr in Vollzeitpflege leben, nicht mitgerechnet werden.[316]

Im Ausnahmefall, etwa bei beengten räumlichen Verhältnissen, kann die Erlaubnis für eine **geringere Zahl** von Kindern erteilt werden, § 43 Abs. 3 S. 2 SGB VIII.

Anders herum sind gem. § 43 Abs. 3 S. 1 SGB VIII landesrechtliche Regelungen zugelassen, die eine Betreuung von **mehr als fünf** Kindern erlauben, wenn die Kindertagespflegeperson über eine pädagogische Ausbildung verfügt.[317]

### c) Leistungen des öffentlichen Trägers

Leistungen des öffentlichen Trägers der Jugendhilfe sind im Zusammenhang mit der Kindertagespflege v. a.

- die **Vermittlung** des Kindes zu einer geeigneten Kindertagespflegeperson, wenn diese nicht von den Erziehungsberechtigten nachgewiesen wird, § 23 Abs. 1 SGB VIII,
- die **fachliche Beratung, Begleitung und weitere Qualifizierung** der Kindertagespflegeperson, § 23 Abs. 1 SGB VIII,

---

315 Nach einer Erhebung des Statistischen Bundesamts hatten 2020 immerhin 13.851 der 44.782 Tagespflegepersonen einen fachpädagogischen Berufsausbildungsabschluss, darunter 5.722 Erzieher, 2.255 Kinderpfleger und 718 Dipl.-Sozialpädagogen bzw. Dipl.-Sozialarbeiter, https://www.destatis.de/DE/Themen/Gesellschaft-Umwelt/Soziales/Kindertagesbetreuung/Tabellen/tagespflegepersonen-merkmale-2018.html (Stand: 6.5.2021).

316 Hinsichtlich der Vollzeitpflege FK/Smessaert/Lakies SGB VIII § 43 Rn. 22.

317 Zu den landesrechtlichen Vorschriften vgl. JurisPK-SGB VIII/Busse § 43 Rn. 8 ff., 53.

- die Gewährung einer laufenden **Geldleistung** an die Kindertagespflegeperson, § 23 Abs. 1–2a SGB VIII sowie
- die Sicherstellung **anderweiter Betreuungsmöglichkeiten** für Ausfallzeiten der Kindertagespflegeperson, § 23 Abs. 4 S. 2 SGB VIII.

Dabei werden die Leistungen des § 23 Abs. 1 SGB VIII bereits nach dem Gesetzeswortlaut nur nach Maßgabe des § 24 SGB VIII gewährt, so dass es auf das **Bestehen eines Betreuungsanspruchs** ankommt.[318] Soweit also ein Tagespflegeverhältnis zwischen Kindertagespflegeperson und Erziehungsberechtigten begründet wird, ohne dass zugleich ein Betreuungsanspruch gegen den öffentlichen Träger besteht, handelt es sich um eine rein zivilrechtliche Beziehung, aus der für das Jugendamt keine Pflichten erwachsen können.

### *aa) Vermittlung einer geeigneten Kindertagespflegeperson*

Einen **Anspruch** auf Vermittlung einer geeigneten Kindertagespflegeperson können die Sorgeberechtigten als gesetzliche Vertreter des Kindes gegenüber dem Jugendamt geltend machen, verpflichtet sind sie hierzu nicht. Das wird durch das Gesetz klargestellt, indem der Anspruch unter den Vorbehalt dessen gestellt wird, dass die Erziehungsberechtigten eine geeignete Kindertagespflegeperson nicht bereits selbst nachgewiesen haben.

Unabhängig davon besteht ein Anspruch auf **Beratung** in allen Fragen der Kindertagespflege aus § 23 Abs. 4 S. 1 SGB VIII.[319] Anspruchsberechtigt sind Erziehungsberechtigte und Kindertagespflegepersonen gleichermaßen, wobei es nicht darauf ankommt, ob ein Tagespflegeverhältnis bereits besteht. Ebenso wird der Beratungsanspruch nach § 23 Abs. 4 S. 1 SGB VIII nicht lediglich nach Maßgabe des § 24 SGB VIII gewährt, also auch dann geschuldet, wenn weder ein subjektives Recht auf noch eine objektive Pflicht zur Förderung des betreffenden Kindes in Kindertagespflege besteht. Ein vergleichbarer Beratungsanspruch ergibt sich aus § 43 Abs. 4 SGB VIII. Dieser schließt ausdrücklich Fragen zur Sicherung des Kindeswohls und zum Schutz vor Gewalt ein.

---

318 Dazu s. unter 5. b).

319 Wiesner/Struck SGB VIII § 23 Rn. 19a.

**Praxishinweis**
Auch wenn die Erziehungsberechtigten in Ausübung des elterlichen Interpretationsprimats[320] eine Kindertagespflegeperson selbst wählen, kommen weitere Leistungen, namentlich die fachliche Beratung, Begleitung und weitere Qualifizierung der Kindertagespflegeperson sowie die Gewährung einer laufenden Geldleistung, i. d. R. nur in Betracht, wenn die Kindertagespflegeperson **geeignet** i. S. d. § 23 Abs. 3 SGB VIII ist.[321]

### *bb) Fachliche Beratung, Begleitung und weitere Qualifizierung*

Die fachliche Beratung, Begleitung und weitere Qualifizierung der vom Jugendamt vermittelten oder von den Erziehungsberechtigten selbst nachgewiesenen Kindertagespflegeperson umfasst u. a. Erfahrungsaustausch, Hilfe in Konfliktlagen, und **Fortbildungen**. Die Kindertagespflegeperson soll dadurch befähigt werden, ihre Aufgabe zum Wohl des Kindes erfüllen zu können.

Strittig ist insoweit, ob hinsichtlich Beratung, Begleitung und weiterer Qualifizierung ein **subjektiver Rechtsanspruch** der Kindertagespflegeperson besteht. Das dürfte vor dem Hintergrund dessen, dass § 24 Abs. 2 SGB VIII dem Kind einen Rechtsanspruch auf Förderung gewährt, dieser aber ohne Fort- und Weiterbildung der Kindertagespflegeperson der kindlichen Entwicklung nur eingeschränkt dienlich ist, zu bejahen sein.[322]

**Zusammenschlüsse von Kindertagespflegepersonen** sollen beraten, unterstützt und gefördert werden, § 23 Abs. 4 S. 3 SGB VIII.

### *cc) Laufende Geldleistung*

Nach § 23 Abs. 1 SGB VIII hat das Jugendamt der Kindertagespflegeperson eine laufende Geldleistung zu gewähren, deren **Höhe** in Ermangelung einer landesrechtlichen Regelung von den Trägern der öffentlichen Jugendhilfe festgelegt wird, § 23 Abs. 2a S. 1 SGB VIII. Funktionell zuständig ist der Jugendhilfeausschuss.[323]

---

320 Vgl. JurisPK-SGB VIII/Rixen § 23 Rn. 8.

321 Dazu s. o. unter a).

322 So im Ergebnis auch JurisPK-SGB VIII/Rixen § 23 Rn. 9 f.

323 OVG Berlin-Brandenburg, Urt. v. 22.6.2020, OVG 6 A 5.18 = SRa 2020, 265 (271) = BeckRS 2020, 15764; BeckOK SozR/Winkler SGB VIII § 23 Rn. 13d; zum Jugendhilfeausschuss s. unter XV. 1.

Umfasst sind von der laufenden Geldleistung gem. § 23 Abs. 2 SGB VIII

- die Erstattung angemessener Kosten für **Sachaufwand (Nr. 1)**,
- ein Betrag zur Anerkennung der **Förderungsleistung** (Nr. 2) und
- die Erstattung konkreter Aufwendungen für eine angemessenen **Unfallversicherung** sowie hälftiger Aufwendungen zu einer angemessenen **Alterssicherung**, einer angemessenen **Kranken- und Pflegeversicherung (Nrn. 3, 4)**.

**Angemessenheit** hinsichtlich der Kosten für Sachaufwand, Alterssicherung sowie Kranken- und Pflegeversicherung bedeutet dabei, sich an den realistisch auftretenden Aufwendungen zu orientieren. Rein fiskalische Gründe wie die Absicht, möglichst wenig Geld auszugeben, scheiden daher aus.[324]

Dabei stellt die Angemessenheit hinsichtlich Alterssicherung und Versicherungen eine **Höchstgrenze** dar, d. h., unbeschadet derer müssen die Aufwendungen konkret nachgewiesen werden.

Demgegenüber sind die Kosten für Sachaufwand **pauschaliert**, werden also unabhängig davon in angemessener Höhe gewährt, ob diese tatsächlich höher oder geringer sind.

Hinsichtlich des Betrags zur Anerkennung der Förderungsleistung enthält § 23 Abs. 2a S. 2, 3 SGB VIII die Vorgabe, dass dieser leistungsgerecht auszugestalten ist und dass dabei der zeitliche Umfang der Betreuung sowie Anzahl und Förderbedarf der Kinder zu berücksichtigen sind. In der Praxis werden zumeist **Beträge pro Betreuungsstunde und Kind** festgelegt, die im Falle eines besonderen Förderbedarfs höher sind. Dabei ist freilich stets zu berücksichtigen, dass diese noch als Wertschätzung qualifiziert werden können, weil sonst schon terminologisch keine Rede von einer Anerkennung sein kann.[325]

Dass die Geldleistung tatsächlich angemessen ist, kommt bei wirtschaftlicher Betrachtung nur vordergründig der Kindertagespflegeperson selbst, in erster Linie aber **Kindseltern und Kind zugute**. Je geringer die Geldleistung des Jugendamts ist, desto höher wird nämlich i. d. R. der Betrag sein, der aufgrund des mit der Kindertagespflegeperson geschlossenen Betreuungsvertrags unmittelbar von den Eltern gezahlt werden muss. Denn das **jugendhilferechtliche Dreiecksverhältnis** in der Kindertagespflege ist i. d. R. so ausgestaltet, dass durch das Jugendamt auf Antrag der Sorgeberechtigten eine Förderung des Kindes in Kindertagespflege gewährt wird, aufgrund derer das Jugendamt der Kindertagespflegeperson die laufende Geldleistung schuldet. Die Eltern werden gem. § 90 Abs. 1 Nr. 3 SGB VIII durch Kostenbeiträge an den Aufwendungen

324 JurisPK-SGB VIII/Rixen § 23 Rn. 24.
325 JurisPK-SGB VIII/Rixen § 23 Rn. 26.

des Jugendamts beteiligt.[326] Zwischen Eltern und Kindertagespflegeperson besteht ein zivilrechtlicher Vertrag, der die Eltern ggf. zu einer (weiteren) Geldleistung an die Kindertagespflegeperson verpflichtet.

**Praxishinweis**

Die Intention des Gesetzgebers, dass die Lasten der Kindertagespflege auch für **einkommensschwache Familien** realisierbar sein sollen, kann umso weniger verwirklicht werden, je höher ein zusätzlicher, unmittelbar der Kindertagespflegeperson geschuldeter Betrag ist. Folge kann sein, dass sozial benachteiligte Familien nur weniger attraktive Angebote der Kindertagespflege in Anspruch nehmen können, bei denen die Kindertagespflegepersonen nach den Regeln von Angebot und Nachfrage bereit sind, auf eine höhere Zuzahlung zu verzichten.[327]

Insoweit ist auch eine **Rechtsprechung kritikwürdig**, die teilweise sehr niedrige Anerkennungsbeträge billigt.[328]

### *dd) Betreuungsmöglichkeiten bei Ausfall der Kindertagespflegeperson*

Nach § 23 Abs. 4 S. 2 SGB VIII hat das Jugendamt für Ausfallzeiten der Kindertagespflegeperson rechtzeitig eine **andere Betreuungsmöglichkeit** sicherzustellen.

Hierbei handelt es sich nicht bloß um eine objektive Pflicht; vielmehr besteht ein Anspruch der Leistungsberechtigten, dass das Jugendamt seiner Funktion als **Ausfallbürge**[329] gerecht wird. Dies geschieht in der Praxis zumeist durch das Vorhalten von Bereitschaftspflegestellen.[330]

Auf den **Grund für die Ausfallzeiten** kommt es dabei nicht an. Denkbar sind insoweit v. a. Urlaub oder Krankheit der Kindertagespflegeperson.[331]

---

326 Zu den Kostenbeiträgen s. unter XIX. 1.

327 Umstritten ist, ob das Jugendamt solche Kindertagespflegepersonen vermitteln darf, die eine Zuzahlung verlangen, vgl. dazu VG Mainz, Urt. v. 18.6.2020, 1 K 381/19.MZ = BeckRS 2020, 15309 (grundsätzlich „unerheblich, in welcher Höhe eine Tagespflegeperson […] eine Vergütung verlangt"); Wiesner/Struck SGB VIII § 24 Rn. 22.

328 Vgl. etwa zum Betrag von 2,70 € je Kind und Betreuungsstunde in 2014/15 BVerwG, Urt. v. 25.1.2018, 5 C 18/16 = NVwZ-RR 2018, 529 (529 ff.) = BeckRS 2018, 6384.

329 LPK-SGB VIII/Kaiser SGB VIII § 23 Rn. 27.

330 Vgl. LPK-SGB VIII/Kaiser SGB VIII § 23 Rn. 28.

331 JurisPK-SGB VIII/Rixen § 23 Rn. 32; FK/Lakies/Beckmann SGB VIII § 23 Rn. 46.

**Praxishinweis**

Aus dem Umstand, dass durch § 23 Abs. 4 S. 2 SGB VIII subjektive Rechte begründet werden, folgt zugleich, dass diese nicht weiter gehen können, als der Anspruch auf Förderung in Kindertagespflege selbst. Will heißen: wenn bereits nach Maßgabe des § 24 Abs. 2 SGB VIII kein **Förderungsanspruch** besteht, muss das Jugendamt nicht als Ausfallbürge haften.

## 5. Subjektive Rechte und objektive Pflichten

Hinsichtlich der Förderung von Kindern in Tageseinrichtungen und in Kindertagespflege bestehen aus § 24 SGB VIII zum einen **subjektive, also klagbare Rechte**, zum anderen objektive Pflichten des öffentlichen Trägers der Jugendhilfe. Soweit subjektive Rechte bestehen, kann das Jugendamt nach § 36a Abs. 3 S. 1 SGB VIII analog verpflichtet sein, die Kosten nach einer Selbstbeschaffung zu übernehmen.[332]

### a) Kinder unter einem Jahr

Vor Vollendung des ersten Lebensjahres ist ein Kind gem. § 24 Abs. 1 SGB VIII **nur aus besonderen** kind- oder elternbezogenen **Gründen** in einer Tageseinrichtung oder in Kindertagespflege zu fördern.

**Kindbezogene Gründe** liegen vor, wenn die Leistung für die Entwicklung des Kindes zu einer selbstbestimmten, eigenverantwortlichen und gemeinschaftsfähigen Persönlichkeit geboten ist. Dabei ist zu beachten, dass insoweit kraft ihres Interpretationsprimats die Eltern allein zur Entscheidung berufen sind, was für ihr Kind gut und richtig sein soll. Abgesehen von offenkundig kindeswohlwidrigen Einschätzungen ist ihre Auffassung durch das Jugendamt zu akzeptieren.[333]

---

332 Zu § 36a Abs. 3 S. 1 SGB VIII s. unter VIII. 4., zur analogen Anwendbarkeit auf Rechtsansprüche aus § 24 Abs. 2, 3 SGB VIII vgl. BVerwG, Urt. v. 26.10.2017, 5 C 19/16 = NJW 2018, 1489 (1490) = BeckRS 2017, 140847.

333 JurisPK-SGB VIII/Rixen § 24 Rn. 10.

**Elternbezogene Gründe** liegen vor, wenn die Erziehungsberechtigten

- einer Erwerbstätigkeit nachgehen, eine solche aufnehmen wollen oder arbeitssuchend sind,
- sich in der Schulausbildung, der Hochschulausbildung oder in einer beruflichen Bildungsmaßnahme befinden bzw.
- Leistungen zur Eingliederung in Arbeit i. S. d. SGB II erhalten.

Unter den Begriff der **Erwerbstätigkeit** fällt dabei eine abhängige Beschäftigung ebenso wie eine selbständige gewerbliche oder freiberufliche Tätigkeit. In jedem Fall ist Voraussetzung, dass elternbezogene Gründe bei beiden Erziehungsberechtigten vorliegen, es sei denn, das Kind lebt nur mit dem betreffenden Elternteil zusammen (sog. Alleinerziehende).

Der **Umfang** der täglichen Förderung richtet sich nach dem individuellen Bedarf, so dass bereits für Kinder ab der Geburt ein Ganztagsplatz zu gewähren sein kann.

Allerdings folgt aus § 24 Abs. 1 SGB VIII **kein subjektives Recht** des Kindes, sondern lediglich eine objektiv-rechtliche Verpflichtung des Jugendamts.[334]

### b) Kinder ab einem Jahr

Kinder ab einem Alter von einem Jahr bis zur Vollendung des dritten Lebensjahrs haben gem. § 24 Abs. 2 SGB VIII einen **Anspruch** auf frühkindliche Förderung in einer **Tageseinrichtung** oder in **Kindertagespflege**, der nicht von weiteren Voraussetzungen abhängt.

Dieser Anspruch ist grundsätzlich nicht auf eine bestimmte **Betreuungsform** gerichtet, kann also z. B. durch Nachweis eines Platzes in Kindertagespflege erfüllt werden, unabhängig davon, ob die Eltern eine Tageseinrichtung vorziehen würden.[335]

---

334 So auch Wiesner/Struck SGB VIII § 24 Rn. 7; FK/Lakies/Beckmann SGB VIII § 24 Rn. 25; Hauck/Noftz/Grube SGB VIII § 24 Rn. 11; GK-SGB VIII/Gerstein SGB VIII § 24 Rn. 1; BT-Drs. 16/9299, S. 3; a. A. Mayer VerwArchiv 2013, 344 (353 f.).

335 BVerwG, Urt. V. 26.10.2017, 5 C 19/16 = NJW 2018, 1489 (1492 f.) = BeckRS 2017, 140847; OVG Münster, Beschl. v. 14.08.2013, 12 B 793/13 = NJW 2013, 3803 (3804 f.) = BeckRS 2013, 54285; Schwarz/Lammert ZKJ 2014, 360 (362); Schewe NZFam 2015, 740 (740); Kunkel/Kepert/Pattar-Kaiser, § 24 Rn. 14 f.; a. A. VG Köln v. 23.12.2013, 19 L 1233/13 = BeckRS 2014, 50711; Mayer VerwArch 2013, 344 (358); Rixen NJW 2012, 2839 (2839).

**Praxishinweis**
Wenn allerdings ein bedarfsgerechter Platz in der gewünschten Einrichtung zur Verfügung steht, kann sich der Anspruch aus § 24 Abs. 2 SGB VIII mit Rücksicht auf das **Wunsch- und Wahlrecht** nach § 5 SGB VIII auf den Besuch einer bestimmten Einrichtung „verdichten". Insbesondere erweist es sich dann regelmäßig als rechtswidrig, den gewünschten Platz für Dritte freizuhalten.[336]

Der **Umfang** der täglichen Förderung richtet sich wie bei den Unter-Einjährigen nach dem individuellen Bedarf, so dass ein Ganztagsplatz geschuldet sein kann. Maßgeblich ist insoweit der Betreuungswunsch der Eltern und damit deren subjektive Bewertung des Erziehungsbedarfs.[337] Allerdings ist das nicht so zu verstehen, dass ein erhöhter Bedarf jeder Überprüfung durch die Behörden bzw. Gerichte entzogen wäre und von den Erziehungsberechtigten nach eigenen, an keinerlei objektivierbaren Kriterien orientierten Wünschen definiert werden könnte. Vielmehr muss ein plausibles, kind- oder elternbezogenes Interesse vorliegen.[338] Insbesondere in der frühkindlichen Phase, in der eine Bindung des Kindes an die Eltern von besonderer Bedeutung ist, wird dabei die Betreuung über einen Halbtagsplatz hinaus aus kindbezogenen Gründen nur im Einzelfall erforderlich sein.[339]

Eine **Mindest- oder Höchstbetreuungszeit** sieht das Gesetz nicht vor. Allerdings dürfte eine Betreuung von mehr als 45 Stunden/Woche oder mehr als neun Stunden täglich mit dem Kindeswohl von Kindern unter drei Jahren regelmäßig nicht in Einklang stehen.[340] Auch eine Betreuung in den Nachtstunden wird vor dem Hintergrund des Kindeswohls nur dann in Betracht kommen, wenn es den Eltern aus besonderen Gründen schlechterdings unzumutbar ist, eine Erwerbstätigkeit aufzunehmen, bei der sie das Kind des Nachts selbst betreuen können.[341] Im Zweifelsfall hat das Kindeswohl Vorrang vor den elterlichen Interessen.

Nicht nur hinsichtlich des zeitlichen Umfangs, sondern auch hinsichtlich **Qualität** und der **Entfernung zum Wohnort** muss der vom öffentlichen Träger nachgewiesene bzw. zur Verfügung gestellte Platz zumutbar sein.[342] Dabei geht

336 OVG Lüneburg, Beschl. v. 28.11.2014, 4 ME 221/14 – NJW 2015, 970 (970 f.) = BeckRS 2014, 59754. Zum Wunsch- und Wahlrecht s. o. unter III. 1. h) aa).

337 BVerwG, Urt. v. 23.10.2018, 5 C 15.17 = NVwZ-RR 2019, 326 (328) = BeckRS 2018, 36502.

338 OVG Hamburg, Beschl. v. 28.1.2020, 4 Bs 193/19 = Beck RS 2020, 632 = NZS 2020, 477 m. Anm. Schmidt.

339 Wiesner/Struck SGB VIII § 24 Rn. 26; LPK-SGB VIII/Kaiser SGB VIII § 24 Rn. 17.

340 Vgl. OVG Münster, Beschl. v. 14.8.2013, 12 B 793/13 = NJW 2013, 3803 (3805) = BeckRS 2013, 54285; Wiesner/Struck SGB VIII § 24 Rn. 35.

341 Wiesner/Struck SGB VIII § 24 Rn. 37.

342 Vgl. Wienser/Struck SGB VIII § 24 Rn. 24 f., 38 ff.

die Rechtsprechung i. d. R. von einer zumutbaren Wegstrecke von bis zu 5 km und einem Zeitaufwand von bis zu 30 Minuten (einfache Strecke) mittels öffentlichen oder von den Eltern benutzten Verkehrsmitteln aus.[343] Entscheidend sind aber die Umstände des Einzelfalls. Insbesondere kann nicht verlangt werden, dass in jedem Dorf Tageseinrichtungen bestehen.

**Praxishinweis**

Umstritten ist, ob die **Nichtannahme eines zumutbar erreichbaren Kita-Platzes** auch dann als Verzicht gewertet werden kann, wenn der Betreuungsplatz zwischenzeitlich anderweitig vergeben wurde. Insoweit wird teilweise vertreten, der Träger der öffentlichen Jugendhilfe könne sich nur solange auf die Erfüllung der Nachweispflicht berufen, als der jeweilige Betreuungsplatz tatsächlich zur Verfügung steht und (noch) angenommen werden kann.[344] Diese Auffassung führt freilich dazu, dass zu Unrecht abgelehnte Plätze nicht anderweitig besetzt werden könnten.[345]

### c) Kinder ab drei Jahren

Kinder im Alter von drei Jahren haben bis zum Schuleintritt einen **Anspruch** auf Förderung in einer **Tageseinrichtung**, § 24 Abs. 3 S. 1 SGB VIII. Sie können also weder auf eine Kindertagespflege verwiesen werden, noch haben die Eltern die Möglichkeit, eine Kindertagespflege aus freien Stücken vorzuziehen. Eingeführt wurde der Rechtsanspruch u. a. mit dem Ziel, die Zahl der Schwangerschaftsabbrüche zu verringern und das vorgeburtliche Leben zu schützen.[346]

Über einen Wunsch nach **ergänzender Förderung in Kindertagespflege** ist in Ausübung pflichtgemäßen Ermessens zu entscheiden, wenn z. B. aus beruflichen Gründen weiterer Betreuungsbedarf besteht. Ebenso kann das Kind bei besonderem Bedarf, etwa wegen einer Behinderung, in Kindertagespflege betreut werden, § 24 Abs. 3 S. 3 SGB VIII.

343 Vgl. OVG Lüneburg, Beschl. v. 24.7.2019, 10 ME 154/19 = NJW 2019, 3256 (3257) = BeckRS 2019, 15408; OVG Koblenz, Beschl. v. 15.7.2019, 7 B 10851/19.OVG = NJW 2019, 3800 = BeckRS 2019, 25444; VG Halle, Beschl. v. 6.3.2020, 3 B 175/20 m. w. N. = NZS 2020, 516 m. Anm. Schmidt = BeckRS 2020, 5240.

344 So OVG Bautzen, Urt. v. 22.6.2018, 4 A 1132/17 = LKV 2019, 183 = BeckRS 2018, 26535.

345 VG Halle, Beschl. v. 6.3.2020, 3 B 175/20 m. w. N. = NZS 2020, 516 m. Anm. Schmidt = BeckRS 2020, 5240.

346 Vgl. dazu BeckOGK/Cremer/Wegricht BGB § 311 Rn. 972 m. w. N.

**Praxishinweis**
Teilweise wird darauf hingewiesen, dass jüngere (dreijährige) Kinder in größeren Einrichtungen **überfordert** sein können und daher für Kinder, die bis zur Vollendung des dritten Lebensjahres in Kindertagespflege betreut wurden, auf Wunsch der Sorgeberechtigten „ein gleitender Übergang bzw. Verbleib des Kindes in der Kindertagespflege bis zur Vollendung des vierten Lebensjahres ermöglicht werden" sollte.[347]

Ein **Kuriosum** ist, dass sich der Rechtsanspruch von Kindern ab drei Jahren anders als bei den Kindern ab einem Jahr **nicht auf einen Ganztagsplatz** richten kann. Denn für Kinder ab drei Jahren ist eine Ganztagsbetreuung weit weniger problematisch als für jüngere. Gleichwohl besteht für Kinder ab drei Jahren lediglich eine objektive Rechtspflicht des öffentlichen Jugendhilfeträgers, darauf hinzuwirken, dass ein bedarfsgerechtes Angebot an Ganztagsplätzen zur Verfügung steht, § 24 Abs. 3 S. 2 SGB VIII.[348] Tatsächlich stehen zumeist ausreichend Ganztagsplätze zur Verfügung.

Hinsichtlich **Qualität** und **zumutbarer Entfernung** gilt dasselbe wie für den Anspruch aus § 24 Abs. 2 SGB VIII.[349]

### d) Schulpflichtige Kinder

Für schulpflichtige Kinder sieht das Gesetz **keine Rechtsansprüche** auf Förderung in Tageseinrichtungen oder Kindertagespflege vor.

Allerdings besteht erneut eine **objektiv-rechtliche Verpflichtung**, ein bedarfsgerechtes Angebot in Tageseinrichtungen vorzuhalten, § 24 Abs. 4 SGB VIII.

Der **Umfang** der täglichen Förderung richtet sich wie bei Kindern unter drei Jahren nach dem individuellen Bedarf. Zudem ist entsprechend den Kindern ab drei Jahren bei besonderem Bedarf oder ergänzend eine Förderung in Kindertagespflege möglich.

### e) Anspruchsinhaber

Soweit subjektive Rechte bestehen, handelt es sich zunächst um **Ansprüche des Kindes**.[350]

---

347 Wiesner/Struck SGB VIII § 24 Rn. 64.

348 Vgl. BVerwG, Urt. v. 14.11.2002, 5 C 57/01 = NVwZ-RR 2003, 504 (505) = BeckRS 2003, 21270; VGH Mannheim, Beschl. v. 21.7.2020, VGH 12 S 1545/20 = BeckRS 2020, 19166.

349 Dazu s. o. unter b).

**Praxishinweis**

Obwohl das Kind Anspruchsinhaber ist, werden personensorgeberechtigte Eltern durch § 24 Abs. 2 und 3 SGB VIII geschützt. Entsprechend fällt ein **Verdienstausfallschaden**, den die Eltern dadurch erleiden, dass ihr Kind entgegen den Vorschriften des SGB VIII keinen Betreuungsplatz erhält, in den Schutzbereich der Amtspflicht. Wenn ein Träger der öffentlichen Jugendhilfe trotz rechtzeitiger Anmeldung des Bedarfs keinen Betreuungsplatz zur Verfügung stellt, kann er daher auch für den Verdienstausfallschaden (also den Arbeitslohn, der deshalb nicht realisiert werden konnte, weil Eltern ihr Kind selbst betreuen mussten) schadensersatzpflichtig sein. Anspruchsgrundlage ist Art. 34 GG i. V. m. § 839 Abs. 1 BGB.[351]

### f) Information und Beratung

Nach § 24 Abs. 5 S. 1 SGB VIII ist das Jugendamt bzw. eine von ihm beauftragte Stelle verpflichtet, **Eltern bzw. Elternteile** zu beraten, wenn sie Leistungen von Tageseinrichtungen oder Kindertagespflege gem. § 24 Abs. 1–4 SGB VIII in Anspruch nehmen wollen. Dies umfasst sowohl die Information über verfügbare Plätze im örtlichen Einzugsbereich bzw. die Konzeption der jeweiligen Einrichtungen als auch die Beratung hinsichtlich der konkret-individuellen Auswahlentscheidung.

Soweit das Gesetz von den durch das Jugendamt beauftragten Stellen spricht, wird die Möglichkeit eröffnet, die Beratung über **freie Träger** durchzuführen.

Bei der Information und Beratung handelt es sich um eine **objektive Pflicht** des Jugendamts, nicht aber um ein klagbares Elternrecht.[352]

### g) Landesrechtliche Modifikationen

Durch Landesrecht kann zum einen bestimmt werden, dass die Erziehungsberechtigten den zuständigen Träger der öffentlichen Jugendhilfe oder die von ihnen beauftragte Stelle innerhalb einer bestimmten **Frist** vor der beabsichtig-

350 OVG Koblenz, Urt. v. 28.5.2014, 7 A 10276/14.OVG = NZFam 2014, 1156 (1156) = BeckRS 2014, 53254; FK/Lakies/Beckmann SGB VIII § 24 Rn. 31; JurisPK-SGB VIII/Rixen § 24 Rn. 8; Wiesner/Struck SGB VIII § 24 Rn. 16.

351 So BGH, Urt. V. 20.10.2016, III ZR 278/15 = NJW 2017, 397 (398 ff.) = NZFam 2016, 1173 (1174 ff.) = BeckRS 2016, 19369; a. A. noch OLG Dresden, Urt. v. 26.8.2015, 1 U 319/15 = NZFam 2015, 915 (916 f.) = BeckRS 2015 m. abl. Anm. Hahn LKV 2015, 545 (545 ff.).

352 JurisPK-SGB VIII/Rixen § 24 Rn. 36.

ten Inanspruchnahme einer Förderung in Tageseinrichtungen bzw. Kindertagespflege in Kenntnis setzen müssen, § 24 Abs. 5 S. 2 SGB VIII. Auf diesem Weg kann eine Anmeldefrist eingeführt werden.

**Praxishinweis**

Sofern eine entsprechende Regelung durch unmittelbares Landesrecht nicht besteht, sind Kommunen nicht gehindert, eine solche durch **Satzung** zu treffen.[353] Dies erscheint im Sinne einer Planungssicherheit sinnvoll.

Die satzungsmäßige Festlegung eines „**Kitajahres**", für das die Kinder mindestens sechs Monate vorher zu einem festen Stichtag anzumelden sind, dürfte jedoch ohne entsprechende Ermächtigung durch ein Landesgesetz mit § 24 Abs. 5 S. 2 SGB VIII nicht zu vereinbaren sein.[354]

Ebenso sind weitergehende landesrechtliche Regelungen statthaft, die **Rechtsansprüche über die bundesrechtlichen Vorgaben hinaus** gewähren. Das wird durch § 24 Abs. 6 SGB VIII klargestellt. Ein Beispiel dafür ist § 5 KTagStG RP. Danach haben Kinder von zwei Jahren bis zum Schuleintritt Anspruch auf Erziehung, Bildung und Betreuung im Kindergarten, wobei sich die Verpflichtung auf ein Angebot vor- und nachmittags erstreckt.

353 So zu Recht LPK-SGB VIII/Kaiser SGB VIII § 24 Rn. 40.

354 VGH Mannheim, Beschl. v. 21.7.2020, VGH 12 S 1545/20 = BeckRS 2020, 19166.

# VIII. Hilfe zur Erziehung

Hilfe zur Erziehung wird in § 27 Abs. 1 SGB VIII **legal definiert** als diejenige Hilfe, die gegenüber einem Personensorgeberechtigten bei der Erziehung eines Kindes oder Jugendlichen erbracht wird.

Daraus wird zunächst deutlich, dass anspruchsberechtigt nur die **Personensorgeberechtigten** sind, meist also beide Elternteile gemeinsam, ggf. ein Vormund oder (Ergänzungs-)Pfleger. Auch getrenntlebende Eltern müssen die Leistungen i. d. R. gemeinsam geltend machen.

Will das Kind oder der Jugendliche aus freien Stücken Hilfe zur Erziehung in Anspruch nehmen, setzt das die **Zustimmung der Sorgeberechtigten** voraus, so dass der entsprechende Antrag letztlich auf sie zurückzuführen ist. Die Zustimmung bezieht sich dabei nicht nur auf das „ob" der Hilfe, sondern ebenso auf die konkrete Art der Hilfe.[355]

Zudem kann eine Hilfe nicht aufgezwungen werden. Eine **Pflicht**, Hilfe zur Erziehung in Anspruch zu nehmen, besteht grundsätzlich nicht.

**Praxishinweis**

Allerdings kann eine Kindeswohlgefährdung entfallen, wenn die Eltern Hilfe annehmen, so dass ein **mittelbarer Druck** zur Inanspruchnahme von Hilfe zur Erziehung besteht.[356]

## 1. Anspruchsvoraussetzungen

Auf Hilfe zur Erziehung bestehen **subjektive, also klagbare Rechte**. Ihre Gewährung ist nicht abhängig von einem Ermessen des öffentlichen Trägers der Jugendhilfe, insbesondere nicht von dessen Kassenlage oder Budgets.

Ebenso besteht kein **Beurteilungsspielraum** des Jugendamts, so dass die Entscheidung über eine (Nicht-)Gewährung von Hilfe zur Erziehung der vollen gerichtlichen Kontrolle unterliegt.[357]

355 OVG Bautzen, Urt. v. 2.7.2008, 1 A 90/08 = NJW 2008, 3729 (3729 f.) = BeckRS 2008, 38576; JurisPK-SGB VIII/Nellissen § 27 Rn. 36.

356 Dazu s. o. unter IV. 1. d) bb).

357 OVG Lüneburg, Urt. v. 10.4.2002, 4 LB 53/02 = JAmt 2002, 195 (198) = BeckRS 2002, 21938; BeckOK SozR/Winkler SGB VIII § 27 Rn. 2; Münder ZfJ 1991, 285 (290); FK/Tammen/Trenczek SGB VIII § 27 Rn. 55 ff. m. w. N.; a. A. BVerwG, Urt. v. 24.6.1999, 5

Voraussetzung für einen Anspruch auf Hilfe zur Erziehung ist nach § 27 Abs. 1 SGB VIII, dass eine **Bedarfslage** besteht, also eine dem Wohl des Kindes oder Jugendlichen entsprechende Erziehung nicht gewährleistet ist, und dass die Hilfe für seine Entwicklung **geeignet** und **notwendig** ist.[358]

### a) Bedarfslage

Die Bedarfslage setzt voraus, dass die Sorgeberechtigten nicht in der Lage oder nicht gewillt sind, den erzieherischen Bedarf des Minderjährigen selbst zu decken.[359] Insoweit wird auf das **Kindeswohl** als unbestimmten Rechtsbegriff abgestellt, dem verschiedene Funktionen zukommen und der anhand bestimmter Kriterien und objektiver Entwicklungsstandards zu konkretisieren ist.[360]

Dabei begründet eine Gefährdung des Kindeswohls stets eine Bedarfslage.[361] Allerdings setzen Hilfen zur Erziehung bereits unterhalb dieser Schwelle an. So genügen Faktoren, welche die **Entwicklung des Minderjährigen belasten** und bei ihrer Fortdauer mit hoher Wahrscheinlichkeit zu einer Schädigung führen können (nicht müssen).[362]

Eine Bedarfslage kann sich auf das **körperliche, geistige und seelische Wohlergehen** des Kindes oder Jugendlichen beziehen.

### b) Geeignetheit

Geeignet ist eine Hilfe zur Erziehung, wenn sie den **erzieherischen Bedarf decken** kann.[363]

Wenn aus tatsächlichen Gründen nicht alle Defizite beseitigt werden können, ist diejenige Hilfe bestmöglich geeignet, die dem vorgegebenen **Ziel am nächsten** kommt.

Dabei kann eine Hilfe auch deshalb ausscheiden, weil die Eltern nicht zur **Mitwirkung** bereit sind, wenn die Maßnahme deshalb (prognostisch) ohne

---

C 24/98 = NVwZ 2000, 325 (328) = BeckRS 1999 30064649; JurisPK-SGB VIII/Nellissen § 27 Rn. 83.

358 So auch FK/Tammen/Trenczek SGB VIII § 27 Rn. 10; JurisPK-SGB VIII/Nellissen § 27 Rn. 53, 57; BeckOK SozR/Winkler SGB VIII § 27 Rn. 1; a. A. Wiesner/Schmid-Obkirchner SGB VIII § 27 Rn. 25a; Maas ZfJ 1997, 75 (Geeignetheit und Notwendigkeit nur auf Rechtsfolgenseite zu prüfen).

359 Vgl. JurisPK-SGB VIII/Nellissen § 27 Rn. 39.

360 Palandt/Götz, § 1666 Rn. 7 m. w. N.

361 Dazu s. o. unter IV. 1. a).

362 JurisPK-SGB VIII/Nellissen § 27 Rn. 42.

363 JurisPK-SGB VIII/Nellissen § 27 Rn. 54.

Erfolg bleiben wird.[364] Ebenfalls nicht geeignet ist eine Hilfe zur Erziehung, wenn die Mangellage (nur) mit anderen Leistungen kompensiert werden kann.[365]

Ist eine Hilfe zur Erziehung **ungeeignet**, so kann sie weder vom Jugendamt gewährt noch von den Personensorgeberechtigten in Ausübung ihres Wunsch- und Wahlrechts nach § 5 SGB VIII eingefordert werden.[366]

### c) Notwendigkeit

Notwendig ist eine Hilfe nur dann, wenn der erzieherische Bedarf nicht ebenso gut mit einer **weniger intensiven oder ohne Hilfe** gedeckt werden kann.[367] Deshalb wird eine stationäre oder teilstationäre Hilfeform regelmäßig nicht notwendig sein, wenn prognostisch eine ambulante Hilfe ausreicht. Dies entspricht der Wertung des § 1666a Abs. 1 S. 1 BGB, wonach eine Trennung des Kindes bzw. Jugendlichen von der elterlichen Familie Ultima Ratio sein soll.[368]

Keine Notwendigkeit einer Hilfe zur Erziehung besteht zudem dann, wenn **Dritte** den erzieherischen Bedarf im Einvernehmen mit den Sorgeberechtigten unentgeltlich decken,[369] wobei dieses Einvernehmen stets widerruflich ist, Eltern also eine Hilfe zur Erziehung vorziehen können.

Ebenfalls in Bezug auf Dritte wurde durch § 27 Abs. 2a SGB VIII klargestellt, dass dann, wenn eine Erziehung außerhalb des elterlichen Haushalts erforderlich wird, ein Anspruch auf Hilfe zur Erziehung nicht deshalb entfällt, weil eine **andere unterhaltspflichtige Person** bereit ist, diese Aufgabe zu übernehmen. Vielmehr setzt die Hilfe in diesem Fall voraus, dass der Dritte bereit und in der Lage ist, den Hilfebedarf in Zusammenarbeit mit dem Jugendamt nach Maßgabe der §§ 36, 37 SGB VIII zu decken. Bei den betreffenden Unterhaltspflichtigen handelt es sich zumeist um Großeltern.

Ein **Nebeneinander stationärer und ambulanter Leistungen** kann notwendig sein, um die Möglichkeit einer Rückkehr des Kindes oder Jugendlichen in den elterlichen Haushalt zu fördern. So sind Fallkonstellationen nicht selten, in denen zwar gegenwärtig eine stationäre Hilfe geboten ist, weil ein Verbleib des Minderjährigen im Elternhaus dem Kindeswohl zuwiderliefe, gleichzeitig

364 Vgl. BeckOK SozR/Winkler SGB VIII § 27 Rn. 6.

365 BeckOK SozR/Winkler SGB VIII § 27 Rn. 6.

366 FK/Tammen/Trenczek SGB VIII § 27 Rn. 10.

367 FK/Tammen/Trenczek SGB VIII § 27 Rn. 11; JurisPK-SGB VIII/Nellissen § 27 Rn. 57.

368 Vgl. FK/Tammen/Trenczek SGB VIII § 27 Rn. 20.

369 JurisPK-SGB VIII/Nellissen § 27 Rn. 58.

aber ambulant mit den Eltern gearbeitet werden muss, damit diese künftig wieder Erziehungsfunktionen übernehmen können.[370]

---

**Praxishinweis**

Die Eignung grenzt Art und Umfang der zu gewährenden Hilfe „**nach unten**“ ab, die Notwendigkeit „**nach oben**“. Das Jugendamt schuldet die Hilfe, die geeignet und notwendig ist, nicht mehr, aber auch nicht weniger. Finanzielle Gesichtspunkte sind dabei irrelevant.[371]

So ist eine ambulante Form der Hilfe zur Erziehung auch dann zu erbringen, wenn diese in der konkret erforderlichen Ausprägung **kostenintensiver** ist als eine andere Form der stationären Hilfe. Das kann z. B. bei intensiven Formen der Sozialpädagogischen Familienhilfe nach § 31 SGB VIII der Fall sein.

---

## d) Antragstellung

Eine Voraussetzung der Gewährung von Hilfe zur Erziehung, die sich aus dem Gesetz nicht ergibt, soll nach der **Rechtsprechung** die **vorherige Antragstellung sein**.[372]

Die **Literatur** geht überwiegend davon aus, dass ein Antrag nicht erforderlich sei, es aber einer „eindeutigen Willensbekundung“ der Personensorgeberechtigten bedürfe, Hilfe zur Erziehung in Anspruch zu nehmen.[373]

---

**Praxishinweis**

Die **praktischen Auswirkungen** dieses Meinungsstreits sind gering. Denn „so oder so“ fordert das Gesetz nicht, dass der Antrag schriftlich oder gar auf einem Formular des Jugendamts gestellt wird. Die Personensorgeberechtigten können den Antrag also mündlich, z. B. im Rahmen einer familiengerichtlichen Verhandlung, oder konkludent, also durch schlüssiges Verhalten stellen, indem sie zu erkennen geben, eine Hilfe zu wünschen.[374]

---

370 Vgl. etwa zur Kombination von Vollzeitpflege und Sozialpädagogischer Familienhilfe JurisPK-SGB VIII/v. Koppenfels-Spies § 37 Rn. 19.

371 JurisPK-SGB VIII/Nellissen § 27 Rn. 79; ebenso bereits der Gesetzentwurf (BT-Drs. 11/5948, S. 69).

372 BVerwG, Urt. v. 21.6.2001, 5 C 6/00 = NJW 2002, 232 (233) = BeckRS 2001, 30188003.

373 So Wiesner/Schmid-Obkirchner SGB VIII § 27 Rn. 26; FK/Tammen/Trenczek SGB VIII § 27 Rn. 44.

374 So auch GK-SGB VIII/Häbel SGB VIII § 27 Rn. 98 m. w. N.

Steht den Eltern, wie es der Regelfall ist, die elterliche Sorge gemeinsam zu, so muss ein Antrag bzw. eine Willensbekundung **von beiden Elternteilen** vorliegen, und zwar selbst dann, wenn diese getrennt leben und die Hilfe faktisch nur im Haushalt eines Elternteils gewährt werden soll.[375]

**Praxishinweis**

In keinem Fall führt das Erfordernis eines Antrags bzw. einer (sonst) eindeutigen Willensbekundung dazu, dass sich das Jugendamt bei einem erzieherischen Bedarf zurücklehnen und auf ein Tätigwerden der Eltern warten dürfte. Vielmehr ist in solchen Fällen geboten, dass sich das Jugendamt von sich aus an die Personensorgeberechtigten wendet und diese **proaktiv** für die Inanspruchnahme von Hilfe zu gewinnen sucht.[376]

Entsprechend ist es zuvörderst Sache des Jugendhilfeträgers, Hindernisse einer notwendigen Leistungsgewährung wie die mangelnde Mitwirkung von Eltern oder Jugendlichen auszuräumen und **auf die Bereitschaft zur Hilfeannahme hinzuwirken.**[377]

## 2. Formen der Hilfegewährung

Hilfe zur Erziehung wird gem. § 27 Abs. 2 S. 1 SGB VIII **insbesondere nach Maßgabe der §§ 28–35 SGB VIII** gewährt. In der Rechtssprache bedeutet „insbesondere" dabei so viel wie „vor allem, aber nicht nur".

Die in den §§ 28 ff. SGB VIII vertypten Hilfeformen sind daher sog. **Regelbeispiele**. Die meisten in der Praxis gewährten Hilfen werden sich darunter subsumieren lassen. Daneben sind andere Hilfeformen möglich, die nicht ausdrücklich vom Gesetz vorgesehen werden, dem Einzelfall aber besser gerecht werden (sog. flexible Hilfe).

Durch § 27 Abs. 2 S. 2 Hs. 1 SGB VIII wird klargestellt, dass sich Art und Umfang der Hilfegewährung nach dem erzieherischen **Bedarf im Einzelfall** richten, also danach, welche Hilfe einerseits geeignet und andererseits notwendig ist. Nichts anderes ergibt sich aus § 27 Abs. 3 S. 3 SGB VIII, wonach die in Schule oder Hochschule als Hilfe zur Erziehung erforderliche Anleitung oder Begleitung als Gruppenangebot erbracht werden kann, soweit dies dem Bedarf im jeweiligen Einzelfall entspricht.

375 Entsprechend können nur beide Eltern gemeinsam Hilfe zur Erziehung gerichtlich geltend machen, vgl. VG Augsburg, Urt. v. 25.7.2018, Au 3 K 15.1892 = BeckRS 2018, 16987.

376 FK/Tammen/Trenczek SGB VIII § 27 Rn. 44.

377 VG Saarlouis, Urt. v. 30.10.2020, 3 K 2175/18 = BeckRS 2020, 31012.

Nach § 27 Abs. 2 S. 3 SGB VIII können verschiedene Hilfearten **kombiniert** werden. Ebenso kann Hilfe zur Erziehung gem. § 27 Abs. 3 S. 2 SGB VIII mit allen anderen Leistungen der Kinder- und Jugendhilfe verbunden werden.

**Praxishinweis**

Zusammengefasst bedeutet das, dass bei jedem erzieherischen Defizit eine **passgenaue Hilfe** erbracht werden kann. Es besteht keine Bindung an die vertypten Hilfeformen der §§ 28 ff. SGB VIII. Diese können untereinander, aber auch mit flexiblen (unvertypten) Hilfeformen und mit anderen Leistungen (z. B. Jugendsozialarbeit, Tagesbetreuung oder Eingliederungshilfe) kombiniert werden. Genau genommen besteht hierzu sogar eine Pflicht des Jugendamts. Denn die Leistungsberechtigten haben einen Anspruch auf eine optimal geeignete und notwendige Leistung.

Demgegenüber können **finanzielle Gesichtspunkte** keine Rolle spielen.[378] Auch wäre es rechtswidrig, nur deshalb eine (teil-)stationäre statt einer intensiven ambulanten Leistung zu gewähren, weil nicht ausreichend Fachkräfte zur Verfügung stehen. Denn die öffentliche Jugendhilfe trifft insoweit eine Gewährleistungspflicht.

Bei der Auswahl der Hilfeart muss berücksichtigt werden, dass gem. § 27 Abs. 2 S. 2 Hs. 2 SGB VIII, das **engere soziale Umfeld** des Kindes bzw. Jugendlichen einbezogen werden soll. Damit wird dem Gedanken der Lebensweltorientierung Rechnung getragen. Dies schließt neben Bezugspersonen des Kindes bzw. Jugendlichen eine Berücksichtigung der individuellen Situation mit all ihren Bezügen und der individuellen Biographie ein. Zudem wird das Ziel, soziale Bezüge so wenig wie möglich zu beeinträchtigen, im Falle der Fremdunterbringung nur mit einer Hilfe am bisherigen Wohnort oder jedenfalls in dessen unmittelbarer Nähe zu erreichen sein.[379] Hat das Kind bzw. der Jugendliche Geschwister, so ergibt sich die Berücksichtigung der Geschwisterbeziehung auch aus § 36 Abs. 2 S. 3 SGB VIII.

Einschränkungen bestehen hinsichtlich **Auslandsmaßnahmen**, die gem. § 38 SGB VIII nur subsidiär erbracht werden dürfen. Voraussetzung ist zunächst, dass die Auslandsmaßnahme nach Maßgabe der Hilfeplanung zur Erreichung des Hilfeziels im Einzelfall erforderlich ist. Zudem sind Vorschriften des Europarechts bzw. des Haager KSÜ sowie des Aufenthaltsrechts des aufnehmenden Staates und spezifische Anforderungen an den Leistungserbringer zu prüfen.

Neben der Gewährung **pädagogischer** bzw. damit verbundener **therapeutischer Leistungen**, die bei Hilfe zur Erziehung im Vordergrund stehen, sollen nach § 27 Abs. 3 S. 2 SGB VIII bei Bedarf sozialpädagogisch begleitete **Ausbil-**

378 Dazu s. o. unter 1. c).

379 BT-Drs. 11/6576, S. 17, 85 ff., Wiesner/Schmid-Obkirchner SGB VIII § 27 Rn. 59 f.

**dungs- und Beschäftigungsmaßnahmen** i. S. d. § 13 Abs. 2 SGB VIII[380] erbracht werden.

Für **stationäre Hilfeformen** gilt § 27 Abs. 4 SGB VIII. Danach umfasst die Hilfe zur Erziehung in Fällen, in denen ein Kind oder eine Jugendliche während der Maßnahme selbst Mutter eines Kindes wird, auch die Unterstützung bei Pflege und Erziehung dieses Kindes. Insoweit wird von einer „**Dreigenerationenhilfe**" gesprochen.[381]

### a) Regelbeispiele

Die Regelbeispiele der §§ 28 ff. SGB VIII sind nach ihrer **pädagogischen Intensität** geordnet.[382]

So stehen **ambulante** Hilfen (Erziehungsberatung, soziale Gruppenarbeit, Erziehungsbeistandschaft bzw. Betreuungshilfe und sozialpädagogische Familienhilfe) vor der als **teilstationär** bezeichneten Erziehung in einer Tagesgruppe. Es folgen **stationäre** Hilfeformen (Vollzeitpflege und Heimerziehung bzw. sonstige betreute Wohnform). Ganz am Schluss steht wieder eine ggf. ambulante Hilfeform: die intensive sozialpädagogische Einzelbetreuung.

Die gesetzliche Reihenfolge der vertypten Hilfeformen kann zugleich Anhaltspunkt bei der Prüfung ihrer **Notwendigkeit** sein: Lässt sich ein Bedarf ebenso gut durch eine Hilfe geringerer Intensität decken, besteht auf eine weitergehende Hilfeform i. d. R. kein Anspruch. Eine Einschränkung besteht insoweit für ambulante Formen der intensiven sozialpädagogischen Einzelbetreuung, die systematisch hinter der sozialpädagogischen Familienhilfe (§ 31 SGB VIII) anzuordnen wäre.

#### *aa) Ambulante Hilfeformen*

Die ambulanten Hilfeformen haben gemeinsam, dass sie nicht mit einer anderweiten Unterbringung des Minderjährigen verbunden sind, das Kind oder der Jugendliche also **im elterlichen Haushalt** verbleibt und dort versorgt wird.

Hinsichtlich der ambulanten Hilfeformen sieht § 91 SGB VIII keine Erhebung von Kostenbeiträgen vor. Die Leistungen sind für die Minderjährigen und ihre Eltern also **stets kostenfrei**.

---

380 Dazu s. o. unter V. 3.

381 LPK-SGB VIII/Kunkel/Kepert SGB VIII § 27 Rn. 38.

382 FK/Tammen/Trenczek SGB VIII § 27 Rn. 20.

**Praxishinweis**

Es bietet sich an, Eltern hierauf **hinzuweisen**, wenn versucht wird, diese für eine ambulante Form der Hilfe zur Erziehung zu gewinnen.

### *(1) Erziehungsberatung*

Die Erziehungsberatung findet nach § 28 S. 1 SGB VIII in eigens eingerichteten **Erziehungsberatungsstellen** sowie durch andere Beratungsdienste und -einrichtungen statt.

Sie soll Minderjährige, ihre Eltern und andere Erziehungsberechtigte bei der Klärung und Bewältigung **individueller und familienbezogener Probleme** und der zugrundeliegenden Faktoren, bei der Lösung von Erziehungsfragen sowie bei Trennung und Scheidung unterstützen. Daraus ergibt sich aber keine Erweiterung des anspruchsberechtigten Personenkreises.

Gegenstand der Erziehungsberatung können vergleichsweise **alltägliche Fragen** wie die Höhe des Taschengeldes oder der Umfang des Fernsehkonsums ebenso wie **massive Verhaltensauffälligkeiten** von Minderjährigen und komplexe Problemlagen sein.[383]

Seit ihren Anfängen werden im Rahmen der Erziehungsberatung aber auch **therapeutische Dienstleistungen** gewährt, bei der Beratung und Therapie ineinander übergehen.[384]

Kennzeichnend für die Arbeit in Erziehungsberatungsstellen ist ein **multidisziplinäres Team**. So sollen nach § 28 S. 2 SGB VIII Fachkräfte verschiedener Fachrichtungen zusammenarbeiten, die mit unterschiedlichen methodischen Ansätzen vertraut sind. Hierzu können neben Psychologen, Pädagogen und Sozialarbeitern auch Ärzte, Logopäden oder Heilpädagogen gehören. Das setzt freilich eine hinreichende personelle Ausstattung voraus, die in der Praxis nicht immer gegeben ist.

Von der Jugendberatung nach § 11 Abs. 1, 3 Nr. 6 SGB VIII, der Beratung in allgemeinen Fragen der Erziehung und Entwicklung nach § 16 Abs. 2 S. 1 Nr. 2 SGB VIII, der Beratung in Fragen der Partnerschaft, Trennung und Scheidung nach § 17 Abs. 1 SGB VIII sowie der Beratung und Unterstützung bei Ausübung der Personensorge bzw. des Umgangsrechts nach § 18 Abs. 1, 3 SGB VIII unterscheidet sich die Erziehungsberatung dadurch, dass es sich um eine Hilfe zur Erziehung gem. § 27 Abs. 1 SGB VIII handelt, Voraussetzung also eine **konkrete Bedarfslage** ist.[385] Auch die Beratung von Kindern und

383 JurisPK-SGB VIII/Nellissen § 28 Rn. 35 ff.

384 Vgl. dazu ausführlich Wiesner/Schmid-Obkirchner SGB VIII § 28 Rn. 16 ff.; JurisPK-SGB VIII/Nellissen § 28 Rn. 38 f.

385 MüKo BGB/Tillmanns SGB VIII § 28 Rn. 2.

Jugendlichen in Not- und Konfliktsituationen nach § 8 Abs. 3 SGB VIII ist von der Erziehungsberatung zu unterscheiden. Denn jene wird eben nicht wie Hilfe zur Erziehung den Personensorgeberechtigten gewährt.[386]

**Praxishinweis**

Trotz der normativ unterschiedlichen Regelungen, die den Ratsuchenden i. d. R. nicht bekannt sind, findet in Erziehungsberatungsstellen meist auch Beratung i. S. d. anderen o. g. Vorschriften statt. So kann ein **niedrigschwelliger Zugang zu verschiedenen Beratungsleistungen** aus einer Hand geschaffen werden. Den Klienten wird in den meisten Fällen nicht einmal bewusst sein, auf welcher (rechtlichen) Grundlage die Beratung erfolgt.[387]

Freie, zumal kirchliche Träger bieten in den Beratungsstellen oft auch allgemeine Ehe- und Lebensberatung an, unabhängig davon, ob Kinder im Haushalt der Beratungssuchenden leben.

*(2) Soziale Gruppenarbeit*

Soziale Gruppenarbeit soll nach § 29 SGB VIII bei der Überwindung von Entwicklungsschwierigkeiten und Verhaltensproblemen helfen, indem die Entwicklung älterer Kinder und Jugendlicher durch soziales Lernen in der Gruppe auf der Grundlage eines **gruppenpädagogischen Konzepts** gefördert wird.

Entsprechend dem gruppenpädagogischen Ansatz ist der Begriff der älteren Kinder bzw. Jugendlichen so auszulegen, dass diese bereits über die erforderliche **Urteils- bzw. Einsichtsfähigkeit** verfügen müssen. Das ist grundsätzlich ab einem Alter von etwa zehn bis zwölf Jahren der Fall, ggf. aber auch schon früher, wenn das Kind bereits das eigene Verhalten reflektieren und daraus Folgerungen für die Zukunft ziehen kann.[388]

Unter **Entwicklungsschwierigkeiten** bzw. **Verhaltensproblemen** ist z. B. delinquentes oder sonst aggressives Verhalten zu verstehen.[389] Allerdings sind auch andere Problemlagen wie Schulverweigerung oder Kontaktschwierigkeiten erfasst.

Die soziale Gruppenarbeit ist regelmäßig auf einen **längeren Zeitraum** angelegt.

386 JurisPK-SGB VIII/Nellissen § 28 Rn. 64.

387 Zur unmittelbaren Inanspruchnahme gem. § 36a Abs. 2 SGB VIII s. auch unter 4.

388 JurisPK-SGB VIII/Nellissen § 29 Rn. 16.

389 JurisPK-SGB VIII/Nellissen § 29 Rn. 16; LPK-SGB VIII/Kunkel/Kepert SGB VIII § 29 Rn. 1.

**Praxishinweis**
Häufig kann es sinnvoll sein, eine **soziale Gruppenarbeit** mit einer **Erziehungsbeistandschaft** zu **verbinden.** So findet gleichsam ein „Einzel- und Gruppencoaching“ statt.

#### *(3) Erziehungsbeistandschaft und Betreuungshilfe*

Erziehungsbeistände und Betreuungshelfer sollen Minderjährige nach § 30 SGB VIII bei der Bewältigung von **Entwicklungsproblemen** möglichst unter Einbeziehung des sozialen Umfelds unterstützen und unter Erhaltung des Lebensbezugs zur Familie ihre Verselbständigung fördern.

Während es sich bei der **Erziehungsbeistandschaft** um eine typische Hilfe zur Erziehung handelt, die gem. § 27 Abs. 1 SGB VIII gewährt wird, handelt es sich bei der **Betreuungshilfe** nahezu ausschließlich[390] um eine Sanktionsform des Jugendstrafrechts.

**Exkurs:** So kann der Jugendrichter Jugendlichen und Heranwachsenden in Jugendstrafverfahren nach § 10 Abs. 1 S. 3 Nr. 5 JGG als Erziehungsmaßregel die Weisung auferlegen, sich der Betreuung und Aufsicht einer bestimmten Person als Betreuungshelfer zu unterstellen. Jugendlichen (nicht Heranwachsenden) kann gem. § 12 Nr. 1 JGG zudem eine Erziehungsbeistandschaft auferlegt werden.[391]

Dabei sind bei einem Vorgehen nach § 12 JGG förmliche Zwangsmittel nicht vorgesehen, während nach § 11 Abs. 3 JGG Jugendarrest verhängt werden kann, wenn der Verurteilte einer Weisung nach § 10 Abs. 1 S. 3 Nr. 5 JGG nicht nachkommt.[392]

Erziehungsbeistandschaft bzw. Betreuungshilfe sind **intensive Hilfeformen**, die sich zum einen an die Kinder bzw. Jugendlichen, zum anderen aber auch an die Personensorgeberechtigten richten. So sollen beim Minderjährigen Verhaltensänderungen bewirkt werden, die sich nicht bloß auf das Elternhaus, sondern ebenso auf das Sozialverhalten i. Ü., z. B. in der Schule beziehen können, während mit der Elternarbeit eine Herstellung tragfähiger Familienbeziehungen bezweckt wird. Ziel der Maßnahme kann z. B. sein, eine Fremdunterbringung zu vermeiden, eine Anschlussperspektive nach einem längeren Aufenthalt in

390 Vgl. JurisPK-SGB VIII/Nellissen § 30 Rn. 38 m. w. N.

391 Zu den sich daraus ergebenden Fragestellungen in Bezug auf eine Anordnungskompetenz des Jugendrichters gegenüber dem Jugendamt und zu den kostenrechtlichen Folgen vgl. Lobinger, S. 1 ff.

392 Dazu vgl. Eisenberg/Kölbel JGG § 10 Rn. 22.

einer Psychiatrie zu erarbeiten oder strukturellen Risiken entgegenzuwirken, etwa bei psychisch kranken Eltern.[393]

Dafür müssen die Kinder bzw. Jugendlichen ein Alter erreicht haben, in dem sie das eigene Verhalten kritisch reflektieren können. Entsprechend wird die Hilfe in den meisten Fällen erst bei Kindern bzw. Jugendlichen ab einem Alter von **etwa 12 Jahren** gewährt.[394]

Methodisch schließt die Erziehungsbeistandschaft Einzelarbeit, gruppen- und freizeitpädagogische Angebote sowie Familienberatung ein.[395] Der Erziehungsbeistand soll **mehrfach wöchentlich** mit dem Kind oder Jugendlichen in Kontakt treten. Das setzt voraus, dass er über ein hinreichendes Zeitbudget verfügt[396] und für seine (anspruchsvolle) Aufgabe hinreichend kompetent ist. Vor diesem Hintergrund erscheint der Einsatz angelernter Hilfskräfte (z. B. Praktikanten) unverantwortlich.[397] Gleiches gilt für Ehrenamtliche ohne professionellen Hintergrund.[398]

Die **Dauer** der Erziehungsbeistandschaft beträgt durchschnittlich 14 Monate, wobei im Fall eines entsprechenden Bedarfs eine längere Dauer unschädlich ist.[399]

#### *(4) Sozialpädagogische Familienhilfe*

Die sozialpädagogische Familienhilfe soll Familien nach § 31 S. 1 SGB VIII durch intensive **Betreuung und Begleitung** in ihren Erziehungsaufgaben, bei der Bewältigung von Alltagsproblemen, bei der Lösung von Konflikten und Krisen sowie im Kontakt mit Ämtern und Institutionen unterstützen und Hilfe zur Selbsthilfe geben.

Durch die Bezugnahme auf die Familie als solche, nicht auf (einzelne) betroffene Kinder oder die Eltern als Sorgeberechtigte, wird der systemische Ansatz deutlich: Die **Familie insgesamt** steht **im Mittelpunkt** der Maßnahme.[400] Dabei können nicht nur minder- und volljährige Geschwister, sondern ebenso Großeltern und andere Verwandte einbezogen werden, die einen Bezug zur Kernfamilie haben und mit dieser ggf. sogar unter einem Dach leben.

---

393 Wiesner/Schmid-Obkirchner SGB VIII § 30 Rn. 7.

394 Vgl. JurisPK-SGB VIII/Nellissen, § 30 Rn. 21.

395 Wiesner/Schmid-Obkirchner SGB VIII § 30 Rn. 8.

396 So auch Wiesner/Schmid-Obkirchner SGB VIII § 30 Rn. 10 unter Verweis darauf, dass nach den Empfehlungen der KGSt durchschnittlich 25 Jugendliche zu betreuen sind, was aus fachlicher Sicht schwierig sei.

397 Wiesner/Schmid-Obkirchner SGB VIII § 30 Rn. 11.

398 Vgl. JurisPK-SGB VIII/Nellissen § 30 Rn. 24 u. 42.

399 JurisPK-SGB VIII/Nellissen § 30 Rn. 26.

400 Wiesner/Schmid-Obkirchner SGB VIII § 31 Rn. 1; JurisPK-SGB VIII/Nellissen § 31 Rn. 14.

Ziel ist die Stärkung, Wiederherstellung und Sicherung der familiären **Erziehungsfähigkeit.**[401] So kann eine sozialpädagogische Familienhilfe dazu dienen, eine sonst prognostisch erforderliche Fremdunterbringung entbehrlich zu machen.

Dabei ergibt sich aus § 31 S. 1 SGB VIII, dass die **Problemlagen**, die zur Einrichtung einer sozialpädagogischen Familienhilfe führen können, vielfältig sind.

So kommt die Hilfeform in Betracht bei **„heillos überforderten"** Eltern, die nicht imstande sind, ihr Kind angemessen zu versorgen, für den Schulbesuch zu sorgen oder gar die wirtschaftlichen Grundlagen der Familie durch Erwerbstätigkeit bzw. Beantragung von Grundsicherungsleistungen zu sichern. Häufig liegen multiple Problemlagen vor mit niedrigem Bildungsniveau, Verschuldung und schwierigen Wohnverhältnissen.[402]

Die Bezugnahme auf die Lösung von **Konflikten und Krisen** zeigt, dass Adressaten auch Familien sein können, in denen die Eltern zwar jeder für sich erziehungsgeeignet sind, eine Bedarfslage sich aber aus (massiven) Spannungen auf Eltern- oder Paarebene ergibt.

In allen Konstellationen handelt es sich um eine **intensive Hilfeform**, die, wie das Gesetz in § 31 S. 2 SGB VIII ausdrücklich klarstellt, i. d. R. auf **längere Dauer** angelegt ist. Entsprechend hält sich der Familienhelfer häufig, nach den Umständen des Einzelfalls ggf. sogar ständig in der Familie auf. Das Zeitbudget beträgt meist zwischen fünf und 20 Wochenstunden, die Dauer der Maßnahme i. d. R. ein bis zwei Jahre, soweit erforderlich aber auch länger.

**Praxishinweis**

Einige Jugendämter gewähren die sozialpädagogische Familienhilfe für höchstens zwei Jahre oder im Umfang von maximal 15 bis 20 Wochenstunden. Beides findet im Gesetz keine Stütze und ist daher rechtswidrig. **Maßgeblich ist allein der Bedarf im Einzelfall!**

Der Erfolg der Sozialpädagogischen Familienhilfe ist zum einen von der **Qualifikation der eingesetzten Fachkräfte**, zum anderen (und damit im Zusammenhang) aber auch von der Kooperation der Familie, vor allem der Eltern abhängig. Denn nicht selten ist eine der schwierigsten Aufgaben des Familienhelfers, das Vertrauen der Familie zu gewinnen und diese über eine formale Antragstellung hinaus zur echten Mitarbeit zu bewegen. Das gilt v. a. dann,

401 JurisPK-SGB VIII/Nellissen § 31 Rn. 18; Wiesner/Schmid-Obkirchner SGB VIII § 31 Rn. 6.
402 JurisPK-SGB VIII/Nellissen § 31 Rn. 15; Wiesner/Schmid-Obkirchner SGB VIII § 31 Rn. 7.

wenn die Hilfe auf Druck von Jugendamt oder Familiengericht eingerichtet wurde.

Als Familienhelfer kommen **Sozialarbeiter, Diplompädagogen** und Erzieher mit Zusatzqualifikation in Betracht, die sich im erforderlichen Umfang fortbilden und mit anderen Fachkräften unter Einschluss der Supervision austauschen können.[403]

Eine Unterform der sozialpädagogischen Familienhilfe sind sog. **Clearingmaßnahmen**. Diese sind auf einige Wochen oder wenige Monate befristet und werden eingesetzt, wenn erst im Rahmen einer intensiven Hilfe ein künftiger Maßnahmebedarf geklärt werden kann. Gleichwohl gehen sie über eine erweiterte Hilfeplanung hinaus und dienen bereits der Erarbeitung tragfähiger Lösungen.

**Praxishinweis**
Nebeneffekt der sozialpädagogischen Familienhilfe kann sein, dass durch die Präsenz des Familienhelfers eine **kontinuierliche Einschätzung** von Anhaltspunkten für eine **Gefährdung des Kindeswohls** i. S. d. § 8a Abs. 1, 4 SGB VIII möglich ist.

### *(5) Intensive sozialpädagogische Einzelbetreuung*

Eine intensive sozialpädagogische Einzelbetreuung soll nach § 35 SGB VIII Jugendlichen gewährt werden, die dieser Form der Unterstützung zu ihrer **sozialen Integration** und zu einer **eigenverantwortlichen Lebensführung** bedürfen.

Sie soll den **individuellen Bedürfnissen** der Jugendlichen Rechnung tragen und ist i. d. R. auf längere Zeit angelegt. Gewährt werden kann die intensive sozialpädagogische Einzelbetreuung als ambulante Hilfeform, bei welcher der Jugendliche (zunächst) in seinem bisherigen Umfeld verbleibt, und als stationäre Hilfeform, bei der durch den Träger der Maßnahme eine Unterkunft zur Verfügung gestellt wird.[404]

---

403 LPK-SGB VIII/Frings/Kunkel SGB VIII § 31 Rn. 18 ff.; JurisPK-SGB VIII/Nellissen § 30 Rn. 29; Wiesner/Schmid-Obkirchner SGB VIII § 31 Rn. 19 f.

404 Auch außerhalb des Elternhauses ist eine ambulante intensive sozialpädagogische Einzelbetreuung kostenfrei. Insoweit ist § 91 Abs. 1 Nr. 5 c) SGB VIII missverständlich. Denn § 91 Abs. 1 umfasst insgesamt nur vorläufige und vollstationäre Maßnahmen. Zum Begriff der vollstationären Maßnahme s. unter bb).

**Praxishinweis**

Dabei kann die Hilfe auch ambulant gewährt werden, wenn der Betroffene (noch) nicht bereit ist, eine ihm **angebotene Wohnung anzunehmen**, und zu einem späteren Zeitpunkt in eine stationäre Hilfe übergehen.

Zielgruppe der intensiven sozialpädagogischen Einzelhilfe sind nach dem Gesetzeswortlaut **Jugendliche**, also vierzehn- bis siebzehnjährige (§ 7 Abs. 1 Nr. 2 SGB VIII). Ob die Hilfe bei einer entsprechenden Bedarfslage in analoger Anwendung von § 35 S. 1 SGB VIII **Kindern** gewährt werden kann (z. B. Straßenkindern), ist strittig, dürfte aber der Zielsetzung der §§ 27 ff. SGB VIII entsprechen, auf den Einzelfall zugeschnittene Angebote zu schaffen.[405]

Einer Unterstützung in Form der intensiven sozialpädagogischen Einzelbetreuung bedürfen z. B. junge Menschen aus dem **Drogen-, Prostituierten- und Obdachlosenmilieu.**[406] Gemeinsam haben diese, dass „sie sich den alterstypischen Sozialisationsinstanzen (Familie, Schule, Ausbildungs- und Berufswelt) weitgehend entzogen haben und ausgegrenzt am Rande der Gesellschaft leben".[407]

Geleistet wird die Hilfe von Sozialarbeitern und Sozialpädagogen, ggf. mit milieutypischer Erfahrung. Charakteristisch ist eine **persönliche Beziehung** zwischen Fachkraft und jungen Menschen. So lässt sich die intensive sozialpädagogische Einzelbetreuung in stationärer Form von der Heimerziehung bzw. sonstigen betreuten Wohnform nach § 34 SGB VIII abgrenzen, bei der dem Jugendlichen mehrere Fachkräfte gegenüberstehen.[408]

Vom **Umfang** her kann die Hilfe so ausgestaltet werden, dass eine in Vollzeit beschäftigte Fachkraft für nur zwei Betroffene zuständig und rund um die Uhr erreichbar ist.[409]

**Praxishinweis**

Als Fachkräfte haben Sie sich insoweit gegen Sparbemühungen der Verwaltung durchzusetzen. Maßgeblich für den Umfang der gewährten Hilfe ist – wie bei allen Formen der Hilfe zur Erziehung – der Bedarf im Einzelfall, nicht die Kassenlage des Jugendamtes. Bedenken Sie dabei, dass die Hilfe für die Betroffenen oft die **„letzte Chance"** ist, zurück in die Gesellschaft zu finden.

---

405 So auch LPK-SGB VIII/Nonninger SGB VIII § 35 Rn. 8; a. A. Mrozynski SGB VIII § 35 Rn. 1; JurisPK-SGB VIII/Nellissen § 35 Rn. 11.

406 BT-Drs. 11/5948, S. 72.

407 LPK-SGB VIII/Nonninger SGB VIII § 35 Rn. 12.

408 Wiesner/Schmid-Obkirchner SGB VIII § 35 Rn. 12.

409 Wiesner/Schmid-Obkirchner SGB VIII § 35 Rn. 11; JurisPK-SGB VIII/Nellissen § 35 Rn. 24.

Inhaltlich ist die Hilfe **ganzheitlich** orientiert. Häufig geht es in einem ersten Schritt darum, den jungen Menschen aus seinem bisherigen Umfeld zu lösen. Das schließt eine sinnvolle **Freizeitgestaltung** ebenso ein wie Unterstützung im Umgang mit Behörden, also z. B. bei der Beantragung von **Sozialleistungen**. Die **Wohnsituation** kann geklärt werden, indem der Betreuer mit dem Klienten nach Wohnraum sucht. In Fällen von Überschuldung kann eine Schuldnerberatung, bei Substanzmissbrauch eine **Drogenberatung** aufgesucht werden. Auch bei der Haushaltsführung kann geholfen werden, freilich immer mit dem Ziel künftiger Eigenverantwortung.[410]

### *bb) Teil- und vollstationäre Hilfeformen*

Gegenüber den ambulanten Hilfen weisen teil- und vollstationäre Hilfeformen Besonderheiten auf. Diese tragen dem Umstand Rechnung, dass eine Fremdunterbringung des Kindes bzw. Jugendlichen nicht dazu führt, dass die **Elternschaft** bzw. die damit verbundenen Rechte enden. Das gilt für das grundrechtlich geschützte Elternrecht aus Art. 6 Abs. 2 S. 1 GG ebenso wie für die elterliche Sorge und das Umgangsrecht der Eltern aus §§ 1626 ff., 1684 BGB.

Kennzeichnend für **vollstationäre Hilfeformen ist**, dass diese über Tag und Nacht außerhalb des Elternhauses erbracht werden und deshalb die Notwendigkeit der Gewährung von Unterkunft besteht.[411] Demgegenüber hält sich das Kind oder der Jugendliche bei **teilstationären Hilfeformen** nicht durchgehend, sondern nur für bestimmte Zeiträume (i. d. R. tagsüber) in der Einrichtung auf. Dort wird er betreut und versorgt, kehrt danach aber in sein Elternhaus zurück.[412]

Nach § 37 Abs. 1 SGB VIII haben Eltern bei der Gewährung von Hilfen gem. §§ 32–34 SGB VIII[413] einen Anspruch gegen das Jugendamt auf **Beratung und Unterstützung** und auf **Förderung der Eltern-Kind-Beziehung**. Dem ist in Vereinbarungen mit freien Trägern als Leistungserbringern Rechnung zu tragen.

Sinn und Zweck ist vorrangig, die Entwicklungs-, Teilhabe- und **Erziehungsbedingungen in der Herkunftsfamilie** innerhalb eines im Hinblick auf die Entwicklung des Kindes bzw. Jugendlichen vertretbaren Zeitraums so weit zu verbessern, dass die Eltern das Kind oder den Jugendlichen wieder selbst

---

410 Vgl. BT-Drs. 11/5948, S. 72; Wiesner/Schmid-Obkirchner SGB VIII § 35 Rn. 20.

411 Vgl. JurisPK-SGB VIII/Krome § 91 Rn. 9.

412 LPK-SGB VIII/Kunkel/Kepert SGB VIII § 91 Rn. 8; JurisPK-SGB VIII/Krome § 91 Rn. 16.

413 Erfasst werden zusätzlich stationäre Formen der Eingliederungshilfe, nicht dagegen die intensive sozialpädagogische Einzelbetreuung; vgl. dazu Wiesner/Schmid-Obkirchner SGB VIII § 37 Rn. 6.

erziehen können. Dazu müssen sie ermutigt und unterstützt werden, bestehende Defizite abzubauen.

Soweit die erforderliche Verbesserung auch mit intensiver Hilfe nicht erreicht werden kann, dienen Beratung, Unterstützung und Förderung der Eltern-Kind-Beziehung der Erarbeitung und Sicherung einer anderen, dem Kindeswohl förderlichen und auf Dauer angelegten **Lebensperspektive**.

Dem Jugendamt obliegt damit die Aufgabe, die **Voraussetzungen für eine Rückkehr klar aufzuzeigen**, und zwar auch in zeitlicher Hinsicht.[414] Dadurch soll ein „Schwebezustand" vermieden werden, der den Minderjährigen, seine Eltern, aber auch die Pflegeperson zusätzlich belasten würde.[415] Das Jugendamt darf es allerdings nicht bei einer beobachtenden und einschätzenden Rolle belassen. Vielmehr bedeutet Beratung und Unterstützung, dass neben der stationären Hilfe ggf. im Haushalt der Eltern **weitere (ambulante) Hilfen** zu erbringen sind, z. B. in Form der sozialpädagogischen Familienhilfe gem. § 31 SGB VIII. Auf diese Weise können Eltern in ihrer Erziehungskompetenz gefördert und gleichzeitig Probleme wie Alkoholismus, Schulden oder die Suche nach einer geeigneten Wohnung bearbeitet werden.[416] Darüber hinaus sind ggf. andere Hilfesysteme zu aktivieren.[417] Beispiele sind die Vermittlung einer Schuldnerberatung, eines Drogenentzugs oder einer Anti-Aggressions-Therapie.

**Praxishinweis**

Ambulante Hilfen, mit denen die Erziehungsbedingungen in der Herkunftsfamilie verbessert werden können, dürfen nicht deshalb abgelehnt werden, weil das Kind fremdplatziert wurde.

Dabei besteht hinsichtlich der Beratungs- und Unterstützungsleistungen sowie der Bemühungen um Verbesserung der Eltern-Kind-Beziehungen **keine gesetzliche Obergrenze**, so dass im Bedarfsfall eine intensive Hilfe mit umfassendem Stundenbudget zu erbringen ist.[418]

Wichtigstes Mittel, um die Bindungen an die Herkunftsfamilie zu fördern, sind **regelmäßige Umgangskontakte**. Dem würde es widersprechen, wenn Eltern,

414 FK/Schönecker/Meysen SGB VIII § 37 Rn. 10 f.; JurisPK-SGB VIII/v. Koppenfels-Spies, § 37 Rn. 19.

415 JurisPK-SGB VIII/v. Koppenfels-Spies § 37 Rn. 19.

416 Hauck/Noftz/Stähr SGB VIII § 37 Rn. 14; JurisPK-SGB VIII/v. Koppenfels-Spies § 37 Rn. 19 m. w. N.

417 Wiesner/Schmid-Obkirchner SGB VIII § 37 Rn. 22.

418 Das ergibt sich auch aus der Gesetzesbegründung, nach der „intensiv darauf hingearbeitet werden [muss], dass die Eltern ihr Kind wieder bei sich aufnehmen und selbst erziehen können" (BT-Drs. 19/26107, S. 89).

deren Kinder aufgrund eines Eingriffs in das Sorgerecht fremdplatziert wurden, ein geringeres Maß an Umgang gewährt wird als Elternteilen nach Trennung und Scheidung. Zudem sollte bereits wegen der Umgangskontakte auf eine heimatnahe Unterbringung geachtet werden.

**Praxishinweis**

Wenn Pflegeeltern oder Heimeinrichtungen der Auffassung sind, ein Umgang mit den leiblichen Eltern sollte zunächst nicht oder nur selten stattfinden, „damit sich das Kind einleben kann", führt das nicht nur zu einer im Hinblick auf die Beziehung zwischen Eltern und Kind kaum vertretbaren Härte, sondern steht zudem in Widerspruch zu § 37 Abs. 1 S. 1 SGB VIII, der das Jugendamt verpflichtet, die **Eltern-Kind-Beziehung** zu **fördern.**

Hinsichtlich des **Zeitraums**, der im Hinblick auf die Entwicklung des Kindes oder Jugendlichen als vertretbar angesehen werden kann, ist zu berücksichtigen, dass jüngere Kinder einerseits besonders schnell neue Bindungen aufbauen, beispielsweise zu Pflegepersonen, andererseits aber auch alte Bindungen verlieren. Vor diesem Hintergrund müssen die Unterstützungsleistungen des Jugendamtes umso zügiger erbracht werden, je jünger das Kind bzw. der Jugendliche ist.

Als gegenüber einer Rückkehr in die Herkunftsfamilie andere, hilfsweise anzustrebende Lebensperspektive kommt z. B. eine Verselbständigung von Jugendlichen, eine **langfristige Unterbringung in einer Pflegefamilie** oder eine Vermittlung in Adoptionspflege in Betracht.[419] Doch selbst in solchen Fällen sind **(Umgangs-)Kontakte** zur Herkunftsfamilie in aller Regel aufrechtzuerhalten. Das betrifft in erster Linie die Eltern, aber auch Großeltern, Geschwister und weitere Bezugspersonen.[420]

Während § 37 Abs. 1 SGB VIII auf die Eltern, auf deren Defizite und auf die Eltern-Kind-Beziehung abzielt, soll gem. § 37 Abs. 2 S. 1 SGB VIII zum Wohl des Kindes bzw. Jugendlichen durch geeignete Maßnahmen die **Zusammenarbeit** zwischen Eltern und der Pflegeperson bzw. den in der Einrichtung für die Erziehung Verantwortlichen gefördert werden.

Den **Unterhalt** des Kindes bzw. Jugendlichen und die **Krankenhilfe** betreffende Vorschriften finden sich in §§ 39 f. SGB VIII. So werden Leistungen zum Unterhalt gem. § 39 Abs. 1 S. 1 SGB VIII bei allen teil- und vollstationären

419 Hauck/Noftz/Stähr SGB VIII § 37 Rn. 18; JurisPK-SGB VIII/v. Koppenfels-Spies § 37 Rn. 21.

420 Etwas anderes gilt gem. § 1751 Abs. 1 S. 1 BGB nach Einwilligung eines Elternteils in die Adoption des Kindes. Zu den zivilrechtlichen Umgangsrechten und -pflichten vgl. §§ 1684 ff. BGB.

Hilfeformen erbracht, Krankenhilfe wird nach § 40 S. 1 SGB VIII bei den vollstationären Hilfen geleistet.

#### *(1) Erziehung in einer Tagesgruppe*

Die Erziehung in einer Tagesgruppe nach § 32 SGB VIII ist als **teilstationäre Maßnahme** Bindeglied zwischen den ambulanten Angeboten einerseits und den vollstationären Angeboten andererseits. Das Kind bzw. der Jugendliche hält sich in der Tagesgruppe tagsüber zu bestimmten Zeiten, z. B. im Anschluss an die Schule auf, lebt aber i. Ü. weiter in seiner gewohnten Umgebung.

Ziel der Erziehung in einer Tagesgruppe ist, den **Verbleib des Kindes bzw. Jugendlichen in seiner Familie** zu sichern, d. h., sonst ggf. erforderliche vollstationäre Hilfen entbehrlich zu machen. In der Praxis wird die Kindertagespflege darüber hinaus zur Überbrückung sowie für einen geordneten Übergang nach einer Fremdplatzierung eingesetzt, wenn z. B. ein Minderjähriger aus einer Vollzeitpflege oder einer Heimeinrichtung zu seiner Herkunftsfamilie zurückkehrt.[421]

Typischerweise bietet sich eine Erziehung in der Tagesgruppe an, wenn die erzieherischen Defizite bereits so ausgeprägt sind, dass sie einer **familienergänzenden Betreuung** bedürfen, die Eltern aber andererseits unter intensiver Hilfe noch Restfunktionen der Erziehung übernehmen können.

Das **Durchschnittsalter** der Kinder in Tagesgruppen beträgt **etwa neun Jahre**. Für Vorschulkinder und ältere Kinder bzw. Jugendliche bestehen spezielle Tagesgruppen.[422]

Inhaltlich soll die Tagesgruppe die **Entwicklung** des Kindes oder Jugendlichen **unterstützen** durch

- soziales Lernen in der Gruppe,
- Begleitung der schulischen Förderung und
- Elternarbeit.

Im Rahmen des **sozialen Lernens in der Gruppe** werden dabei gruppenpädagogische Konzepte ebenso wie einzelfallbezogene Vorgehensweisen eingesetzt. Zusätzlich werden bei entsprechendem Bedarf therapeutische Angebote eingeschlossen.[423] So können z. B. feste Strukturen und Regeln sowie allgemeine Sozialkompetenzen, aber auch Frustrationstoleranz vermittelt werden.

---

421 Wiesner/Schmid-Obkirchner SGB VIII § 32 Rn. 9.

422 Mrozynski SGB VIII § 32 Rn. 1; JurisPK-SGB VIII/Nellissen § 32 Rn. 18 m. w. N.

423 JurisPK-SGB VIII/Nellissen § 32 Rn. 20; Wiesner/Schmid-Obkirchner SGB VIII § 32 Rn. 10.

Das schulische Sozialverhalten wird von der **Begleitung der schulischen Förderung** umfasst, zu der regelmäßig auch eine Hausaufgabenbetreuung und ggf. eine individuelle Unterstützung durch Nachhilfeunterricht zählen.

Die **Elternarbeit** umfasst u. a. informelle und systematische Gespräche, gemeinsame Freizeitaktivitäten, Elternabende und familientherapeutische Angebote.[424]

Dabei sind zwei verschiedene **Formen** der Erziehung in einer Tagesgruppe vorgesehen, nämlich

- in Kleingruppen von etwa sechs bis zehn[425] Kindern bzw. Jugendlichen, die von sozialpädagogischen Fachkräften angeleitet werden sowie
- bei besonders qualifizierten Pflegepersonen, die ebenfalls eine gezielte pädagogische Arbeit leisten.

*(2) Vollzeitpflege*

Vollzeitpflege ist nach § 33 S. 1 SGB VIII die Erziehung eines Minderjährigen in einer anderen als der Herkunftsfamilie.

Der Bezug auf den **Familienbegriff** verdeutlicht dabei, dass die Vollzeitpflege in einem privaten Haushalt zu erfolgen hat. Auf den Familienstand der Pflegeperson, also darauf, ob diese verheiratet ist und eigene Kinder hat, kommt es nicht an. Auch Verwandte des Kindes kommen als Pflegepersonen in Betracht.

Die **Eignung der Pflegeperson** kann im Rahmen der Erlaubniserteilung nach § 44 SGB VIII geprüft werden. Denn nach dieser Vorschrift ist die Vollzeitpflege grundsätzlich **erlaubnispflichtig**. Die Erlaubnis ist zu versagen, wenn das Kindeswohl in der Pflegestelle nicht gewährleistet wird.

Von der **Erlaubnispflicht befreit** ist u. a., wer ein Kind oder einen Jugendlichen

- im Rahmen von Hilfe zur Erziehung aufgrund einer Vermittlung durch das Jugendamt,
- als Vormund oder (Ergänzungs-)Pfleger im Rahmen seines Wirkungskreises,
- als Verwandter oder Verschwägerter bis zum dritten Grad oder
- bis zur Dauer von acht Wochen aufnimmt.[426]

---

424 JurisPK-SGB VIII/Nellissen § 32 Rn. 23; Wiesner/Schmid-Obkirchner SGB VIII § 32 Rn. 12.

425 Vgl. JurisPK-SGB VIII/Nellissen § 32 Rn. 27.

Soweit eine Hilfe zur Erziehung im Rahmen einer von der Erlaubnispflicht befreiten Vollzeitpflege durchgeführt wird,[427] soll das Jugendamt gem. § 37b Abs. 3 S. 1 SGB VIII **überprüfen**, ob die Pflegeperson eine dem Wohl des Minderjährigen förderliche Entwicklung gewährleistet.

Unabhängig von der Erlaubnispflicht stellt das Jugendamt gem. § 37b Abs. 1 SGB VIII sicher, dass während des Pflegeverhältnisses ein Konzept zum **Schutz vor Gewalt** zur Anwendung kommt, und gewährleistet gem. § 37b Abs. 2 SGB VIII, dass das Kind während der Dauer des Pflegeverhältnisses die **Möglichkeit zur Beschwerde** in allen persönlichen Angelegenheiten hat.

Die Pflegeperson hat nach § 37a SGB VIII einen Anspruch auf **Beratung und Unterstützung**. Dieser besteht bereits vor der Aufnahme des Kindes bzw. Jugendlichen und unabhängig davon, ob die Vollzeitpflege im Rahmen der Gewährung von Hilfe zur Erziehung erbracht wird. Die Beratung ist wichtig, weil Pflegeeltern eine schwierige Rolle haben: sollen sie doch das Kind in ihre Familie integrieren, zugleich aber zu akzeptieren, dass es ein fremdes Kind bleibt, die Bindung zwischen dem Kind und seinen Eltern also vorrangig ist.[428] Pflegepersonen, die damit überfordert sind, die am Kind „klammern" und die leiblichen Eltern ausschließen wollen, sind für ihre Aufgabe ungeeignet, mögen sie dem Kind oder Jugendlichen auch i. Ü. eine gute Förderung zuteilwerden lassen.

**Praxishinweis**

Trotz des familiären Settings handelt es sich bei der Vollzeitpflege um eine Form der Hilfe zur Erziehung, die gegenüber den Personensorgeberechtigten erbracht wird. **Die Vollzeitpflege ist keine „Adoption light"!** Das muss all jenen klar sein, die sich vorstellen können, als Pflegepersonen Kinder bzw. Jugendliche in ihren Haushalt aufzunehmen.

Die Vollzeitpflege soll gem. § 33 S. 1 SGB VIII abhängig von Alter und Entwicklungsstand des Kindes bzw. Jugendlichen, seinen persönlichen Bindungen sowie den Möglichkeiten zur Verbesserung der Erziehungsbedingungen in der Herkunftsfamilie eine **befristete Erziehungshilfe** oder eine **auf Dauer angelegte Lebensform** sein. Insoweit soll sich das Jugendamt bereits zu Beginn der Maßnahme festlegen und Schwebezustände vermeiden, bei denen den Beteiligten das Ziel der Maßnahme unklar ist. Allerdings darf eine Dauerlösung nur

426 Zu Vormundschaft bzw. Pflegschaft s. unter XII. 1. bzw. 2., zum Grad der Verwandtschaft vgl. Schmidt, Familienrecht, Rn. 437.

427 FK/Schonecker/Meysen SGB VIII § 37 Rn. 38; JurisPK-SGB VIII/v. Koppenfels-Spies § 37 Rn. 44.

428 JurisPK-SGB VIII/v. Koppenfels-Spies § 37 Rn. 13.

angestrebt werden, wenn das Kindeswohl im Falle einer befristeten Hilfe nicht gewährleistet werden kann.[429]

Auch wenn eine auf Dauer angelegte Lebensform bezweckt wird, können die Personensorgeberechtigten, sofern die Voraussetzungen einer Verbleibensanordnung nach § 1632 Abs. 4 BGB nicht vorliegen,[430] jederzeit die **Herausgabe des Minderjährigen** verlangen.

**Praxishinweis**

Soweit der Hilfegewährung ein Verfahren wegen Kindeswohlgefährdung nach § 1666 BGB vorangegangen ist und das Kind gegen den Willen der Eltern fremdplatziert wurde, muss der Beschluss des Familiengerichts i. d. R. in angemessenen Zeitabständen überprüft und ggf. v. A. w. aufgehoben werden (§ 166 Abs. 2 FamFG). In rechtlicher Hinsicht besteht eine **Rückkehroption** daher selbst in solchen Fällen.

Nach § 33 S. 2 SGB VIII sind für besonders entwicklungsbeeinträchtigte Minderjährige (z. B. schwer verhaltensgestörte Jugendliche)[431] geeignete Formen der Familienpflege vorzuhalten und auszubauen. Hierbei handelt es sich um sog. **Sonderpflegestellen**, die als heil- bzw. sozialpädagogische Pflegestellen oder als Erziehungsstellen geführt werden.[432]

Was die **statistische Verweildauer** anbelangt, sind 39 % der Minderjährigen kürzer als ein Jahr und weitere 38 % zwischen einem und fünf Jahren außerhalb des Elternhauses untergebracht,[433] so dass die Rückkehroption in vielen Fällen tatsächlich zum Tragen kommt.

Abzugrenzen ist die Vollzeitpflege von der Adoptionspflege nach § 1744 BGB und der Bereitschaftspflege nach einer Inobhutnahme gem. § 42 SGB VIII. Dagegen kann es sich bei der sog. **Wochenpflege**, also der Unterbringung mit wöchentlichen Unterbrechungen, während derer das Kind zu seiner Herkunftsfamilie zurückkehrt, um eine Hilfe zur Erziehung gem. § 33 SGB VIII handeln, wenn der Schwerpunkt auf der Gewährung einer dem Wohl des Minderjährigen entsprechenden Erziehung liegt.[434]

---

429 Vgl. Mrozynski SGB VIII § 33 Rn. 10 f.; JurisPK-SGB VIII/Nellissen § 33 Rn. 34.

430 Dazu s. Schmidt, Familienrecht, Rn. 852 ff.

431 Schleicher/Winkler S. 94.

432 Erziehungsstellen, bei denen eine persönliche Bindung zwischen Kind bzw. Jugendlichem und Pflegeperson nicht beabsichtigt ist, können jedoch auch Heimeinrichtungen i. S. d. § 34 SGB VIII sein, LPK-SGB VIII/Kunkel/Kepert SGB VIII § 33 Rn. 9; JurisPK-SGB VIII/Nellissen § 33 Rn. 82 f.

433 Wiesner/Schmid-Obkirchner SGB VIII § 33 Rn. 22; JurisPK-SGB VIII/Nellissen § 33 Rn. 32.

434 JurisPK-SGB VIII/Nellissen § 33 Rn. 27.

**Praxishinweis**

Häufig wird bei jüngeren Kindern eine Vollzeitpflege vorgezogen, während ältere Kinder und Jugendliche in Heimerziehung nach § 34 SGB VIII untergebracht werden.[435] Im Gesetz findet dies jedoch keine Stütze. Vielmehr ist die **Vollzeitpflege** eine pädagogisch weniger intensive Hilfeform und daher bei gleicher Eignung **gegenüber der Heimerziehung vorrangig.**[436]

Auch älteren Kindern und Jugendlichen gibt eine familiäre Anbindung zweifellos **Wärme und Geborgenheit**, die umso wichtiger ist, wenn den Betroffenen eine solche Wärme und Geborgenheit bislang nicht zuteilwurde.

Soweit nicht **hinreichend Pflegeeltern** für diese Zielgruppe zur Verfügung stehen, ist auf § 79 Abs. 2 S. 1 Nr. 1 SGB VIII zu verweisen. Danach sollen die Träger der öffentlichen Jugendhilfe gewährleisten, dass ausreichend Pflegepersonen zur Verfügung stehen.[437]

### *(3) Heimerziehung und sonstige betreute Wohnformen*

**Heimerziehung** wird in § 34 S. 1 SGB VIII legal definiert als Hilfe zur Erziehung in einer Einrichtung über Tag und Nacht.[438] Dabei können Heimeinrichtungen eine ganz unterschiedliche Ausprägung haben, von Wohn- und Familiengruppen über Kinderdörfer bis hin zu Jugendwohngemeinschaften. Auch eine bestimmte Größe der Einrichtung ist nicht vorgegeben. Eine Maßnahme, bei der nur Wohnraum zur Verfügung gestellt wird, aber keine weitergehende Betreuung erfolgt, fällt dagegen nicht unter den Begriff der Heimerziehung.[439]

Ein Sonderfall sind **geschlossene Heimeinrichtungen**, worunter auch halboffene Einrichtungen fallen können.[440] Kennzeichnend hierfür ist, dass die Minderjährigen jedenfalls innerhalb bestimmter Zeiten räumlich festgehalten werden, so dass ihre Freiheit zur Fortbewegung eingeschränkt ist.[441] In pädagogischer Hinsicht sind solche Einrichtungen nicht unumstritten.[442] Allerdings bestehen z. B. mit Blick auf strafunmündige Intensivtäter oft keine erfolgversprechenden Alternativen. Zivilrechtlich bedarf die Unterbringung einer ge-

---

435 JurisPK-SGB VIII/Nellissen § 33 Rn. 24; Wiesner/Schmid-Obkirchner SGB VIII § 33 Rn. 38, vgl. auch Mrozynski SGB VIII § 33 Rn. 5.

436 Dazu s. o. unter a).

437 Dazu s. unter XIV.

438 Zum Einrichtungsbegriff gem. § 45a SGB VIII s. o. unter VII. 1. a).

439 Mrozynski SGB VIII § 34 Rn. 6; JurisPK-SGB VIII/Nellissen § 34 Rn. 19.

440 BeckOK BGB/Veit BGB § 1631b Rn. 15 m. w. N.

441 Palandt/Götz, § 1631b Rn. 2.

442 Vgl. dazu LPK-SGB VIII/Nonninger SGB VIII § 34 Rn. 36; JurisPK-SGB VIII/Nellissen § 34 Rn. 25 m. w. N.

richtlichen Genehmigung nach § 1631b Abs. 1 BGB, und zwar auch dann, wenn sie von sorgeberechtigten Eltern beantragt wird.

Der Heimerziehung gleichgestellt werden durch § 34 S. 1 SGB VIII **sonstige betreute Wohnformen**, z. B. in Einzelwohnungen.[443]

Die Heimerziehung bzw. sonstige betreute Wohnform soll Minderjährige durch eine Verbindung von Alltagserleben mit **pädagogischen und therapeutischen Angeboten** in ihrer Entwicklung fördern. Nicht die Quantität der betreffenden Angebote ist dabei kennzeichnend, sondern die „organische Integration der im Einzelfall erforderlichen pädagogischen und therapeutischen Unterstützung in den Alltagsablauf".[444]

**Ziel der Hilfe** ist gem. § 34 S. 2 SGB VIII in Abhängigkeit von Alter und Entwicklungsstand des Minderjährigen sowie den Möglichkeiten der Verbesserung der Erziehungsbedingungen in der Herkunftsfamilie

- eine Rückkehr in die Familie zu erreichen,
- die Erziehung in einer anderen Familie vorzubereiten oder
- eine auf längere Zeit angelegte Lebensform zu bieten und auf ein selbständiges Leben vorzubereiten.

Dabei sind mit Blick auf eine mögliche Rückkehr des Kindes bzw. Jugendlichen in seine Familie ggf. **ergänzende ambulante Hilfen** erforderlich,[445] während es sich bei einer anderen Familie v. a. um eine Pflege- oder Adoptivfamilie handeln kann. Ein dauerhafter Verbleib in der Einrichtung kommt dann in Betracht, wenn sowohl eine Rückführung in die Herkunftsfamilie als auch eine Vollzeitpflege ausscheidet.[446] Auf ein selbständiges Leben vorzubereiten ist für sonstige betreute Wohnformen charakteristisch.

Im Rahmen der Heimerziehung bzw. sonstigen betreuten Wohnform sollen Jugendliche gem. § 34 S. 3 SGB VIII in Fragen von **Ausbildung und Beschäftigung** sowie allgemeiner Lebensführung beraten und unterstützt werden.

Der Träger einer Heimeinrichtung bedarf für deren Betrieb einer **Erlaubnis**, § 45 Abs. 1 S. 1 SGB VIII. Für die Erlaubniserteilung ist nach § 45 Abs. 2 S. 1, 2 Nr. 4 SGB VIII u. a. Voraussetzung, dass geeignete Möglichkeiten der Beschwerde in persönlichen Angelegenheiten innerhalb und außerhalb der Einrichtung gewährleistet werden.

---

443 LPK-SGB VIII/Nonninger SGB VIII § 34 Rn. 14.

444 LPK-SGB VIII/Nonninger SGB VIII § 34 Rn. 15.

445 Dazu s. o. unter bb).

446 So JurisPK-SGB VIII/Nellissen § 34 Rn. 58, der zu Recht darauf hinweist, dass als dauerhafter Lebensmittelpunkt v. a. Kinderdörfer, Familiengruppen, Kleinsteinrichtungen sowie Wohngruppen für Jugendliche in Betracht kämen.

**Exkurs:** Nach § 12 Nr. 2 JGG kann einem Jugendlichen als **Erziehungsmaßregel** nach Anhörung (nicht mit Einverständnis) des Jugendamts auferlegt werden, Hilfe zur Erziehung gem. § 34 SGB VIII in Anspruch zu nehmen.

Auch die Anordnung der einstweiligen Unterbringung in einem Heim der Jugendhilfe ist gem. § 71 Abs. 2 JGG zum Schutz des Jugendlichen oder gem. § 72 Abs. 4 S. 1 JGG zur Vermeidung von Untersuchungshaft statthaft.

#### *(4) Intensive sozialpädagogische Einzelbetreuung*

Wie bereits erörtert,[447] kann die intensive sozialpädagogische Einzelbetreuung eine stationäre Hilfeform sein, nämlich dann, wenn durch den Träger der Jugendhilfemaßnahme **Wohnraum** zur Verfügung gestellt wird.

Dies wird vor allem dann der Fall sein, wenn der Jugendliche **vorab ohne Obdach** war oder in Verhältnissen lebte, die den Zielen der Maßnahme abträglich waren.

Möglich ist dabei, dass der Wohnraum **durch den Träger angemietet** wird oder dass es sich um trägereigene Wohnheime o. ä. handelt. Vorteilhaft ist die erste Alternative, weil der Jugendliche ggf. nach Beendigung der Maßnahme in der Wohnung bleiben und das Mietverhältnis übernehmen kann.[448] Das setzt allerdings voraus, dass am Markt Wohnraum für die Zielgruppe verfügbar ist.

### b) Gesetzlich nicht vertypte Hilfeformen

Neben den Hilfeformen der §§ 28 ff. SGB VIII können weitere Hilfen gewährt werden, die dem Einzelfall besser gerecht werden (sog. **flexible Hilfen**). Das ergibt sich daraus, dass Hilfe zur Erziehung gem. § 27 Abs. 2 S. 1 SGB VIII **„insbesondere"**, aber eben nicht nur nach Maßgabe der §§ 28 ff. SGB VIII gewährt werden soll. Insoweit wird auch von einer Innovationsklausel gesprochen.[449]

Für die gesetzlich nicht vertypten Hilfeformen gilt nichts anderes als für die Hilfen nach §§ 28 ff. SGB VIII, d. h., sie können (und müssen) nach Maßgabe von § 27 Abs. 1 SGB VIII gewährt werden. Auch insoweit bestehen **Rechtsansprüche**, die vor Gericht geltend gemacht werden können.

447 Dazu s. o. unter aa) (5).

448 Wiesner/Schmid-Obkirchner SGB VIII § 35 Rn. 17.

449 LPK-SGB VIII/Kunkel/Kepert SGB VIII § 27 Rn. 27.

**Beispiel**
So hat das VG Dresden entscheiden, dass den hörenden Eltern eines ertaubten Kindes als nicht vertypte Form der Hilfe zur Erziehung ein Hausgebärdensprachkurs zu gewähren war.[450]
Weitere Beispiele gesetzlich nicht geregelter Hilfeformen sind die **„Hilfe auf Abruf“** im Anschluss an eine sozialpädagogische Familienhilfe nach § 31 SGB VIII, die ambulante erzieherische Betreuung, die gemeinsame Aufnahme von Kindseltern und Kind in einer Nachsorgeeinrichtung nach einem Drogenentzug oder in einer Notschlafstelle.[451]

## 3. Entscheidungsbefugnisse von Pflegepersonen

Nach § 1688 Abs. 1 S. 1 BGB haben Pflegepersonen ein Entscheidungsrecht in **Angelegenheiten des täglichen Lebens**, wenn ein Kind für längere Zeit in Familienpflege lebt. Insoweit können sie die Sorgeberechtigten vertreten.

Die **Familienpflege** umfasst neben dem Hauptanwendungsfall des § 33 SGB VIII jede weitere Pflege und Erziehung des Kindes in einer anderen als der Herkunftsfamilie, also z. B. bei den Großeltern.[452]

Der Begriff der **längeren Zeit** bestimmt sich nach den Vorstellungen der Eltern zu dem Zeitpunkt, in dem das Kind in Pflege gegeben wurde. Eine feste Zeitvorgabe besteht nicht; vielmehr ist auf die Umstände des Einzelfalls abzustellen (Alter, kindliches Zeitempfinden, körperliche und seelische Verfassung des Kindes).[453]

Angelegenheiten des täglichen Lebens i. S. d. § 1688 Abs. 1 BGB entsprechen denen der **Alltagssorge** des § 1687 Abs. 1 S. 2, 3 BGB. Es handelt sich also i. d. R. um solche, die häufig vorkommen und die keine schwer abzuändernden Auswirkungen auf die Entwicklung des Kindes haben.

**Beispiele**
alltägliche Bargeschäfte, Unterrichtsverträge (Nachhilfe), Mitgliedschaft in Sportvereinen, Teilnahme an Schulausflügen und Klassenfahrten, medizinische Versorgung bei leichteren Krankheiten, nicht jedoch Schutzimpfungen, Entscheidung über die weiterführende Schule und medizinische Operationen[454]

450 VG Dresden, Urt. v. 18.7.2018, 1 K 2853/16 = JAmt 2019, 155 (155 ff.).
451 LPK-SGB VIII/Kunkel/Kepert SGB VIII § 27 Rn. 27 m. w. N.
452 Vgl. Palandt/Götz, § 1630 Rn. 9.
453 BeckOK BGB/Veit BGB § 1688 Rn. 3 und § 1630 Rn. 10; OLG Celle, Beschl. v. 20.7.1989, 17 W 15/89, 17 W 16/89 = FamRZ 1990, 191 (192) = BeckRS 2014, 11696.
454 Beispiele nach Palandt/Götz BGB § 1687 Rn. 7 u. § 1688 Rn. 4.

Bei **Gefahr im Verzug** kann die Pflegeperson gem. § 1688 Abs. 1 S. 3 i. V. m. § 1629 Abs. 1 S. 4 BGB alle notwendigen Rechtshandlungen vornehmen, muss aber die Sorgeberechtigten unverzüglich hierüber unterrichten.

Weiter ist sie gem. § 1688 Abs. 1 S. 2 BGB berechtigt, einen etwaigen Arbeitsverdienst des Kindes zu verwalten sowie für das Kind Unterhalts-, Versicherungs-, Versorgungs- und sonstige Sozialleistungen **gegen Dritte**, nicht dagegen gegen die sorgeberechtigten Eltern geltend zu machen und zu verwalten.

Dieselben Entscheidungsbefugnisse wie eine Pflegeperson haben gem. § 1688 Abs. 2 BGB Personen, welche die Erziehung und Betreuung des Kindes im Rahmen einer **Heimerziehung** oder sonstigen betreuten Wohnform nach § 34 SGB VIII, im Rahmen einer intensiven sozialpädagogischen Einzelbetreuung nach § 35 SGB VIII oder im Rahmen einer Eingliederungshilfe für seelisch behinderte Kinder und Jugendliche nach § 35a Abs. 2 Nrn. 3, 4 SGB VIII übernommen haben.

Allerdings hat das **Elternrecht** gegenüber den Entscheidungs- und Vertretungsbefugnissen nach § 1688 Abs. 1, 2 BGB **Vorrang**. Entsprechend bestimmt § 1688 Abs. 3 BGB, dass die Sorgeberechtigten die betreffenden Befugnisse einschränken oder ausschließen dürfen. Gleiches gilt für das Familiengericht, wenn dies zum Wohl des Kindes erforderlich ist. Hält sich das Kind aufgrund einer gerichtlichen **Verbleibensanordnung** nach § 1632 Abs. 4 oder § 1682 BGB gegen den Willen der Sorgeberechtigten bei Dritten auf, so können deren Entscheidungsbefugnisse nach § 1688 Abs. 4 BGB nur durch das Familiengericht eingeschränkt werden.

Schränkt der Inhaber der Personensorge die Vertretungsmacht durch Erklärung nach § 1688 Abs. 3 BGB soweit ein, dass eine dem **Kindeswohl förderliche Erziehung nicht mehr möglich** ist, sollen die Beteiligten, i. d. R. also die Pflegepersonen, das Jugendamt einschalten, § 37 Abs. 3 SGB VIII. Dies gilt auch bei sonstigen Meinungsverschiedenheiten. Das Jugendamt soll dann zwischen Eltern und Pflegepersonen vermitteln, ggf. unter Einsatz der Mediation.[455] Erst wenn ein solcher Vermittlungsversuch endgültig gescheitert und das elterliche Vorgehen als kindeswohlgefährdend i. S. d. § 1666 Abs. 1 BGB zu qualifizieren ist, kommen Maßnahmen des staatlichen Wächters in Betracht.[456]

**Weitreichendere Entscheidungs- und Vertretungsbefugnisse**, als ihnen durch § 1688 Abs. 1 BGB zuteilwerden, können Pflegepersonen gem. § 1630 Abs. 3 BGB durch das Familiengericht übertragen werden. Voraussetzung ist die Zustimmung der Sorgeberechtigten. Die Pflegepersonen erhalten dadurch

455 FK/Schönecker/Meysen SGB VIII § 38 Rn. 13; JurisPK-SGB VIII/v. Koppenfels-Spies § 38 Rn. 12.

456 JurisPK-SGB VIII/v. Koppenfels-Spies § 38 Rn. 14, zum staatlichen Wächteramt s. o. unter IV.

die Rechtsstellung eines Ergänzungspflegers. Die Eltern können ihre Zustimmung jederzeit widerrufen.[457]

## 4. Hilfeplanverfahren

Für die Gewährung von Hilfe zur Erziehung sieht § 36 SGB VIII ein spezielles **Hilfeplanverfahren** vor, bei dem die Sorgeberechtigten mit Fachkräften des Jugendamts zusammenarbeiten. Auch das Kind bzw. der Jugendliche und andere Akteure sollen einbezogen werden.

### a) Allgemeine Anforderungen

Leitbild des Hilfeplanverfahrens ist eine **gemeinsame Entscheidungsfindung**, bei der die Diagnostik im Rahmen eines interaktiven Prozesses stattfindet, in den alle Beteiligten ihre Sichtweise einbringen können.[458]

Die Beteiligung ist dabei nicht eine nur eine organisatorische Vorgabe. Vielmehr handelt es sich um **subjektive, also klagbare Rechte** der Betroffenen.[459]

Wenngleich mit diesen Rechten keine elterlichen Pflichten zur Mitwirkung einhergehen, sind sorgeberechtigte Eltern zur Beteiligung zu **motivieren**. Denn mit der Gewährung von Hilfe zur Erziehung endet nicht die elterliche Verantwortung.[460]

Als besonders **anspruchsvolle Aufgabe** wird der Aufbau einer eigenständigen Hilfebeziehung zwischen Jugendamt und Kind bzw. Jugendlichem bewertet. Dem Jugendamt kommt insoweit eine **Vermittlerrolle** zu: Solange nicht Maßnahmen nach §§ 1666 ff. BGB veranlasst sein können, weil die Ausübung des Sorgerechts schlechterdings nicht mehr hinnehmbar ist, sind ihm ein Stück weit die Hände gebunden. Insbesondere darf es sich **nicht einseitig als Anwalt des Minderjährigen** betätigen und dessen Interessen gegen die Eltern durchzu-

457 OLG Celle, Beschl. v. 14.2.2011, 10 UF 8/11 = FamRZ 2011, 1664 (1665) = BeckRS 2011, 3332; Palandt/Götz, § 1630 Rn. 11.

458 Wiesner/Schmid-Obkirchner SGB VIII § 36 Rn. 10.

459 Wiesner/Schmid-Obkirchner SGB VIII § 36 Rn. 14; Wabnitz 2005, S. 210 f. Ebenso wie hinsichtlich sorgeberechtigter Eltern besteht eine Rechtspflicht zur Beteiligung von an ihrer Statt bestellten Vormündern und Ergänzungspflegern mit entsprechendem Aufgabenkreis.

460 Wiesner/Schmid-Obkirchner SGB VIII § 36 Rn. 14 f.; vgl. JurisPK-SGB VIII/v. Koppenfels-Spies § 36 Rn. 11 ff.

setzen suchen.[461] Denn die Hilfe zur Erziehung wird gegenüber den Personensorgeberechtigten erbracht, und soll diese in ihrer Erziehungsfunktion stärken.

**Praxishinweis**

Aus denselben Gründen, die dafür streiten, sorgeberechtigte Eltern auch dann zu einer Mitarbeit zu motivieren, wenn diese von sich aus auf eine Beteiligung keinen Wert legen, spricht viel dafür, auch **nichtsorgeberechtigte Eltern** an der Hilfeplanung zu beteiligen. Dies gilt für nichtsorgeberechtigte Väter nichtehelicher Kinder ebenso wie für Elternteile, die vormals sorgeberechtigt waren, die das Sorgerecht aber aufgrund richterlicher Entscheidung verloren haben. Denn zum einen sind diese Träger des Grundrechts aus Art. 6 Abs. 2 S. 1 GG, zum anderen kann die Einbeziehung in das Hilfeplanverfahren elterliche Erziehungskompetenzen stärken und damit die Voraussetzungen für eine Rückübertragung rechtlicher Entscheidungskompetenzen schaffen.

Vorgesehen ist eine Beteiligung gem. § 36 Abs. 5 SGB VIII, wenn sie zur Feststellung der Voraussetzungen der Hilfegewährung einschließlich Eignung und Notwendigkeit einer konkreten Hilfe erforderlich ist und durch die Einbeziehung der Hilfezweck nicht in Frage gestellt wird. Die Entscheidung, ob, wie und in welchem Zusammenhang die Beteiligung erfolgt, soll **im Zusammenwirken mehrerer Fachkräfte** getroffen werden. Sie soll die (subjektive) Meinung des Personensorgeberechtigten und des Kindes bzw. Jugendlichen ebenso einbeziehen wie dessen objektives Interesse.[462]

Nach § 36 Abs. 1 SGB VIII sind die Personensorgeberechtigten und das Kind bzw. der Jugendliche vor Inanspruchnahme der Hilfe bzw. vor notwendigen Änderungen in Art und Umfang der Hilfe zu **beraten** und auf mögliche Folgen mit Blick auf die Entwicklung des Minderjährigen hinzuweisen. Dabei ist sicherzustellen, dass Beratung und Aufklärung in einer für die Betroffenen verständlichen, nachvollziehbaren und wahrnehmbaren Form erfolgen.

Unabhängig davon, ob es sich um eine ambulante, teil- oder vollstationäre Hilfeform handelt, soll die Entscheidung über eine Hilfe, die voraussichtlich über längere Zeit zu leisten sein wird, im **Zusammenwirken mehrerer Fachkräfte** getroffen werden. Diese sollen mit den Personensorgeberechtigten und dem Minderjährigen den Hilfeplan aufstellen, der Feststellungen über den Bedarf, die zu gewährende Art der Hilfe sowie die notwendigen Leistungen enthält, § 36 Abs. 2 S. 1, 2 SGB VIII.

Mehrere Fachkräfte meint mindestens zwei. Deren **Qualifikation** ist abhängig vom Einzelfall. Dabei können Kollegen aus anderen Fachdiensten des Ju-

461 Wiesner/Schmid-Obkirchner SGB VIII § 36 Rn. 16.

462 Dabei ist zu berücksichtigen, dass Kinder bzw. Jugendliche, die von einem Elternteil betreut werden und eine Einbeziehung des anderen Elternteils ablehnen, häufig (bewusst oder unbewusst) vom betreuenden Elternteil beeinflusst wurden.

gendamtes hinzugezogen werden, etwa aus Beratungsstellen oder dem Pflegekinderdienst.[463]

Fraglich ist, ob Personensorgeberechtigte und Kind bzw. Jugendlicher anders als in der Praxis verbreitet unmittelbar an der Fachkräftekonferenz teilnehmen oder (nur) mit der fallzuständigen Fachkraft kooperieren sollen. Der Gesetzeswortlaut legt eine **umfassende Einbeziehung** nahe.[464] Erfolgt keine Einbeziehung in die Fachkräftekonferenz, können die (weiteren) Fachkräfte nur die fallzuständige Fachkraft beraten, nicht dagegen eine entscheidende Funktion haben. Denn andernfalls würden Sorgeberechtigte, die nicht in die Fachkräftekonferenz einbezogen werden, zu bloßen „Objekten von Entscheidungen" reduziert.[465]

Demselben Ziel wie die Beteiligung mehrerer Fachkräfte, nämlich der Sicherstellung tragfähiger Entscheidungen und deren angemessener Umsetzung,[466] dient § 36 Abs. 3 S. 1, 2 SGB VIII. Danach sind andere Personen, Dienste oder Einrichtungen zu beteiligen, wenn diese bei der **Durchführung der Hilfe** tätig werden. Soweit dies zur Feststellung von Bedarfslage, Eignung oder Notwendigkeit einer Hilfe erforderlich ist, sollen öffentliche Stellen beteiligt werden. Als Beispiele nennt das Gesetz andere Sozialleistungsträger (z. B. Krankenkassen, Agenturen für Arbeit, Sozialämter), Rehabilitationsträger und Schulen.

Inhaltlich enthält der Hilfeplan[467] zunächst Angaben zu den an seiner Erstellung beteiligten Fachkräften und sonstigen Mitwirkenden. Es folgen die **Lebensumstände des Minderjährigen** sowohl aus dessen als auch aus Sicht der übrigen Beteiligten, insbesondere der Eltern und der Fachkräfte, sowie eine **Beschreibung der Entwicklung**, die Anlass zu dem Verfahren gab. Sodann wird dargestellt, welche **Maßnahmen** aus Sicht der Personensorgeberechtigten, des Minderjährigen und ggf. übriger Beteiligter geeignet und notwendig i. S. d. § 27 Abs. 1 SGB VIII sind, was die Einschätzung der beteiligten Fachkräfte ist, welches Ziel mit der Hilfe verfolgt werden soll und wie die Hilfe im Einzelnen auszugestalten ist.

Die Hilfeplanung ist **kein abgeschlossener Vorgang**. Vielmehr soll regelmäßig geprüft werden, ob die gewählte Hilfeart (weiter) geeignet und notwen-

---

463 FK/Schönecker/Meysen SGB VIII § 36 Rn. 41; BeckOK SozR/Winkler SGB VIII § 36 Rn. 19; JurisPK-SGB VIII/v. Koppenfels-Spies § 36 Rn. 46; Hauck/Noftz/Stähr SGB VIII § 36 Rn. 27.

464 „Als Grundlage [...] sollen sie [die Fachkräfte nach § 36 Abs. 2 S. 1, Anm.] zusammen mit dem Personensorgeberechtigten [...] einen Hilfeplan aufstellen [...]."

465 So zu Recht Wiesner/Schmid-Obkirchner SGB VIII § 36 Rn. 48; a. A. LPK-SGB VIII/Kunkel/Kepert SGB VIII § 36 Rn. 34.

466 Wiesner/Schmid-Obkirchner SGB VIII § 36 Rn. 52.

467 Vgl. zum Ganzen Wiesner/Schmid-Obkirchner SGB VIII § 36 Rn. 74.

dig ist, d. h., ob sie einerseits hinreichend wirksam ist bzw. andererseits durch eine weniger intensive Maßnahme ersetzt werden kann (sog. Fortschreibung des Hilfeplans).

Die **Überprüfungsintervalle** können vor dem Hintergrund der Dynamik des Erziehungsprozesses unterschiedlich festgelegt werden. Dabei sind das Alter des Kindes bzw. Jugendlichen und die jeweilige Hilfeform, aber auch die unterschiedlichen Stadien des Hilfeprozesses und die spezifischen Zielvorgaben zu berücksichtigen. So können in einer ersten Phase Reflexionen in Zeiträumen von vier bis acht Wochen angemessen sein, während sich später Zeiträume von drei bis sechs Monaten als praktikabel erwiesen haben.[468]

### b) Hilfen außerhalb der eigenen Familie

Ist eine Hilfe außerhalb der eigenen Familie beabsichtigt, muss der Hilfeplan zunächst darauf eingehen, weshalb ein **Verbleib des Kindes** in seiner Familie, ggf. mit intensiver ambulanter Unterstützung, nicht in Betracht kommt. Denn eine teilstationäre Leistung ist nicht notwendig, wenn eine (intensive) ambulante Leistung ebenso geeignet wäre, und eine vollstationäre Leistung scheidet aus, wenn eine ambulante und/oder teilstationäre Leistungserbringung in Betracht kommt.[469]

Daneben enthält § 37c SGB VIII weitere Vorgaben für die Hilfeplanung bei Hilfen außerhalb der eigenen Familie. Diese dienen vorrangig dem Ziel der **Perspektivklärung**, also der Frage, ob sich die Entwicklungs-, Teilhabe- oder Erziehungsbedingungen innerhalb der Herkunftsfamilie mit Unterstützung des Jugendamts so weit verbessern lassen, dass kurz- oder mittelfristig eine Rückkehr des Kindes bzw. Jugendlichen als möglich erscheint.[470] Diese Frage ist gem. § 37c Abs. 1, 2 SGB VIII bei der Aufstellung bzw. Überprüfung des Hilfeplans gemeinsam mit den Personensorgeberechtigten und dem Kind bzw. Jugendlichen zu klären. Wenn eine Rückkehr in die Herkunftsfamilie innerhalb eines entwicklungspsychologisch vertretbaren Zeitraums nicht in Betracht kommt, kann eine Alternative zu einer langfristigen Vollzeitpflege oder Heimerziehung die Adoption des Kindes bzw. Jugendlichen durch Dritte sein. Die Zulässigkeit der Adoption, insbesondere die Frage, ob (ausnahmsweise) eine elterliche Einwilligung ersetzt werden kann, richtet sich nach dem bürgerlichen Recht. Dabei

468 Zum ganzen Absatz Wiesner/Schmid Obkirchner SGB VIII § 36 Rn. 84.
469 Dazu s. o. unter 1. c).
470 Dazu s. o. unter 2. a) bb).

ist der hohe Stellenwert der (leiblichen) Eltern nach der Rechtsprechung des BVerfG zu berücksichtigen.[471]

**Praxishinweis**

Die Klärung der Perspektive der Hilfe soll nach § 37c Abs. 1 S. 1 SGB VIII **prozesshaft** sein. Dies trägt dem Umstand Rechnung, dass Eltern und Kind sich einer langfristigen Perspektive ggf. nur schrittweise öffnen können. Allerdings dürfen sich Fachkräfte der Jugendhilfe nicht dazu verleiten lassen, den Eltern vorzuspiegeln, dass nur eine baldige Rückkehr in die Herkunftsfamilie angestrebt werde, wenn das tatsächlich unzutreffend ist.

Für die **Auswahl von Einrichtungen bzw. Pflegestellen** bei einer Hilfe außerhalb der eigenen Familie ergibt sich aus § 37c Abs. 3 S. 2, 3 SGB VIII eine gegenüber § 5 Abs. 2 S. 1 SGB VIII erhöhte Verbindlichkeit des Wunsch- und Wahlrechts: Solange keine unverhältnismäßigen Mehrkosten entstehen, ist der Wahl zu entsprechen, d. h., ein jugendamtliches Ermessen besteht nicht einmal in atypischen Fällen.[472] Falls eine Pflegeperson ausgewählt werden soll, die ihren gewöhnlichen Aufenthalt außerhalb des Bereichs des örtlich zuständigen Trägers hat, muss gem. § 37c Abs. 3 S. 4 SGB VIII im Normalfall neben Personensorgeberechtigten und Kind bzw. Jugendlichem das Jugendamt beteiligt werden, in dessen Bereich die Pflegeperson den gewöhnlichen Aufenthalt i. S. v. § 30 Abs. 3 S. 2 SGB I hat.

Im Hilfeplan sind neben dem Stand der Perspektivklärung gem. § 37c Abs. 4 S. 1 SGB VIII weiter die **Art und Weise der Zusammenarbeit** zwischen Pflegeperson bzw. den in einer Einrichtung Erziehungsverantwortlichen und Eltern nach § 37 Abs. 2 SGB VIII sowie die damit verbundenen Ziele zu dokumentieren. Bei der Vollzeitpflege gilt das gem. § 37c Abs. 4 S. 1 SGB VIII ebenso für Beratung und Unterstützung der Eltern nach § 37 Abs. 1 SGB VIII,[473] der Pflegeperson nach § 37a Abs. 1 SGB VIII[474] und für die Annexleistung Unterhalt nach § 39 SGB VIII.

471 Dazu vgl. BVerfG, Beschl. v. 22.5.2014, 1 BvR 2882/13 = FamRZ 2014, 1266 (1266 ff.) = BeckRS 2014, 15448.

472 Vgl. oben unter III. 1. h) aa).

473 Dazu und zu § 37 Abs. 2 SGB VIII s. o. unter 2. a) bb).

474 Dazu s. o. unter 2. a) bb) (2).

## 5. Steuerungsverantwortung und Selbstbeschaffung

Durch § 36a Abs. 1 SGB VIII wird eine sog. **Steuerungsverantwortung** des Jugendamts begründet. Denn danach hat die öffentliche Jugendhilfe die Kosten einer Maßnahme grundsätzlich nur zu tragen, wenn diese auf Grundlage ihrer Entscheidung nach Maßgabe des Hilfeplans erbracht wird. Es soll also von Ausnahmen abgesehen eine Koppelung von Entscheidungs- und Finanzierungsverantwortung bestehen.

Diese Ausnahmen betreffen zum einen ambulante Hilfen, insbesondere die Erziehungsberatung, deren **niedrigschwellige unmittelbare Inanspruchnahme** nach § 36a Abs. 2 SGB VIII zugelassen werden soll. Zu diesem Zweck soll der Träger der öffentlichen Jugendhilfe mit den Leistungserbringern Vereinbarungen schließen, in denen die Voraussetzungen und die Ausgestaltung der Leistungserbringung sowie die Übernahme der Kosten geregelt werden.

**Praxishinweis**

Das führt in der Praxis dazu, dass die Ratsuchenden einen Termin bei der **Erziehungsberatungsstelle** bekommen, ohne zuvor beim Jugendamt vorstellig zu werden. Die Voraussetzungen der Hilfe nach § 27 Abs. 1 SGB VIII werden dann nicht geprüft.

Zum anderen wird den Leistungsberechtigten, bei Hilfe zur Erziehung also den Personensorgeberechtigten, durch § 36a Abs. 3 SGB VIII unter bestimmten Voraussetzungen die Möglichkeit einer **Selbstbeschaffung** der Hilfe auf Kosten des Jugendamts eröffnet.

Diese **Voraussetzungen** sind, dass

- der Leistungsberechtigte das Jugendamt vor der Selbstbeschaffung über den Hilfebedarf in Kenntnis gesetzt hat,
- ein Anspruch auf die Hilfe tatsächlich bestand und
- eine Eilbedürftigkeit dergestalt gegeben war, dass die Hilfe bis zur Entscheidung des Jugendamts bzw. des Verwaltungsgerichts nach einer zu Unrecht abgelehnten Leistung keinen Aufschub geduldet hat.

Nicht ausreichend ist demgegenüber, wenn das Jugendamt den Hilfebedarf lediglich von **dritter Seite** kennt.[475]

475 FK/Meysen SGB VIII § 36a Rn. 40.

Die erforderliche **Eilbedürftigkeit** liegt vor, wenn die Leistung ohne nennenswerte Verzögerungen in zeitlicher Hinsicht erbracht werden muss.[476] Dies muss anhand der Umstände des Einzelfalls beurteilt werden.[477]

**Praxishinweis**
Für die Voraussetzungen der Selbstbeschaffung trägt der Leistungsberechtigte die **Beweislast.** In wirtschaftlicher Hinsicht ist die Selbstbeschaffung für den Bürger daher mit nicht unerheblichen Risiken verbunden.

## 6. Anordnung durch das Familiengericht

Lehnt das Jugendamt die Gewährung von Hilfe zur Erziehung ab, können Leistungsberechtigte ihre Ansprüche vor den **Verwaltungsgerichten** geltend machen, § 40 Abs. 1 S. 1 VwGO.[478]

Daneben bestehen Fallkonstellationen, in denen die **Familiengerichte**[479] die materiellen Voraussetzungen von Maßnahmen der Jugendhilfe zu prüfen haben.

So ist bei **Maßnahmen nach § 1666 BGB** der Grundsatz der Verhältnismäßigkeit zu beachten. Dies wird durch § 1666a Abs. 1 S. 1 BGB verdeutlicht. Danach sind Eingriffe in das Elternrecht, die mit einer Trennung des Kindes von der elterlichen Familie einhergehen, nur zulässig, wenn der Kindeswohlgefährdung nicht auf andere Weise, auch nicht durch öffentliche Hilfen, begegnet werden kann. Zu solchen öffentlichen Hilfen zählen Leistungen der Kinder- und Jugendhilfe.

Auch Sorgerechtseingriffe unterhalb dieser Schwelle, die nicht mit einer Fremdunterbringung verbunden sind, müssen **verhältnismäßig** sein, damit eine verfassungsrechtliche Rechtfertigung vor dem Hintergrund des Art. 6 Abs. 2 S. 1 GG möglich ist.[480]

476 OVG Münster, Urt. v. 14.3.2003, 12 A 1193/01 = JAmt 2003, 482 (485) = ZfJ 2003, 490 (492) = BeckRS 2003,22608; VG Frankfurt, Urt. v. 10.1.2008, 10 E 5375/04 = BeckRS 2008, 33183.

477 So auch FK/Meysen SGB VIII § 36a Rn. 49; JurisPK-SGB VIII/v. Koppenfels-Spies § 36a Rn. 56; für eine 2-Wochen-Frist Hinrichs ZfJ 2003, 449 (453); für eine 6-Wochen-Frist Bauer JAmt 2002, 496 (497).

478 Statthafte Klageart ist die Verpflichtungsklage in Form der Versagungsgegenklage, § 42 Abs. 1 Alt. 2 VwGO.

479 Zu ähnlichen Fragestellungen im Verhältnis von JGG und SGB VIII vgl. Lobinger, S. 31 ff.

480 Vgl. BeckOGK/Burghart BGB § 1666a Rn. 2.

Daraus folgt, dass das Familiengericht einen Sorgerechtseingriff nur vornehmen darf, wenn eine von den Sorgeberechtigten beantragte Hilfe zur Erziehung nicht geeignet ist, die festgestellte Gefährdung des Kindeswohls abzuwenden. Zudem müssen **mildere, aber ebenso wirksame Eingriffe** in das Sorgerecht ausscheiden, wozu das in § 1666 Abs. 3 Nr. 1 BGB als Regelbeispiel genannte Gebot gehört, Leistungen der Kinder- und Jugendhilfe in Anspruch zu nehmen.

Selbst wenn das Jugendamt eine vom Familiengericht in diesem Sinn als vorzugswürdig angesehene Leistung für ungeeignet hält, wird man daher nicht umhinkommen, eine **Bindung der Behörde** an die gerichtliche Entscheidung zu bejahen. Das Jugendamt muss also dem Beschluss des Familiengerichts folgen, mag es hiergegen auch Rechtsmittel einlegen. Denn andernfalls würde dem Kind oder Jugendlichen trotz bestehender Gefährdung seines Wohls eine Hilfe nicht zuteil: nicht vom Gericht, das wegen des Verhältnismäßigkeitsgrundsatzes an einschneidenderen Maßnahmen gehindert wäre und nicht vom Jugendamt, das an seiner Einschätzung zum Hilfebedarf festhielte.[481]

481 Schmidt FamRZ 2015, 1158 ff.; a. A. Meysen NZFam 2016, 580 (583).

# IX. Eingliederungshilfe

Die Eingliederungshilfe wird im SGB VIII durch § 35a geregelt. Für das **Hilfeplanverfahren**, die Steuerungsverantwortung des Jugendamtes und eine mögliche **Selbstbeschaffung** von Leistungen durch den Leistungsberechtigten, für die **Zusammenarbeit** bei Hilfen außerhalb der eigenen Familie, die Vermittlung durch das Jugendamt bei der Ausübung der Personensorge sowie für die Annexleistungen Unterhalt und Krankenhilfe gelten ebenso wie bei der Hilfe zur Erziehung die §§ 36 ff. SGB VIII.[482]

Eingliederungshilfeleistungen der Kinder- und Jugendhilfe werden nur bei **seelischen Behinderungen** junger Menschen gewährt. Geistig und körperlich behinderte junge Menschen können demgegenüber Ansprüche aus dem SGB IX haben.

Bei **Mehrfachbehinderungen** also einer seelischen und körperlichen bzw. geistigen Behinderung sind die Leistungen außerhalb des SGB VIII vorrangig, § 10 Abs. 4 S. 2 SGB VIII.

**Praxishinweis**

Diese geteilte Zuständigkeit führt oft zu **Zuständigkeitsproblemen**. Denn in vielen Fällen lassen sich z. B. geistige und seelische Behinderungen nicht eindeutig voneinander abgrenzen. Deshalb wird **zum 1.1.2028** eine Änderung von § 10 Abs. 4 SGB VIII in Kraft treten,[483] der zufolge die Kinder- und Jugendhilfe für Leistungen der Eingliederungshilfe an junge Menschen **unabhängig von der Art der Behinderung** zuständig sein wird.

Bis zu diesem Zeitpunkt nimmt gem. § 10a Abs. 3 SGB VIII der Träger der öffentlichen Jugendhilfe bei minderjährigen Leistungsberechtigten nach § 99 SGB IX mit Zustimmung des Personensorgeberechtigten am **Gesamtplanverfahren** nach § 117 Abs. 6 SGB IX beratend teil. Zudem haben gem. § 10b Abs. 1 SGB VIII in der Zeit vom **1.1.2024 bis 31.12.2027** junge Menschen, die Leistungen der Eingliederungshilfe wegen einer (drohenden) Behinderung geltend machen oder bei denen solche Leistungen in Betracht kommen, sowie deren Eltern, Personensorge- und Erziehungsberechtigte bei der Antragstellung, Verfolgung und Wahrnehmung dieser Leistungen Anspruch auf Unterstützung und Begleitung durch einen **Verfahrenslotsen**. Der Verfahrenslotse

482 Dazu s. o. unter VIII. 2. a) bb), 3.-5.

483 Voraussetzung ist nach Art. 10 Abs. 3 KJSG, dass bis zum 1.1.2027 gem. § 10 Abs. 4 S. 3 SGB VIII ein Bundesgesetz verkündet wird, das „auf der Grundlage einer prospektiven Gesetzesevaluation“ das Nähere über den leistungsberechtigten Personenkreis, Art und Umfang der Leistung, die Kostenbeteiligung und das Verfahren bestimmt.

soll die Leistungsberechtigten bei der Verwirklichung von Ansprüchen auf Leistungen der Eingliederungshilfe unabhängig unterstützen sowie auf die Inanspruchnahme von Rechten hinwirken.

Ebenso wie bei Hilfe zur Erziehung sind **ambulante Eingliederungshilfeleistungen** für den Bürger **kostenfrei**, während für teilstationäre und stationäre Leistungen eine Kostenbeitragspflicht durch § 91 Abs. 1 Nr. 6 bzw. Abs. 2 Nr. 3 SGB VIII normiert ist.[484]

## 1. Anspruchsvoraussetzungen

Ansprüche auf Eingliederungshilfe sind solche der **Kinder bzw. Jugendlichen** selbst, nicht wie bei Hilfe zur Erziehung solche der Personensorgeberechtigten.

Zwar können die Sorgeberechtigten den Minderjährigen bei der Geltendmachung der Leistungen gem. § 1629 Abs. 1 S. 1 BGB vertreten, was in der Praxis auch der Regelfall sein wird. Nach **Vollendung des 15. Lebensjahres** ist jedoch gem. § 36 SGB I auch ein Jugendlicher selbst berechtigt, Eingliederungshilfeleistungen zu beantragen und entgegenzunehmen, solange dieses Recht seitens des gesetzlichen Vertreters nicht durch schriftliche Erklärung gegenüber dem Jugendamt eingeschränkt wird.[485]

**Voraussetzungen** eines Anspruchs auf Eingliederungshilfe sind nach Abs. 1 S. 1 SGB VIII, dass

- die seelische Gesundheit des Minderjährigen mit hoher Wahrscheinlichkeit länger als sechs Monate von dem für sein Lebensalter typischen Zustand abweicht (Gesundheitsbeeinträchtigung) und
- daher seine Teilhabe am Leben in der Gesellschaft beeinträchtigt oder eine solche Beeinträchtigung zu erwarten ist (Teilhabebeeinträchtigung).

Die Einschätzung der **Gesundheitsbeeinträchtigung** bedarf einer medizinischen Fachlichkeit. Entsprechend hat das Jugendamt nach § 35a Abs. 1a SGB VIII die Stellungnahme eines Sachverständigen einzuholen. In Betracht kommen insoweit

484 Dazu s. unter XIX. 2.

485 Zu § 36 SGB I s. o. unter III. 2. c); zum Antragserfordernis s. BVerwG, Beschl. v. 17.2.2011, 5 B 43/10 = JAmt 2011, 274 (274 f.) = BeckRS 2011, 48415.

- Ärzte für Kinder- und Jugendpsychiatrie und -psychotherapie,
- Kinder- und Jugendlichenpsychotherapeuten,
- Psychotherapeuten mit Weiterbildung für die Behandlung von Kindern und Jugendlichen sowie
- Ärzte und psychologische Psychotherapeuten, die über besondere Erfahrungen auf dem Gebiet seelischer Störungen bei Kindern und Jugendlichen verfügen.

Die Stellungnahme muss auf Grundlage der Internationalen Klassifikation der Krankheiten in der vom Bundesinstitut für Arzneimittel und Medizinprodukte herausgegebenen deutschen Fassung **(ICD-10-GM)**[486] erstellt werden. Zur Vermeidung von Interessenkollisionen sollen ärztliche Stellungnahme und Erbringung der Hilfe getrennt werden.

**Beispiele**

Gesundheitsbeeinträchtigungen i. S. d. § 35a Abs. 1 S. 1 Nr. 1 SGB VIII können sein: schizophreniforme Störungen, formale und inhaltliche Denkstörungen, psychische und Verhaltensstörungen durch psychotrope Substanzen (z. B. Alkohol, Opium, Cannabis, Kokain und Lösungsmittel), pathologisches Spielen, Kleptomanie, Störungen des sexuellen Verhaltens, affektive Störungen, die ggf. in Suizidhandlungen münden können, Angstattacken und Panikstörungen (z. B. nach sexuellem Missbrauch), Essstörungen, Persönlichkeits- und Verhaltensstörungen, frühkindliche Bindungsstörungen, Störungen der schulischen Fähigkeiten (z. B. auf Versagensängsten beruhende Schulphobie, Legasthenie, Dyskalkulie), autistische Störungen[487]

Dagegen ist die Einschätzung der **Teilhabebeeinträchtigung** Aufgabe der Fachkräfte des Jugendamts. Denn diese erfordert eine pädagogische Fachlichkeit. Der Träger der öffentlichen Jugendhilfe kann die Feststellung der Teilhabebeeinträchtigung allerdings zusätzlich zu der Diagnostik durch ein Sozialpädiatrisches Zentrum (SPZ) vornehmen lassen.[488] In beiden Fällen sind die Feststellungen gerichtlich voll überprüfbar.[489] Maßgebliche Bereiche der Teilhabe

486 Dazu FK/v. Boetticher/Meysen SGB VIII § 35a Rn. 18 ff. Die Version 2020 der ICD-10-GM ist online verfügbar unter https://www.dimdi.de/dynamic/de/klassifikationen/icd/icd-10-gm/ (Stand: 19.12.2020).

487 Beispiele nach BeckOGK/Bohnert SGB VIII § 35a Rn. 22 ff. m. w. N.

488 FK/v. Boetticher/Meysen SGB VIII § 35a Rn. 34.

489 OVG Lüneburg, Beschl. v. 25.3.2010, 4 LA 43/09 = NVwZ-RR 2010, 527 (527) = BeckRS 2010, 47999.

sind bei jungen Menschen v. a. der Familien- und Freundeskreis, Kindergarten, Schule, Beruf und außerschulische Betätigungen.[490]

**Praxishinweis**

In der Vergangenheit war unklar, wie mit **Ausführungen zur Teilhabebeeinträchtigung in der ärztlichen Stellungnahme** umzugehen ist.[491] Seit Inkrafttreten des KJSG stellt § 35a Abs. 1a S. 4 SGB VIII, dass entsprechende Ausführungen vom Träger der öffentlichen Jugendhilfe im Rahmen seiner Entscheidung angemessen berücksichtigt werden müssen. Damit soll der Untersuchungsgrundsatz des § 20 SGB X i. V. m. den Regelungen zur Ermittlung des Rehabilitationsbedarfs gem. § 13 SGB IX, wonach alle wesentlichen entscheidungserheblichen Tatsachen zu ermitteln sind, konkretisiert werden. Denn Ausführungen zur Abweichung der seelischen Gesundheit stehen oft in unmittelbarem Zusammenhang mit den von der Teilhabebeeinträchtigung betroffenen Lebensbereichen. Das Entscheidungsprimat der öffentlichen Jugendhilfe und deren Steuerungsverantwortung werden durch diese Regelung nicht relativiert.[492]

Neben Fällen, in denen eine seelische Behinderung bereits diagnostiziert werden kann, besteht trotz des missverständlichen Gesetzeswortlauts, der durch das KJSG nicht korrigiert wurde, ein Anspruch auf Eingliederungshilfe gem. § 35a Abs. 1 S. 2 SGB VIII auch dann, wenn eine seelische **Behinderung droht**, weil eine Teilhabebeeinträchtigung mit hoher Wahrscheinlichkeit zu erwarten ist. Eine solche hohe Wahrscheinlichkeit erfordert mehr als die bloß theoretische Möglichkeit, jedoch weniger als eine an Sicherheit grenzende Wahrscheinlichkeit. Entsprechend wird zumindest eine Wahrscheinlichkeit von deutlich über 50 % genügen.[493] Die Prognose ist Sache des Jugendamts.[494]

---

490 Wiesner/Wiesner SGB VIII § 35a Rn. 19; FK/v. Boetticher/Meysen SGB VIII § 35a Rn. 35; VG Düsseldorf, Urt. v. 5.3.2008, 19 K 1659/07 = JAmt 2008, 212 (214) = BeckRS 2008, 35165. Eingesetzt werden können Checklisten für die ICF-CY, vgl. https://www.dgspj.de/service/icf-cy/ (Stand: 19.12.2020).

491 Vgl. VGH Mannheim, Beschl. v. 12.12.2005, 7 S 1887/05 = JAmt 2006, 202 (202 f.).

492 BT-Drs. 19/26107, S. 83 f.

493 JurisPK-SGB VIII/v. Koppenfels-Spies § 35a Rn. 24 u. 44; FK/v. Boetticher/Meysen SGB VIII § 35a Rn. 46; BVerwG, Urt. v. 26.11.1998, 5 C 38/97 = FEVS 49, 487 (489) = BeckRS 1998 30036133; OVG Weimar, Beschl. v. 22.5.2018, 3 EO 192/18 = BeckRS 2018, 29352.

494 JurisPK-SGB VIII/v. Koppenfels-Spies § 35a Rn. 44; a. A. Wiesner/Wiesner SGB VIII § 35a Rn. 27, wonach ähnlich § 35a Abs. 1 S. 1, Abs. 1a SGB VIII ein zweistufiges Prognoseverfahren von Arzt bzw. Psychotherapeut und Fachkraft im Jugendamt erforderlich sein soll

## 2. Formen der Hilfegewährung

Ebenso wie die Hilfe zur Erziehung bemisst sich gem. § 35a Abs. 2 SGB VIII die Eingliederungshilfe nach dem **Bedarf im Einzelfall**: Es besteht ein Anspruch auf bedarfsdeckende Leistungen, nicht mehr und nicht weniger.

Die **Hilfe kann erbracht werden**

- in ambulanter Form (Abs. 2 Nr. 1),
- in Tageseinrichtungen für Kinder oder anderen teilstationären Einrichtungen (Abs. 2 Nr. 2),
- durch geeignete Pflegepersonen (Abs. 2 Nr. 3) und
- in Einrichtungen über Tag und Nacht sowie sonstigen Wohnformen (Abs. 2 Nr. 4).

**Aufgaben und Ziele** der Hilfe, die Bestimmung des Personenkreises sowie Art und Form der Leistungen richten sich aufgrund einer Verweisung in § 35a Abs. 3 SGB VIII nach §§ 28–35, 90, 109–116 SGB IX, soweit diese auf seelisch behinderte oder von einer solchen Behinderung bedrohte Personen Anwendung finden und das SGB VIII keine vorrangigen Regelungen enthält.

Nach § 90 Abs. 1 S. 1 SGB IX ist Aufgabe der Eingliederungshilfe, Leistungsberechtigten eine **individuelle Lebensführung** zu ermöglichen, die der Würde des Menschen entspricht, und die volle, wirksame und gleichberechtigte Teilhabe am Leben in der Gesellschaft zu fördern.

**Teilbereiche** der Eingliederungshilfe sind Leistungen der medizinischen Rehabilitation (§ 90 Abs. 2 i. V. m. §§ 109 f. SGB IX), Leistungen zur Teilhabe am Arbeitsleben(§ 90 Abs. 3 i. V. m. § 111 SGB IX), Leistungen zur Teilhabe an Bildung (§ 90 Abs. 4 i. V. m. § 112 SGB IX) und Leistungen zur Sozialen Teilhabe (§ 90 Abs. 5 i. V. m. §§ 113 ff. SGB IX).

Unter Leistungen der **medizinischen Rehabilitation** fallen dabei ärztliche sowie Leistungen anderer Heilberufe unter ärztlicher Aufsicht bzw. auf ärztliche Anordnung. Weiter ist die Psychotherapie eine Leistung der medizinischen Rehabilitation.[495]

Leistungen zur **Teilhabe am Arbeitsleben** sind Hilfe zur Erhaltung und Erlangung eines Arbeitsplatzes (einschließlich Beratung, Vermittlung und Training), Berufsvorbereitung, berufliche Weiterbildung und berufliche Ausbildung, psychosoziale Hilfen sowie Kosten für Unterkunft, Verpflegung und

495 Vgl. Wiesner/Wiesner SGB VIII § 35a Rn. 106.

sonstige, mit der Teilhabeleistung in unmittelbarem Zusammenhang stehende Aufwendungen (z. B. Prüfungsgebühren, Lernmittel).[496]

**Praxishinweis**
Eine Zuständigkeit der Bundesagentur für Arbeit hinsichtlich Leistungen nach dem SGB III, die gem. § 10 Abs. 1 SGB VIII der Kinder- und Jugendhilfe vorgehen, besteht nur, wenn die Aussichten der jungen Menschen, am Arbeitsleben wieder teilzuhaben, **wesentlich gemindert** sind, vgl. § 19 SGB III.

Leistungen zur **Teilhabe an Bildung** ermöglichen z. B., dass Kinder bzw. Jugendliche inklusiv beschult werden. Verbreitet ist z. B. Einsatz von Integrationshelfern und Schulbegleitern. Denkbar sind aber auch weitere Leistungen, um das übliche Bildungslevel zu erreichen (z. B. Nachhilfe, Hausunterricht, ggf. sogar über die allgemeine Schulpflicht hinaus) sowie Hilfe zum Besuch weiterführender Schulen (z. B. Realschule, Fachoberschule, Gymnasium).[497]

**Praxishinweis**
Ein Verweis auf den Besuch einer **Sonderschule** wegen des nach § 10 Abs. 1 SGB VIII bestehenden Vorrangs schulischer Leistungen ist unzulässig, soweit schulrechtlich der Besuch einer Regelschule gestattet ist.

Die Leistungen zur Teilhabe an Bildung enden nicht mit Schulabschluss oder Bachelor. So können Leistungen zur Ermöglichung eines Masterstudiums, ggf. sogar zur Ermöglichung einer Promotion erbracht werden, wenn dies für das Erreichen des angestrebten Berufsziels erforderlich ist.[498]

Unter Leistungen zur **Sozialen Teilhabe** fallen z. B. heilpädagogische Leistungen im Vorschulalter (u. a. Spiel- oder Musiktherapie, Frühförderprogramme, integrative Förderung in Kindergärten), heilpädagogisches Reiten, Unterbringung in einer Pflegefamilie mit entsprechender Expertise sowie Hilfen zur Teilhabe am gemeinschaftlichen und kulturellen Leben (u. a. Begegnung behinderter und nichtbehinderter Menschen, Zugang zu Medien wie Fernsehen, Internet, Zeitschriften).[499]

Sofern **gleichzeitig Eingliederungshilfe und Hilfe zur Erziehung** zu leisten ist, soll dies nach § 35a Abs. 4 S. 1 SGB VIII möglichst einheitlich, d. h., in einer

496 Vgl. BeckOK SozR/Winkler SGB VIII § 35a Rn. 29.
497 Vgl. Wiesner/Wiesner SGB VIII § 35a Rn. 111 ff.
498 BeckOK SozR/Jabben SGB IX § 112 Rn. 11.
499 Vgl. FK/v. Boetticher/Meysen SGB VIII § 35a Rn. 73; Wiesner/Wiesner SGB VIII § 35a Rn. 109 f.

Einrichtung bzw. bei einem Dienst oder einer Einzelperson erfolgen. Bei der Erbringung heilpädagogischer Leistungen für noch nicht schulpflichtige Kinder in **Tageseinrichtungen** sind solche Einrichtungen vorzugswürdig, in denen eine integrative bzw. inklusive Betreuung ermöglicht wird, soweit der Hilfebedarf dies zulässt, § 35a Abs. 4 S. 2 SGB VIII. Für Auslandsmaßnahmen gilt ebenso wie bei Hilfe zur Erziehung § 38 SGB VIII.

# X. Hilfe für junge Volljährige

**Junge Volljährige**[500] erhalten nach § 41 Abs. 1 S. 1 SGB VIII geeignete und notwendige Hilfe i. S. d. §§ 27–40 SGB VIII, wenn und solange ihre Persönlichkeitsentwicklung eine selbstbestimmte, eigenverantwortliche und selbständige Lebensführung nicht gewährleistet.

Das Jugendamt muss prüfen, „ob im Rahmen der Möglichkeiten des jungen Volljährigen die **Gewährleistung einer Verselbständigung** nicht oder nicht mehr vorliegt."[501] Wenn das der Fall ist, liegt ein Hilfebedarf vor. Die Begriffe der **Geeignetheit** und **Notwendigkeit** sind dann ebenso wie in § 27 Abs. 1 SGB VIII auszulegen[502] und ermöglichen im Zusammenspiel die Gewährung einer optimal bedarfsgerechten Hilfe.

Möglich ist auf Grundlage von § 41 Abs. 1 SGB VIII

- eine **Fortführung von Hilfe** zur Erziehung oder Eingliederungshilfe nach Eintritt der Volljährigkeit oder
- eine **erstmalige Hilfegewährung**, z. B. bei Substanzmissbrauch oder Obdachlosigkeit, bei Strafentlassenen, Prostituierten oder Ausbildungsabbrechern ohne Perspektive.[503]

**Praxishinweis**

Anders als vor Inkrafttreten des KJSG besteht selbst in atypischen Fallkonstellation kein Ermessen, da es sich um eine **Muss-Leistung** handelt.

Ab **Vollendung des 21. Lebensjahrs** enthält § 41 Abs. 1 S. 2 SGB VIII eine Einschränkung in zweifacher Hinsicht: Zum einen kann die Hilfe nicht mehr erstmalig erbracht, sondern nur fortgesetzt werden, zum zweiten soll auch das nur in begründeten Einzelfällen möglich sein.

500 Zum Begriff s. o. unter III. 1. c).

501 BT-Drs. 19/26107, S. 94.

502 Dazu s. o. unter VIII. 1. b) bzw. c); LPK-SGB VIII/Kunkel/Kepert SGB VIII § 41 Rn. 3.

503 BeckOK SozR/Winkler SGB VIII § 41 Rn. 9; Wiesner/Schmid-Obkirchner SGB VIII § 41 Rn. 15 ff.

Ein solcher begründeter **Einzelfall kann z. B. vorliegen**,

- wenn der Erfolg der bereits begonnenen Maßnahme ohne Fortsetzung in Frage stünde,
- wenn eine Ausbildung bzw. eine sozialpädagogische oder therapeutische Maßnahme (z. B. nach Drogentherapie) noch nicht abgeschlossen wurde oder
- wenn ein Abgleiten in Kriminalität oder ins Drogenmilieu zu befürchten wäre.[504]

Nicht erforderlich ist für eine **Fortsetzungshilfe**, dass diese in derselben Form gewährt wird. Das ergibt sich daraus, dass § 41 Abs. 2 SGB VIII von „Ausgestaltung" der Hilfe spricht, es sich also bei verschiedenen Hilfeformen dennoch um eine einheitliche Maßnahme handelt. Auf eine ambulante Hilfe kann z. B. eine stationäre Hilfe folgen. Die Intensität kann wechselnden Hilfebedarfen angepasst werden. Kürzere Unterbrechungen (i. d. R. weniger als drei Monate, § 86a Abs. 4 S. 2, 3 SGB VIII analog) sind unschädlich.[505]

Nach § 41 Abs. 2 SGB VIII gelten die § 27 Abs. 3, 4 sowie §§ 28 bis 30, 33 bis 36 und 39 f. SGB VIII sinngemäß, wobei an die Stelle der Sorgeberechtigten der junge Mensch selbst tritt. Entsprechend können über die „**Brücke**" des § 41 SGB VIII sowohl Leistungen erbracht werden, die bei Minderjährigen als Hilfe zur Erziehung geleistet würden, als auch solche der Eingliederungshilfe.

Um **Hilfelücken** zu vermeiden und einen nahtlosen Übergang in andere Leistungssysteme zu gewährleisten regelt § 41 Abs. 3 SGB VIII, dass spätestens ein Jahr, bevor nach Maßgabe des Hilfeplans eine erzieherische Hilfe beendet werden soll, eine Prüfung zu erfolgen hat, ob aufgrund der individuellen Bedarfslage Leistungen anderer Sozialleistungsträger notwendig erscheinen und ein Zuständigkeitsübergang auf diese in Betracht kommt.[506]

---

504 VG München, Beschl. v. 15.11.2011, M 18 E 11.5033 = BeckRS 2011, 31520; VG Aachen, Beschl. v. 17.12.2010, 2 L 328/10 = BeckRS 2011, 45090; LPK-SGB VIII/Kunkel/Kepert SGB VIII § 41 Rn. 20; BeckOK SozR/Winkler SGB VIII § 41 Rn. 20.

505 VG Würzburg, Urt. v. 25.2.2010, W 3 K 09.788 = BeckRS 2010, 36539; BeckOK SozR/Winkler SGB VIII § 41 Rn. 19.

506 BT-Drs. 19/26107, S. 94.

**Praxishinweis**
Beispielhaft nennt die Gesetzesbegründung die **Sicherung des Lebensunterhalts** nach Entlassung des jungen Menschen aus einer stationären Jugendhilfeeinrichtung. Diese kann durch SGB II-Leistungen, aber auch durch Leistungen nach dem BAföG oder durch Berufsausbildungsbeihilfen erfolgen. Ebenso kann die **Wohnungsfrage** eine Rolle spielen und kommen Anschlusshilfen aus dem Spektrum der psychosozialen Leistungen in Betracht, z. B. Leistungen zur Eingliederung in Arbeit nach §§ 16 ff. SGB II oder **Hilfen zur Überwindung sozialer Schwierigkeiten** nach § 67 SGB XII. Im Falle einer (drohenden) Behinderung ist an Leistungen der Eingliederungshilfe zu denken.[507]

Neben der Hilfe für junge Volljährige gem. § 41 SGB VIII sieht § 41a vor, dass junge Volljährige innerhalb eines angemessenen Zeitraums nach Beendigung der Hilfe im notwendigen Umfang beraten und unterstützt werden (sog. **Nachbetreuung**). Zeitraum und Umfang der Hilfe sollen in dem Hilfeplan, der die Beendigung der vorangegangenen Hilfe feststellt, dokumentiert und regelmäßig überprüft werden.

Ein Beratungs- und Unterstützungsbedarf besteht insbesondere dann, wenn die Ergebnisse einer vorangegangenen Hilfe, sei es nach § 41 Abs. 1, 2 SGB VIII oder unmittelbar nach §§ 27 ff., 35a SGB VIII,[508] noch nicht soweit verfestigt sind, dass deren **Nachhaltigkeit** gesichert ist.[509] So ist eine Hilfe bei der Job- und Wohnungssuche, etwa durch die Herstellung von Kontakten zu Arbeitgebern, Ämtern und Vermietern ebenso möglich wie eine weitere fachliche Unterstützung in der Persönlichkeitsentwicklung. In diesem Zusammenhang wird von „**Volljährigenassistenz**" gesprochen.[510]

**Praxishinweis**
Um zu verhindern, dass der junge Volljährige trotz eines Nachbetreuungsbedarfs aus den Augen verloren wird, sieht § 41a Abs. 2 S. 2 SGB VIII vor, dass das Jugendamt in regelmäßigen Abständen zu ihm **Kontakt aufnehmen** soll. Die Dauer der Kontaktaufnahme muss sich nach der individuellen Situation des jungen Menschen richten.[511]

507 BT-Drs. 19/26107, S. 95.

508 Die vorangegangene Hilfe wurde unmittelbar auf Grundlage von §§ 27 ff., 35a SGB VIII gewährt, wenn sie (spätestens) mit Eintritt der Volljährigkeit des jungen Menschen beendet wird. Auf solche Fälle ist § 41a Abs. 2 S. 1 SGB VIII analog anzuwenden.

509 LPK-SGB VIII/Kunkel/Kepert SGB VIII § 41 Rn. 37.

510 Dazu LPK-SGB VIII/Kunkel/Kepert SGB VIII § 41 Rn. 38.

511 BT-Drs. 19/26107, S. 96.

# XI. Mitwirkung in Gerichtsverfahren

Nach §§ 50 ff. SGB VIII hat das Jugendamt in Verfahren vor den Familien- bzw. Jugendgerichten mitzuwirken.

Die Mitwirkungspflicht ergibt sich hinsichtlich der **Familiengerichte** zunächst aus § 50 SGB VIII. Darüber hinaus regeln § 51 SGB VIII die Beratung und Belehrung in Verfahren zur Annahme als Kind bzw. § 53 Abs. 1 SGB VIII die Pflicht des Jugendamts, dem Gericht Personen und Vereine vorzuschlagen, die sich im Einzelfall zum Pfleger oder Vormund eignen.

Die Pflicht zur Mitwirkung in Verfahren nach dem **Jugendgerichtsgesetz** ergibt sich aus § 52 SGB VIII i. V. m. §§ 38, 50 Abs. 3 S. 2 JGG.

**Praxishinweis**

Eine weitere Funktion des Jugendamts ergibt sich aus § 80 Abs. 1 StVollzG. Danach kann ein noch nicht schulpflichtiges Kind einer Strafgefangenen mit Zustimmung des Inhabers des Aufenthaltsbestimmungsrechts im **Strafvollzug** untergebracht werden, in der sich seine Mutter[512] befindet, wenn dies dem Kindeswohl entspricht. Vor der Unterbringung ist das Jugendamt anzuhören. Ein Einvernehmen ist jedoch nicht erforderlich.[513]

Sowohl gegenüber dem Familien- als auch gegenüber dem Jugendgericht hat das Jugendamt im Rahmen seiner Mitwirkung die für seine Aufgabenerfüllung maßgeblichen Vorschriften des SGB zu beachten, insbesondere den **Sozialdatenschutz**. So ist eine Übermittlung von Daten nicht bereits deshalb statthaft, weil sie für das gerichtliche Verfahren dienlich wäre oder das Gericht darum bittet.[514]

512 Dass männlichen Strafgefangenen in entsprechenden Konstellationen eine gemeinsame Unterbringung mit Kindern verweigert wird, dürfte gegen Art. 3 Abs. 2 GG verstoßen; a. A. OLG Hamm, Beschl. v. 30.6.1983, 7 VAs 44/83 = NStZ 1983, 575 (575) = BeckRS 9998, 33406 (gemeinsame Unterbringung in JVA nicht möglich, weil „weder die äußeren Voraussetzungen vorhanden sind, noch die Sicherheit des […] Kindes gewährleistet ist").

513 Zu Mutter-und-Kind-Einrichtungen des Strafvollzugs als Einrichtungen der Jugendhilfe vgl. auch BVerwG, Urt. v. 12.12.2002, 5 C 48/01 = NJW 2003, 2399 (2399 ff.) = BeckRS 2002, 30298044.

514 Im Einzelnen vgl. dazu die Ausführungen unter XVI.

## 1. Verfahren vor den Familiengerichten

Nach § 50 Abs. 1 S. 1 SGB VIII unterstützt das Jugendamt das Familiengericht bei allen Maßnahmen, welche die **Personensorge** i. S. d. § 1631 Abs. 1 BGB betreffen. Diese Unterstützung soll kein Gegensatz zur Hilfe für das Kind und dessen Familie sein.[515]

Aus § 50 Abs. 1 S. 1 SGB VIII folgt **keine gerichtliche Weisungskompetenz** gegenüber dem Jugendamt. Soweit das Gericht zu entsprechenden Maßnahmen befugt ist, braucht es dafür anderweite Rechtsgrundlagen. So richtet sich die zeugenschaftliche Ladung bestimmter Mitarbeiter nach allgemeinem Verfahrensrecht und können Leistungsanordnungen ggf. auf §§ 1666 f. BGB gestützt werden.[516]

Ausfluss der allgemeinen Unterstützungspflicht ist die in § 50 Abs. 1 S. 2 SGB VIII geregelte **Mitwirkung in verschiedenen Verfahren**.

Hierbei handelt es sich um

- Kindschaftssachen,
- Abstammungssachen,
- Adoptionssachen,
- Ehewohnungssachen und
- Gewaltschutzsachen.

Das Jugendamt unterrichtet das Gericht dabei nach § 50 Abs. 2 S. 1 SGB VIII insbesondere über angebotene und erbrachte Leistungen, bringt **erzieherische und soziale Gesichtspunkte** zur Entwicklung des Kindes bzw. Jugendlichen ein und weist auf Möglichkeiten der Hilfe hin.

**Praxishinweis**

Ergeben sich aus der Mitwirkung in gerichtlichen Verfahren Erkenntnisse, die zur Verwirklichung des Auftrags aus § 1 Abs. 3 SGB VIII eine Erbringung von Leistungen gegenüber jungen Menschen, Personensorgeberechtigten o. a. sinnvoll erscheinen lassen, hat das Jugendamt diese **von Amts wegen** anzubieten und um ihre Inanspruchnahme zu werben.

---

515 Lack ZKJ 2010, 189 (189); LPK-SGB VIII/Berneiser/Diehl SGB VIII § 50 Rn. 28 a. E.

516 Vgl. MüKo BGB/Tillmanns SGB VIII § 50 SGB VIII Rn. 5; FK/Trenczek SGB VIII § 50 Rn. 11; vgl. zur Anordnungskompetenz auch VIII. 5.

### a) Kindschaftssachen

Unter Kindschaftssachen sind nach § 50 Abs. 1 S. 2 Nr. 1 SGB VIII i. V. m. § 151 FamFG die dem Familiengericht zugewiesenen Verfahren zu verstehen, die

- die **elterliche Sorge**,
- das **Umgangsrecht** einschließlich des Rechts auf Auskunft über die persönlichen Verhältnisse eines Kindes,
- die **Kindesherausgabe**,
- die **Vormundschaft**,
- die **Pflegschaft** oder die gerichtliche Bestellung eines sonstigen Vertreters für Minderjährige oder für ungeborene Kinder,
- die Genehmigung der freiheitsentziehenden **Unterbringung** Minderjähriger nach §§ 1631b, 1800 und 1915 BGB bzw. nach den Landesgesetzen über die Unterbringung psychisch Kranker oder
- die **Aufgaben nach dem JGG** betreffen.

In der Praxis handelt es sich meistens um Sorgerechtssachen nach §§ 1666 bzw. 1671 Abs. 1 BGB sowie um Umgangsverfahren nach §§ 1684 ff. BGB. **Keine Mitwirkung** erfolgt, soweit ausschließlich die **Vermögenssorge** betroffen ist.

Besondere Bedeutung misst der Gesetzgeber der **Vorlage des** gem. § 36 Abs. 2 S. 2 SGB VIII erstellten **Hilfeplans** bei. Dieser muss dem Gericht gem. § 50 Abs. 2 S. 2 SGB VIII in bestimmten Verfahren v. A. w. vorgelegt werden. Bei den betreffenden Verfahren handelt es sich um Unterbringungssachen nach § 1631b BGB, um Verfahren, die den Erlass einer Verbleibensanordnung nach § 1632 Abs. 4 oder § 1682 BGB betreffen sowie um Verfahren wegen Gefährdung des Kindeswohls nach §§ 1666 f. BGB.[517] In anderen die Person des Kindes betreffenden Kindschaftssachen ist das Jugendamt gem. § 50 Abs. 2 S. 4 SGB VIII auf Anforderung des Gerichts zur Vorlage des Hilfeplans verpflichtet.

---

517 Die Vorlagepflicht v.A.w. besteht auch dann, wenn gem. § 1696 BGB, §§ 166, 167 Abs. 1 S. 1 i. V. m. § 329 Abs. 2, § 330 FamFG über die Abänderung, Verlängerung oder Aufhebung von Maßnahmen zu entscheiden ist, die nach den §§ 1631b, 1632 Abs. 4, §§ 1666 f., 1682 BGB getroffen wurden (BT-Drs. 19/26107, S. 104).

**Praxishinweis**

Die Vorlage des Hilfeplans kann unter Beachtung des **Sozialdatenschutzes** zu einem erheblichen Verwaltungsaufwand führen. Denn durch § 50 Abs. 2 S. 3 SGB VIII wird klargestellt, dass das vorzulegende Dokument ausschließlich das Ergebnis der Bedarfsfeststellung und die vereinbarte Art der Hilfegewährung einschließlich der hiervon umfassten Leistungen sowie das Ergebnis etwaiger Überprüfungen dieser Feststellungen enthalten darf. Nicht von der Vorlagepflicht umfasst sind z. B. Gesprächsprotokolle, Entwicklungsberichte und andere Unterlagen, die im Rahmen der Hilfeplanung erstellt oder vorgelegt wurden, aber nur Grundlage der im Hilfeplan festgehaltenen Ergebnisse sind.[518] Insoweit ist der Hilfeplan ggf. zu schwärzen.[519]

Mit Blick auf die Vorlage des Hilfeplans, aber auch darüber hinaus stellt § 50 Abs. 2 S. 6 SGB VIII klar, dass § 64 Abs. 2 und § 65 Abs. 1 S. 1 Nrn. 1, 2 SGB VIII unberührt bleiben, also bei der Übermittlung betreffender Daten beachtet werden müssen. Entsprechend dürfen Daten, die einem Mitarbeiter des öffentlichen Trägers **anvertraut** wurden, grundsätzlich nur mit Einwilligung dessen weitergegeben werden, der die Daten anvertraut hat, es sei denn, das Gericht wurde gem. § 8a Abs. 2 S. 1 SGB VIII angerufen und ohne die Weitergabe der anvertrauten Daten könnte eine für die Leistungsgewährung notwendige Entscheidung nicht ermöglicht werden. Auch in diesem Fall darf die Übermittlung aber nicht dazu führen, dass der Erfolg der zu gewährenden Leistung in Frage gestellt wird.[520]

Eine Pflicht zur **Anhörung** des Jugendamts durch das Familiengericht ergibt sich in Kindschaftssachen, welche die Personensorge betreffen, aus § 162 Abs. 1 FamFG. Unterbleibt die Anhörung wegen Gefahr im Verzug, also bei besonderer Eilbedürftigkeit, ist sie ohne schuldhaftes Zögern nachzuholen. Zudem ist das Jugendamt von Gerichtsterminen zu benachrichtigen und sind ihm alle Entscheidungen bekannt zu machen.

Die Teilnahme an **Erörterungsterminen** des Gerichts ist für das Jugendamt i. d. R. verpflichtend. Das folgt aus § 50 Abs. 2 S. 5 SGB VIII. Denn nach dieser Vorschrift hat das Jugendamt das Gericht in dem Termin nach § 155 Abs. 2 FamFG über den Stand des Beratungsprozesses zu informieren. So kann das Gericht auf die Beteiligten einwirken, Beratungs- und Vermittlungsleistungen des SGB VIII in Anspruch zu nehmen.[521]

Freilich hat das Jugendamt für die Einleitung des Beratungsprozesses, bei dem es sich häufig um eine Leistung nach § 17 Abs. 2 oder § 18 Abs. 3 S. 3, 4

518 BT-Drs. 19/28870, S. 107.

519 Damit hat der Hilfeplan freilich nicht den Inhalt, desbezüglich der ursprüngliche Gesetzesentwurf eine Vorlage an das Familiengericht für geboten hielt; vgl. dazu BT-Drs. 19/26107, S. 104.

520 BT-Drs. 19/26107, S. 105; zum Sozialdatenschutz s. unter XVI.

521 Wiesner/Wapler SGB VIII § 50 Rn. 18.

SGB VIII handelt,[522] wenig Zeit. Denn nach § 155 Abs. 2 S. 2 FamFG soll der Erörterungstermin **spätestens einen Monat** nach Beginn des Verfahrens stattfinden. Damit sollen u. a. Fälle „ertrotzter Kontinuität“ vermieden werden.[523]

**Praxishinweis**
Inwieweit gerade in Kindschaftssachen ein **Entscheidungsvorschlag** durch das Jugendamt angebracht ist, kann nicht allgemeingültig beantwortet werden: Während dies z. B. dann sinnvoll sein kann, wenn eine Weisung nach § 1666 Abs. 3 Nr. 1 BGB in Betracht kommt, sollte von einem Entscheidungsvorschlag abgesehen werden, wenn hierdurch ein Vertrauensverhältnis zu den Eltern beschädigt würde oder das Jugendamt mehrere Möglichkeiten für gleichwertig hält und noch die Möglichkeit besteht, dass die Eltern sich einigen.[524]

Eine **Einschränkung** des § 162 FamFG folgt aus § 155a Abs. 3 FamFG für Verfahren zur Übertragung der gemeinsamen elterlichen Sorge auf Eltern nichtehelicher Kinder nach § 1626a Abs. 2 BGB. Denn über die gemeinsame Sorge, die bei ehelichen Kindern kraft Geburt und ohne weiteren Rechtsakt eintritt, soll bei nichtehelichen Kindern i. d. R. im vereinfachten Verfahren entschieden werden. So sieht § 1626a Abs. 2 S. 2 BGB vor, dass dann, wenn der Antragsgegner, regelmäßig die Kindsmutter, keine Gründe vorträgt, die der Übertragung der gemeinsamen elterlichen Sorge entgegenstehen könnten, und solche Gründe auch sonst nicht ersichtlich sind, vermutet wird, dass die gemeinsame Sorge dem Kindeswohl nicht widerspricht. Das Gericht soll dann ohne Anhörung des Jugendamts entscheiden. Dass gleichwohl auch eine Mitteilung der Entscheidung an das Jugendamt erfolgt, dient der Führung des Sorgerechtsregisters nach § 58a SGB VIII.[525]

Gegen den verfahrensbeendenden Beschluss des Familiengerichts steht dem Jugendamt nach § 162 Abs. 3 S. 2 FamFG das Rechtsmittel der **Beschwerde** zu. Dies gilt unabhängig davon, ob das Jugendamt die Stellung eines Verfahrensbeteiligten i. S. d. § 7 Abs. 2 Nr. 2 FamFG hat, was in Verfahren nach §§ 1666 f. BGB stets, i. Ü. auf Antrag des Jugendamts der Fall ist.[526] Über die Beschwerde entscheidet das Oberlandesgericht.

522 Dazu s. unter VI. 2. u. 5.

523 Vgl. Schmidt, Familienrecht, Rn. 834.

524 Vgl. Wiesner/Wapler SGB VIII § 50 Rn. 50; FK/Trenczek SGB VIII § 50 Rn. 20.

525 Vgl. dazu auch § 50 Abs. 3 SGB VIII.

526 Zur Rechtsstellung als Verfahrensbeteiligter vgl. MüKoFamFG/Schumann FamFG § 162 Rn. 17 m. w. N.; zur daraus herrührenden Frage der Kostenbeteiligung Rn. 19. Allerdings wird jedenfalls dann, wenn das Jugendamt keinen Sach- oder Verfahrensantrag stellt außerhalb des Anwendungsbereichs der §§ 1666 f. BGB von einer Beteiligung kaum Gebrauch gemacht, vgl. Johannsen/Henrich/Althammer/Döll FamFG § 162 Rn. 7.

### b) Abstammungssachen

Das Jugendamt wirkt nach § 50 Abs. 1 S. 2 Nr. 2 SGB VIII i. V. m. § 176 FamFG in verschiedenen **Abstammungssachen** mit.

Eine solche **Mitwirkung** ist vorgesehen bei

- Anfechtung der Vaterschaft durch den biologischen Vater (§ 1600 Abs. 1 Nr. 2 BGB) und
- Anfechtung der Vaterschaft durch den gesetzlichen Vertreter des Kindes (§ 1600 Abs. 1 Nr. 4 BGB).

In **anderen Abstammungssachen**, z. B. bei einem Antrag auf Ersetzung der Einwilligung in eine genetische Abstammungsuntersuchung und Anordnung der Duldung einer Probenentnahme (§ 169 Nr. 2 FamFG, § 1598a BGB) kann das Gericht das Jugendamt anhören, wenn ein Beteiligter minderjährig ist.

Die Mitwirkung bei Anfechtung der Vaterschaft durch den biologischen Vater dient der Beurteilung dessen, ob zwischen Kind und (rechtlichem) Vater eine **sozial-familiäre Beziehung** i. S. d. § 1600 Abs. 3 BGB besteht bzw. im Zeitpunkt des Todes des Vaters bestanden hat. Denn eine solche Beziehung führt dazu, dass der biologische Vater die Vaterschaft nicht anfechten kann, § 1600 Abs. 2 BGB.

**Praxishinweis**

Dass die Drittanfechtung bei einer sozial-familiären Beziehung nicht möglich sein soll, ist eine **gesetzgeberische Wertung**, die nicht durch eine einschränkende Auslegung von § 1600 Abs. 3 BGB umgangen werden darf.

Bei einer Anfechtung nach § 1600 Abs. 1 Nr. 4 BGB, also durch den gesetzlichen Vertreter des Kindes in dessen Namen, dient die Anhörung der Einschätzung, ob die Voraussetzungen des § 1600a Abs. 4 BGB vorliegen. Denn nach dieser Vorschrift ist die Anfechtung nur zulässig, wenn sie dem **Wohl des Kindes** bzw. Jugendlichen entspricht.[527]

Nach § 176 Abs. 2 FamFG sind dem Jugendamt die das Verfahren abschließenden gerichtlichen Entscheidungen in Fällen der zwingenden Anhörung bei einer Anfechtung nach § 1600 Abs. 1 Nrn. 2, 4 BGB ebenso mitzuteilen wie in Fällen, in denen sich das Gericht darüber hinaus für eine Anhörung entschei-

527 Vgl. zur Anfechtung der Vaterschaft Schmidt, Familienrecht, Rn. 116 ff.

det. Dem Jugendamt steht gegen den Beschluss dann das Rechtsmittel der **Beschwerde** zu.

### c) Adoptionssachen

**Adoptionssachen** sind nach § 186 FamFG Verfahren, die

- die Annahme als Kind,
- die Ersetzung der Einwilligung zur Annahme als Kind,
- die Aufhebung des Annahmeverhältnisses oder
- die Befreiung vom Eheverbot des § 1308 Abs. 1 BGB betreffen.

Dabei ist eine Mitwirkung der Jugendhilfe nur in Fällen der **Minderjährigenadoption** vorgesehen.[528]

Insoweit sieht § 189 FamFG vor, dass das Familiengericht eine **fachliche Äußerung der Adoptionsvermittlungsstelle**, die das Kind vermittelt hat, einholen muss. Inhalt der fachlichen Äußerung ist, ob das Kind und die Familie des Annehmenden für die Adoption geeignet sind.

Ist eine Vermittlung durch die Adoptionsvermittlungsstelle nicht erfolgt, so kann an deren statt eine **fachliche Äußerung des Jugendamts** eingeholt werden, was freilich v. a. in den Fällen des § 2 Abs. 1 S. 3 und 5 AdVermiG relevant ist, also dann, wenn das Jugendamt nicht ohnehin Adoptionsvermittlungsstelle ist, weil benachbarte Gemeinden oder Kreise eine gemeinsame Adoptionsvermittlungsstelle eingerichtet haben bzw. in Berlin, Hamburg oder dem Saarland dem Landesjugendamt die Aufgaben der Adoptionsvermittlungsstelle des Jugendamtes übertragen wurden.

Soweit eine fachliche Äußerung des Jugendamts nicht als Adoptionsvermittlungsstelle eingeholt wurde, ist dieses nach § 194 Abs. 1 FamFG **anzuhören**, wenn der Anzunehmende bzw. Angenommene minderjährig ist. Dies kann etwa der Fall sein, wenn Adoptionsvermittlungsstellen nach § 2 Abs. 2 AdVermiG tätig geworden sind, also v. a. die örtlichen und zentralen Stellen des Diakonischen Werks, des Deutschen Caritasverbandes, der Arbeiterwohlfahrt und der diesen Verbänden angeschlossenen Fachverbände sowie sonstiger Organisationen mit Sitz im Inland, die von der zentralen Adoptionsstelle des Landesjugendamtes entsprechend anerkannt worden sind.[529]

---

528 Zur Minderjährigenadoption vgl. Schmidt, Familienrecht, Rn. 440 ff.

529 Zur Kritik an der Anhörung des Jugendamts in diesen Fällen vgl. Wiesner/Elmauer AdVermiG § 2 Rn. 13a.

In beiden Fällen, also dann, wenn das Jugendamt eine fachliche Äußerung abgegeben hat bzw. wenn es sonst angehört wurde, ist ihm die das Verfahren abschließende gerichtliche Entscheidung mitzuteilen. Insoweit steht dem Jugendamt zudem das Rechtsmittel der **Beschwerde** zu, § 194 Abs. 2 FamFG. Zudem sind Jugendamt und Landesjugendamt auf Antrag nach § 188 Abs. 2 FamFG auf Antrag am gerichtlichen Verfahren zu **beteiligen**.

Besitzt der Adoptionsbewerber bzw. das Kind eine **ausländische Staatsangehörigkeit**, ist einer von beiden staatenlos oder hat seinen Wohnsitz bzw. gewöhnlichen Aufenthalt außerhalb der Bundesrepublik Deutschland, so hat das Gericht nach § 195 Abs. 1 FamFG i. V. m. § 11 Abs. 1 Nrn. 2, 3 AdVermiG die zentrale Adoptionsvermittlungsstelle des Landesjugendamts anzuhören. Ist eine zentrale Adoptionsvermittlungsstelle nicht beteiligt worden, tritt an ihre Stelle das Landesjugendamt, in dessen Bereich das am Verfahren mitwirkende Jugendamt liegt.

Eine andere Funktion als im Rahmen der Mitwirkung in Adoptionssachen gem. § 50 Abs. 1 S. 2 Nr. 3 SGB VIII kommt dem Jugendamt im Rahmen der in § 51 SGB VIII geregelten **Beratung und Belehrung** in Verfahren zur Annahme als Kind zu.

Diese betrifft zum einen nach Abs. 1 und 2 Fälle des § 1748 Abs. 1 S. 1 Alt. 2, Abs. 2 S. 1 BGB, also die Ersetzung der Einwilligung eines Elternteils (vulgo: **Zwangsadoption**), wenn dieser durch sein Verhalten gezeigt hat, dass ihm das Kind gleichgültig ist und das Unterbleiben der Adoption dem Kind zu unverhältnismäßigem Nachteil gereichen würde.

Mit der Beratung und Belehrung soll dem betreffenden Elternteil die **Chance** gegeben werden, **sein Verhalten zu überdenken**, sein Verhältnis zum Kind zu verbessern und damit die Adoption unnötig zu machen. Denn „die Ersetzung der Einwilligung in die Adoption [ist] der schärfste Eingriff in das Elternrecht […], den unsere Rechtsordnung kennt". Im Zweifel ist es für Kinder das Beste, „bei ihren leiblichen Eltern aufzuwachsen bzw. Kontinuität in ihren primären sozialen Beziehungen zu erleben".[530]

Zum anderen sollen **mutmaßlich biologische Väter**, die mit der Kindsmutter nicht verheiratet und nicht an der elterlichen Sorge beteiligt sind, hinsichtlich ihrer Rechte aus § 1747 Abs. 1, 3 BGB, v. a. der **Glaubhaftmachung der Vaterschaft** und des Sorgerechtsantrags mit Sperrwirkung, beraten werden. Die Vorschrift gilt für rechtliche Väter, für (nur) biologische Väter und für werdende Väter während der Schwangerschaft.

530 BT-Drs. 7/421, S. 11, Wiesner/Wapler SGB VIII § 51 Rn. 2; Willutzki ZKJ 2007, 18 (22)

**Praxishinweis**

In diesem Zusammenhang gilt es darauf hinzuweisen, dass die **vorgeburtliche Einwilligung** in die Annahme als Kind nach § 1747 Abs. 3 Nr. 1 BGB und der Verzicht auf einen Sorgerechtsantrag nach § 1747 Abs. 3 Nr. 2 BGB **überflüssig und** (im schlimmsten Fall) sogar dem Kindeswohl **schädlich** sind. Denn zum einen wird das Adoptionsverfahren dadurch nicht beschleunigt, weil die Mutter ohnehin erst nach der Geburt in die Adoption einwilligen kann. Auf der anderen Seite erfolgt der Bindungsaufbau zwischen Eltern und Kind insbesondere bei nicht mit der Mutter zusammenlebenden Vätern schwerpunktmäßig nach der Geburt. Dann jedoch kann der Vater an zuvor bereits abgegebene Erklärungen gebunden sein.

### d) Ehewohnungssachen

Ehewohnungssachen sind nach § 200 Abs. 1 FamFG Verfahren nach §§ 1361b und 1568a BGB, können also die **Zuweisung der Ehewohnung** bei Getrenntleben und nach der Scheidung betreffen.[531]

Dabei soll das Gericht das Jugendamt gem. § 205 Abs. 1 FamFG anhören, wenn **Kinder** im Haushalt der Ehegatten leben. Unterbleibt die Anhörung allein wegen besonderer Eilbedürftigkeit, so ist sie ohne schuldhaftes Zögern nachzuholen.

Durch die Ausgestaltung als **Soll-Vorschrift** bringt der Gesetzgeber dabei zum Ausdruck, dass von der Anhörung nur in Ausnahmefällen abgesehen werden kann. Solche Ausnahmefälle können z. B. dann vorliegen, wenn einem Hauptsacheverfahren ein einstweiliges Anordnungsverfahren vorausgegangen ist und dabei die Belange des Kindes bereits berücksichtigt wurden oder wenn der Antrag auf Zuweisung der Ehewohnung offensichtlich unbegründet ist.[532]

Selbst dann, wenn eine Anhörung unterblieben ist,[533] hat das Gericht die das Verfahren abschließende Entscheidung nach § 205 Abs. 2 FamFG dem Jugendamt mitzuteilen, dem das Rechtsmittel der **Beschwerde** unabhängig davon zusteht, ob es nach § 204 Abs. 2 FamFG am Verfahren beteiligt wurde.

### e) Gewaltschutzsachen

Gewaltschutzsachen sind gem. § 210 FamFG Verfahren nach §§ 1 und 2 GewSchG, also der Erlass von Schutzanordnungen bzw. die **Überlassung einer**

531 Vgl. dazu Schmidt, Familienrecht, Rn. 366 ff.

532 BeckOK FamFG/Schlünder FamFG § 205 Rn. 6 m. w. N.

533 Keidel/Giers FamFG § 205 Rn. 4; BeckOK FamFG/Schlünder FamFG § 205 Rn. 9 m. w. N.

**gemeinsam genutzten Wohnung**. Eine Mitwirkung des Jugendamts ist nur bei Letzteren vorgesehen.[534]

Dort soll es ebenso wie bei Ehewohnungssachen gem. § 213 Abs. 1 FamFG angehört werden, wenn **Kinder** im Haushalt leben. Unterbleibt die Anhörung allein wegen Gefahr im Verzug, ist sie unverzüglich nachzuholen.

Unter derselben Voraussetzung, nämlich dass im Haushalt Kinder leben, ist dem Jugendamt gem. § 213 Abs. 2 FamFG die Entscheidung des Gerichts mitzuteilen und steht ihm das Rechtsmittel der **Beschwerde** zu, und zwar unabhängig davon, ob es nach § 212 FamFG Verfahrensbeteiligter ist.

## 2. Verfahren vor den Jugendgerichten

Eine Mitwirkungspflicht des Jugendamts in Verfahren vor den Jugendgerichten folgt aus § 52 Abs. 1 S. 1 SGB VIII i. V. m. §§ 38 und 50 Abs. 3 S. 2 JGG.

So wird die **Jugendgerichtshilfe** nach § 38 Abs. 1 JGG von den Jugendämtern im Zusammenwirken mit den Vereinigungen für Jugendhilfe, also den anerkannten Trägern der freien Jugendhilfe ausgeübt. Die Beteiligung freier Träger richtet sich nach § 76 SGB VIII.[535]

Teilweise werden der sozialpädagogische Auftrag und ein „Selbstverständnis, das sich nicht auf den richterlichen Ermittlungsgehilfen reduzieren lassen will“ durch eine Umbenennung der Jugendgerichtshilfe in „**JuHiS**“ (Jugendhilfe im Strafverfahren) unterstrichen.[536]

Aufgabe der Jugendgerichtshilfe ist, die **erzieherischen, sozialen und fürsorglichen Gesichtspunkte** im Verfahren vor den Jugendgerichten zur Geltung zu bringen, § 38 Abs. 2 JGG. Sie unterstützt zu diesem Zweck die beteiligten Behörden, also v. a. Staatsanwaltschaft und Gerichte, durch Erforschung der Persönlichkeit, der Entwicklung und des familiären, sozialen bzw. wirtschaftlichen Hintergrundes des Beschuldigten. Zudem äußert sie sich zu einer ggf. bestehenden besonderen Schutzbedürftigkeit des Beschuldigten, also zu Umständen, die eine über das alterstypische Maß hinausgehende Vulnerabilität begründen und die bei der weiteren Durchführung des Verfahrens zu berücksichtigen sind,[537] und soll einen Entscheidungsvorschlag machen.[538]

534 Dazu vgl. Schmidt, Familienrecht, Rn. 1053 ff.

535 Dazu s. o. unter III. 1. f.) cc).

536 Vgl. Eisenberg/Kölbel JGG § 38 Rn. 2.

537 Eisenberg/Kölbel JGG § 38 Rn. 10.

538 Das steht freilich in einem Spannungsverhältnis zu der Vertrauensbeziehung, die zum Beschuldigten aufgebaut werden soll, vgl. Eisenberg/Kölbel JGG § 38 Rn. 12.

Dabei sieht § 52 Abs. 1 S. 2 SGB VIII vor, dass das Jugendamt auch mit anderen öffentlichen Einrichtungen und sonstigen Stellen (z. B. Staatsanwaltschaften, Polizei, Schule, Ausländerbehörden und Gesundheitseinrichtungen) **zusammenarbeiten** soll, deren Tätigkeit auf die Lebenssituation des Jugendlichen oder jungen Volljährigen auswirkt, soweit dies zur Erfüllung der dem Jugendamt hinsichtlich der Mitwirkung in Verfahren nach dem JGG obliegenden Aufgaben erforderlich ist. Die Gesetzesbegründung zum KJSG führt dazu aus:

> „Eine **umfassendere einzelfallbezogene Kooperation**, die mehrere Stellen und Einrichtungen einbezieht, wird vor allem dann erforderlich, wenn Straftaten häufig auftreten (Mehrfachauffällige), es sich um sehr schwere Straftaten handelt oder eine Straftat gemeinsam mit anderen Auffälligkeiten, wie zum Beispiel Schulverweigerung, Suchtproblemen oder familiären Problemen vorliegt und ein Bedarf an Beratung und Abstimmung mehrerer Stellen im Interesse des betroffenen Jugendlichen besteht."[539]

Als mögliche Formen der Zusammenarbeit nennt § 52 Abs. 1 S. 3 SGB VIII gemeinsame **Konferenzen**, vergleichbare Gremien oder andere nach fachlicher Einschätzung geeignete Formen.

Nach § 52 Abs. 2 SGB VIII hat das Jugendamt frühzeitig zu prüfen, ob und inwieweit **Leistungen der Jugendhilfe**, beispielsweise Hilfe zur Erziehung, oder anderer Sozialleistungsträger in Betracht kommen. Wenn das der Fall ist, hat das Jugendamt den Staatsanwalt bzw. Richter umgehend davon zu unterrichten, damit dieser prüfen kann, ob dadurch ein Absehen von der Verfolgung nach § 45 JGG oder eine Einstellung des Verfahrens nach § 47 JGG möglich ist.

Organisatorisch soll nach § 52 Abs. 3 SGB VIII ein und derselbe **Vertreter** der Jugendgerichtshilfe den Beschuldigten **während des gesamten Verfahrens** betreuen. Entsprechend gibt § 38 Abs. 4 S. 2 JGG vor, dass in die Hauptverhandlung der Vertreter der Jugendgerichtshilfe entsandt werden soll, der die Nachforschungen angestellt hat.

**Praxishinweis**

Diesem Gebot widerspricht eine verbreitete Übung, nach der das Jugendamt im Gerichtstermin nicht vom Berichterstatter, sondern von einem sog. **Gerichtsgeher** vertreten wird, der zuvor keinen unmittelbaren Kontakt zum Angeklagten bzw. dessen Umgebung gehabt hat. Allerdings kann der Gerichtsgeher im Einzelfall eine Kontrolle des Berichtsverfassers zugunsten des Betroffenen ausüben.[540]

---

539 BT-Drs. 19/26107, S. 106.

540 Eisenberg/Kölbel JGG § 38 Rn. 50.

Eine besondere Eilbedürftigkeit besteht in **Haftsachen**, also immer dann, wenn sich der Beschuldigte in Untersuchungshaft befindet. Deshalb hat die Jugendgerichtshilfe in solchen Fällen gem. § 38 Abs. 3 S. 2 JGG beschleunigt zu berichten. Ihre Tätigkeit ist mit den Strafverfolgungsbehörden abzustimmen, um zu verhindern, dass die Persönlichkeitserforschung zu einer sachlich ungerechtfertigten Verlängerung der Haft führt.[541]

Im Falle einer **Verurteilung** des Beschuldigten hat die Jugendgerichtshilfe nach § 38 Abs. 5 S. 1 und 2 JGG außer bei Bestellung eines Bewährungshelfers darüber zu wachen, dass Weisungen und Auflagen erfüllt werden. Erhebliche Zuwiderhandlungen sind dem Richter mitzuteilen. Bei einer Weisung nach § 10 Abs. 1 S. 3 Nr. 5 JGG, wenn sich also der Verurteilte einem Betreuungshelfer unterstellen muss, übt die Jugendgerichtshilfe Betreuung und Aufsicht aus, sofern der Richter hiermit nicht eine andere Person betraut, § 38 Abs. 5 S. 3 JGG. Im Falle der Aussetzung der Verhängung einer Jugendstrafe nach §§ 27 ff. JGG sowie bei Verurteilung zu einer Jugendstrafe, deren Vollstreckung nach §§ 21 ff. JGG zur Bewährung ausgesetzt wird, arbeitet die Jugendgerichtshilfe während der Bewährungszeit eng mit dem Bewährungshelfer zusammen, § 38 Abs. 5 S. 4 JGG.

Während des Vollzugs einer Jugendstrafe bleibt die Jugendgerichtshilfe mit dem Verurteilten in Verbindung und nimmt sich seiner **Wiedereingliederung** in die Gemeinschaft an (sog. Resozialisierung), § 38 Abs. 5 S. 5 JGG.

541 Eisenberg/Kölbel JGG § 38 Rn. 17.

# XII. Vormundschaft, Pflegschaft und Beistandschaft

Vorschriften für Vormundschaft, Pflegschaft und Beistandschaft finden sich in §§ 52a ff. SGB VIII.

Dabei treten **Vormund oder Pfleger** ganz oder teilweise an die Stelle des Inhabers der elterlichen Sorge, sei es als Folge einer Entziehung des Sorgerechts oder weil Eltern aus sonstigen Gründen an der Ausübung der Sorge verhindert sind.

Demgegenüber hat die **Beistandschaft** im Wesentlichen Unterstützungsfunktionen für den Inhaber des Sorgerechts.

## 1. Vormundschaft

Die Vormundschaft wird im BGB durch §§ 1773 bis 1895 geregelt. Deren **Grundzüge** sollen im Folgenden dargestellt werden.

### a) Eintritt

Ein **Minderjähriger** erhält gem. § 1773 BGB einen Vormund, wenn

- er nicht unter elterlicher Sorge steht,
- die Eltern weder in den die Person noch in den das Vermögen betreffenden Angelegenheiten zur Vertretung berechtigt sind oder
- sein Familienstand nicht zu ermitteln ist.

Die Vormundschaft besteht also nicht in Ergänzung der elterlichen Sorge sondern tritt vielmehr **an deren Stelle.**

Anzuordnen ist die Vormundschaft nach § 1774 S. 1 BGB durch das Familiengericht **von Amts wegen**, also ohne dass es eines Antrags bedürfte. Gleichwohl muss das Familiengericht von den Umständen Kenntnis erlangen, die eine Vormundschaft erfordern.

**Praxishinweis**
Vor diesem Hintergrund hat das Jugendamt dem Familiengericht **Mitteilung** zu machen, wenn es Kenntnis von solchen Umständen erlangt.

Die Vormundschaft kann bereits **pränatal**, also vor der Geburt eines Kindes angeordnet werden, wenn anzunehmen ist, dass das Kind mit seiner Geburt eines Vormunds bedarf, z. B. also für das nichteheliche Kind einer minderjährigen Mutter, § 1774 S. 2 BGB.

Anders als für die Beistandschaft, die kraft Gesetzes eintritt, ist die **richterliche Anordnung** für die Vormundschaft **konstitutiv**, d. h., dass unabhängig von den materiell-rechtlichen Voraussetzungen vor der familiengerichtlichen Entscheidung eine Vormundschaft nicht gegeben ist.[542] Anders herum führen nur besonders elementare Verstöße wie eine Vormundschaft für Volljährige oder die Bestellung eines geschäftsunfähigen Vormunds zur Nichtigkeit der Anordnung, während diese i. Ü. bis zu ihrer Aufhebung vollwirksam ist.[543]

Eine **Ausnahme**, in der eine Vormundschaft ohne richterlichen Beschluss eintritt, liegt bei der **gesetzlichen Amtsvormundschaft** des Jugendamts vor.

Diese **tritt ein, wenn**

- ein nichteheliches Kind geboren wird, das eines Vormunds bedarf und nicht bereits zuvor durch richterlichen Beschluss ein Vormund bestellt wurde, § 1791c Abs. 1 S. 1 BGB,
- eine Vaterschaft durch Anfechtung beseitigt wurde und das Kind eines Vormunds bedarf, § 1791c Abs. 1 S. 2 BGB,
- das Jugendamt Pfleger eines nichtehelichen Kindes war, die Pflegschaft kraft Gesetzes endet und das Kind eines Vormunds bedarf (z. B. Jugendamt wurde als Ergebnis eines Verfahrens nach § 1666 BGB zum Ergänzungspfleger bestimmt, allein sorgeberechtigter Elternteil verstirbt), § 1791c Abs. 2 BGB oder
- ein Elternteil in die Adoption des Kindes einwilligt, es sei denn, der andere Elternteil übt die elterliche Sorge allein aus oder es wurde bereits ein Vormund bestellt, § 1751 Abs. 1 S. 2 BGB.

Die Amtsvormundschaft wird **intern** einem Mitarbeiter als festem Ansprechpartner übertragen. Das Kind ist vor der Übertragung anzuhören, soweit das nach Alter und Entwicklungsstand möglich ist. Eine ausnahmsweise vor der Übertragung unterbliebene Anhörung ist ohne schuldhaftes Zögern nachzuholen, § 55 Abs. 2 SGB VIII.

542 OLG Stuttgart, Beschl. v. 27.11.1964, 8 W 237/64 = FamRZ 1965, 457 (457).
543 Palandt/Götz, § 1774 Rn. 2.

In dem durch die Übertragung als Geschäft der laufenden Verwaltung[544] beschriebenen Rahmen ist der **betreffende Mitarbeiter** des Jugendamtes **gesetzlicher Vertreter** des Minderjährigen, § 55 Abs. 3 S. 1, 2 SGB VIII.

### b) Bestimmung des Vormunds

Ist eine Vormundschaft anzuordnen, hat das Gericht diese zugleich einem konkreten Vormund zu übertragen.

Dabei hat das Gericht zunächst das **Benennungsrecht** der Eltern zu berücksichtigen. Denn nach § 1776 Abs. 1 BGB ist als Vormund berufen, wer von den Eltern des Mündels benannt wurde. Die Benennung, die gem. § 1777 Abs. 3 i. V. m. § 1937 BGB i. d. R. durch Testament erfolgt, setzt gem. § 1777 Abs. 1, 2 BGB voraus, dass die Eltern zum Zeitpunkt ihres Todes sorgeberechtigt waren und darf durch das Gericht nach § 1778 BGB ohne Zustimmung des Berufenen nur in Ausnahmefällen übergangen werden.

**Praxishinweis**

Ein **Testament** kann gem. § 2247 BGB u. a. durch eine eigenhändig (also handschriftlich) geschriebene und unterschriebene Erklärung errichtet werden. Dabei soll Datum und Ort angegeben und die Erklärung mit Vornamen und Familiennamen unterschrieben werden. Ausnahmen bestehen für Minderjährige und Analphabeten.

Es ist für Eltern also **unkompliziert**, einen Vormund zu benennen. Davon sollten sie für den „Fall der Fälle" Gebrauch machen. Das gilt auch, wenn die Eltern davon ausgehen, dass z. B. Taufpaten die Vormundschaft übernehmen.

Haben die Eltern **keinen Vormund benannt** oder wird der benannte Vormund (ausnahmsweise) übergangen, so hat das Familiengericht gem. § 1779 Abs. 1 BGB nach Anhörung des Jugendamts einen Vormund auszuwählen. Das Jugendamt seinerseits hat dem Gericht nach § 53 Abs. 1 SGB VIII Personen oder (hilfsweise) Vereine vorzuschlagen, die sich für das konkrete Kind bzw. den konkreten Jugendlichen als Vormund eignen.

Die **Eignung** liegt vor, wenn der in Aussicht genommene Vormund seine Geschäfte prognostisch im Sinne des Kindes wird führen können. Dabei ist u. a. auf den Charakter, das Lebensalter, Kenntnisse und Erfahrungen sowie auf persönliche und wirtschaftliche Verhältnisse abzustellen.[545] Ungeeignet kann z. B. eine Person sein, die wegen Kindesmisshandlung vorbestraft ist. Dagegen

544 Dazu s. unter XV. 2. a).

545 Palandt/Götz, § 1779 Rn. 5.

kann der Umstand, dass jemand bei der Erziehung eigener Kinder versagt hat, ein Indiz, für sich genommen aber nicht ausschlaggebend sein.[546]

Weiter darf der mögliche Vormund nicht **unfähig, untauglich oder** durch die Eltern **ausgeschlossen** sein, §§ 1780 ff. BGB. Unfähig zur Vormundschaft ist gem. § 1780 BGB, wer geschäftsunfähig ist. Als untauglich soll nach § 1781 BGB nicht bestellt werden, wer selbst minderjährig oder für wen ein Betreuer bestellt ist. Weiter soll nach § 1782 BGB nicht bestellt werden, wer durch die Eltern in Form letztwilliger Verfügung von der Vormundschaft ausgeschlossen wurde. Richter, Soldaten, Beamte und Religionsdiener (z. B. Pastoren) sollen, sofern nach dem maßgeblichen Recht des Dienstherrn eine Erlaubnis zur Übernahme der Vormundschaft erforderlich ist, nur bestellt werden, wenn diese vorliegt, § 1784 Abs. 1 BGB.

Bei der **Auswahl** unter mehreren in Betracht kommenden Personen sind der mutmaßliche Wille der Eltern, die persönlichen Bindungen des Kindes, eine Verwandtschaft oder Schwägerschaft mit dem Kind sowie dessen religiöses Bekenntnis zu berücksichtigen. Entsprechend sollen gem. § 1779 Abs. 3 BGB Verwandte und Verschwägerte durch das Gericht vor Bestellung des Vormunds angehört werden, wenn dies ohne erhebliche Verzögerung und unverhältnismäßige Kosten möglich ist.

**Praxishinweis**

Sofern unter gleichermaßen geeigneten Personen nahe **Verwandte** zugunsten Dritter übergangen werden sollen, ist Voraussetzung, dass konkrete Erkenntnisse bestehen, nach denen die Vormundschaft des Dritten dem Kindeswohl besser entspricht. Denn die vorzugsweise Berücksichtigung von Familienangehörigen und Verwandten ist bereits verfassungsrechtlich geboten.[547]

Zur Übernahme einer Vormundschaft ist nach § 1785 BGB grundsätzlich **jeder Deutsche verpflichtet**.

Ein **Ablehnungsrecht** hat nach § 1786 Abs. 1 BGB nur, wer

- als Elternteil mindestens zwei noch nicht schulpflichtige Kinder überwiegend betreut oder wer sonst glaubhaft macht, dass die ihm obliegende Fürsorge für seine Familie die Ausübung der Vormundschaft dauerhaft erheb-

546 Vgl. LG Hanau, Beschl. v. 6.9.1977, T 148/77 = DAV 1977, 768 (769) = FHZivR 23 Nr. 3082.

547 BVerfG, Beschl. v. 18.12.2008, 1 BvR 2604/06 = NJW 2009, 1133 (1134) = BeckRS 2009, 30395.

lich erschwert, was z. B. bei behinderten Kindern oder der Pflege von Verwandten der Fall sein kann,[548]

- mindestens 60 Jahre alt ist,
- personen- oder vermögenssorgeberechtigt für mindestens vier Kinder ist,
- durch Krankheit oder Gebrechen verhindert ist, die Vormundschaft ordnungsgemäß zu führen,
- wegen einer großen Entfernung seines Wohnortes vom Sitz des zuständigen Familiengerichts die Vormundschaft nicht ohne besondere Belästigung führen kann,
- nach § 1797 Abs. 1 BGB mit einem anderen zur gemeinschaftlichen Führung der Vormundschaft bestellt werden soll oder
- bereits eine bestimmte Zahl an Vormundschaften, Pflegschaften oder Betreuungen führt.[549]

**Praxishinweis**

Wenn auch die Bestellung eines unwilligen Vormunds oft nicht dem Kindeswohl entsprechen dürfte, kann im Einzelfall auf die **Pflicht zur Übernahme der Vormundschaft** hingewiesen werden. Dies gilt v. a. dann, wenn besonders geeignete Personen die Vormundschaft zwar ablehnen, gleichwohl aber davon ausgegangen werden kann, dass diese ordnungsgemäß geführt würde (z. B. im Falle von **Lehrern** oder **Erziehern**).

Nur in Fällen, in denen ein **ehrenamtlicher Einzelvormund nicht bestellt werden kann**, kommt nach Maßgabe der §§ 1791a f. BGB die Bestellung eines Vereins oder des Jugendamts in Betracht. Zudem ist ein Verein i. d. R. zu bestellen, wenn er zur Führung der Vormundschaft aufgrund elterlicher Benennung berufen ist, während das Jugendamt durch die Eltern weder benannt noch ausgeschlossen werden kann.

Ein **Verein** muss dazu rechtsfähig, also eingetragen (e.V.) sein. Zudem muss ihm vom Landesjugendamt gem. § 54 SGB VIII eine Erlaubnis zur Übernahme von Pflegschaften bzw. Vormundschaften erteilt worden sein.

Voraussetzung für die **Erlaubnis** ist nach § 54 Abs. 2 SGB VIII, dass der Verein

- eine ausreichende Zahl geeigneter Mitarbeiter hat,
- diese beaufsichtigt, weiterbildet und gegen Schäden in Ausübung ihrer Tätigkeit angemessen haftpflichtversichert,

548 Palandt/Götz, § 1786 Rn. 2.

549 Mindestens zwei, wobei die Vormundschaft über mehrere Geschwister als eine und die Führung von zwei Gegenvormundschaften als jeweils eine zählt.

- sich planmäßig um die Gewinnung von Einzelvormündern bzw. -pflegern bemüht,
- diese in ihre Aufgaben einführt, fortbildet und berät sowie
- einen Erfahrungsaustausch zwischen den Mitarbeitern ermöglicht.

Die **bestellte Amtsvormundschaft** wird ebenso wie die Amtsvormundschaft kraft Gesetzes nach Anhörung des Mündels einem Mitarbeiter als festem Ansprechpartner übertragen, § 55 Abs. 2 SGB VIII. Das Jugendamt hat i. d. R. jährlich zu prüfen, ob an seiner Statt die Bestellung einer Einzelperson oder eines Vereins angezeigt ist und dies dem Familiengericht mitzuteilen, § 56 Abs. 4 SGB VIII. Wird das Jugendamt gem. § 1792 i. V. m. § 1799 BGB zum Gegenvormund bestellt, gelten für die Führung der Gegenvormundschaft als Amtsvormundschaft nach § 58 SGB VIII die §§ 55 f. SGB VIII entsprechend. Demgegenüber kann gem. § 1792 Abs. 1 S. 2 BGB kein Dritter zum Gegenvormund bestellt werden, wenn bereits eine Amtsvormundschaft des Jugendamts besteht.

### c) Führung der Vormundschaft

Der Vormund hat das Recht und die Pflicht, für die **Person** und das **Vermögen** des Kindes zu sorgen und das Kind umfassend zu vertreten. Dabei hat er ebenso wie sorgeberechtigte Eltern die wachsende Fähigkeit und das wachsende Bedürfnis des Kindes zu selbständigem verantwortungsbewusstem Handeln zu berücksichtigen, § 1793 Abs. 1 S. 2 i. V. m. § 1626 Abs. 2 BGB. Die Pflege und Erziehung hat der Vormund nach Maßgabe des § 1800 S. 2 BGB persönlich zu fördern und zu gewährleisten.

Dazu ist unabdingbar, dass der Vormund mit dem Kind **persönlichen Kontakt** hält. Deshalb soll er das Mündel, wenn es nicht in seinem Haushalt lebt, i. d. R. mindestens monatlich in dessen üblicher Umgebung besuchen. Im Einzelfall können kürzere oder längere Besuchsabstände oder ein anderer Ort geboten sein, § 1793 Abs. 1a BGB. Telefon-, E-Mail- oder von Dritten wahrgenommene Kontakte reichen nicht aus.[550]

Für den **Amtsvormund** ergibt sich die Geltung dieser Maßstäbe neben der Verweisung in § 56 Abs. 1 SGB VIII auch aus § 55 Abs. 3 S. 3 SGB VIII.

Nach § 55 Abs. 2 S. 4 SGB VIII soll ein vollzeitbeschäftigter Mitarbeiter des Jugendamtes, der ausschließlich mit der Führung von Vormundschaften und Pflegschaften betraut ist, **höchstens 50** und bei gleichzeitiger Wahrnehmung

550 Palandt/Götz, § 1793 Rn. 3; Wiesner/Walther SGB VIII § 55 Rn. 94.

anderer Aufgaben entsprechend weniger Vormundschaften oder Pflegschaften führen.[551]

**Praxishinweis**
Das zeigt, weshalb ein ehrenamtlicher Einzelvormund für das Kind i. d. R. besser ist als eine Amts- oder Vereinsvormundschaft. Denn bei 50 Vormundschaften bleibt für das einzelne Mündel **viel zu wenig Zeit**.

Dritte als Vormünder haben gegen das Jugendamt einen Anspruch auf **Beratung und Unterstützung**, § 53 Abs. 2 SGB VIII. Dazu zählt auch Rechtsberatung. Das gilt für ehrenamtliche und Vereinsvormünder ebenso wie für Berufsvormünder.

Neben dieser Beratungsfunktion hat das Jugendamt eine **Kontrollfunktion**. So hat es nach § 53 Abs. 3, 4 SGB VIII bei der Einzelvormundschaft darauf zu achten, dass Vormünder für die Person des Mündels Sorge tragen. Auf die Behebung von Mängeln hat es beratend hinzuwirken und sich ggf. an das Familiengericht zu wenden. Zudem hat es dem Familiengericht über das persönliche Ergehen und die Entwicklung des Mündels Auskunft zu erteilen. Erlangt es von der Gefährdung des Vermögens eines Mündels Kenntnis, so hat es diese dem Familiengericht anzuzeigen.

**Praxishinweis**
Bei einer ungenügenden oder falschen Beratung und Unterstützung drohen dem Jugendamt **Amtshaftungsansprüche** nach Art. 34 GG i. V. m. § 839 Abs. 1 BGB.[552]

## 2. Pflegschaft

Eine Pflegschaft kann im Kontext der jugendamtlichen Tätigkeit als Ergänzungspflegschaft oder als Pflegschaft für ein ungeborenes Kind („Pflegschaft für eine Leibesfrucht") begründet werden.

Eine **Ergänzungspflegschaft** erhält nach § 1909 Abs. 1 S. 1 BGB, wer unter elterlicher Sorge oder Vormundschaft steht für Angelegenheiten, an deren Besorgung die Eltern oder der Vormund verhindert sind.

551 Die tatsächliche Anzahl ist in den einzelnen Jugendämtern verschieden; sie reichte in der Vergangenheit von weniger als 20 bis zu 240 Mündeln, vgl. Wiesner/Walther SGB VIII § 55 Rn. 96 m. w. N.

552 LPK-SGB VIII/Kunkel/Leonhardt SGB VIII § 55 Rn. 41.

**Beispiele** dafür sind

- Interessenkonflikte, § 1629 Abs. 2 S. 1, 3 i. V. m. §§ 1795 f. BGB,
- ein teilweiser Entzug der elterlichen Sorge gem. § 1666 Abs. 1, 3 Nr. 6 BGB und
- die Zuwendung von Vermögen an das Kind mit der Maßgabe, dass dieses nicht von den Eltern verwaltet werden soll, § 1638 Abs. 1, 2 BGB.

Ein **ungeborenes Kind** erhält nach § 1912 Abs. 1 BGB zur Wahrung seiner künftigen Rechte einen Pfleger, soweit diese der Fürsorge bedürfen. Dabei steht die Fürsorge grundsätzlich den Eltern insoweit zu, als ihnen die elterliche Sorge zustünde, wenn das Kind bereits geboren wäre, § 1912 Abs. 2 BGB. Beispiele, in denen gleichwohl ein Bedürfnis für eine Pflegschaft bestehen kann, sind die Geltendmachung erbrechtlicher Ansprüche des gem. § 1923 Abs. 2 BGB erbfähigen ungeborenen Kindes sowie Ansprüche bei Tötung Unterhaltspflichtiger aus § 844 Abs. 2 BGB.

Auf die Pflegschaft finden nach Maßgabe des § 1915 BGB, im Falle der Amtspflegschaft i. V. m. § 56 Abs. 1 SGB VIII, grundsätzlich die für die **Vormundschaft** geltenden Vorschriften entsprechende Anwendung.

Dies gilt gem. § 1916 BGB im Falle der Ergänzungspflegschaft **nicht** für das **elterliche Benennungsrecht**. Denn der Schutz vor Interessenkollisionen soll nicht dadurch unterlaufen werden, dass der ausgeschlossene Elternteil maßgeblichen Einfluss auf die Auswahl des Pflegers hat.[553]

Die Pflegschaft **endet** nach § 1918 BGB

- wenn sie zur Besorgung einer einzelnen Angelegenheit begründet wurde mit deren Erledigung,
- im Falle der Ergänzungspflegschaft zudem mit Beendigung der elterlichen Sorge bzw. Vormundschaft, spätestens also der Volljährigkeit, sowie
- im Falle der Pflegschaft für eine Leibesfrucht mit deren Geburt.

**Aufzuheben** ist eine Pflegschaft, die nicht bereits von Gesetzes wegen endet, durch das Familiengericht gem. § 1919 BGB, wenn der Grund für ihre Anordnung weggefallen ist.

553 OLG Köln, Beschl. v. 24.2.2011, 4 UF 13/11 – FamRZ 2011, 1305 (1305) = BeckRS 2011, 6181; OLG Schleswig, Beschl. v. 27.3.2002, 2 W 24/02 = NJW-RR 2002, 1587 (1588) = BeckRS 9998, 18607; Palandt/Götz, § 1916 Rn. 1.

## 3. Beistandschaft

Die Beistandschaft des Jugendamts wird durch §§ 1712 ff. BGB geregelt.

Sie tritt nach §§ 1712, 1714 BGB kraft Gesetzes auf **schriftlichen Antrag** eines Elternteils ein, sobald dieser dem Jugendamt zugeht, gem. § 1717 BGB jedoch nur, sofern das Kind seinen gewöhnlichen Aufenthalt im Inland hat.

Die Ausübung der Aufgaben des Beistands wird im Jugendamt einem **einzelnen Mitarbeiter** übertragen, § 55 Abs. 2 S. 1 SGB VIII.

**Antragsberechtigt** sind nach § 1713 BGB alleinsorgeberechtigte Eltern, gemeinsam Sorgeberechtigte, in deren Obhut sich das Kind befindet und aufgrund elterlicher Benennung berufene Vormünder.

Der Antrag kann bereits **vor der Geburt** des Kindes gestellt werden. Dies betrifft v. a. Mütter nichtehelicher Kinder, die auch dann schon antragsberechtigt sind, wenn sie noch minderjährig sind. Etwas anderes gilt nur für Geschäftsunfähige: Insoweit kann nur der gesetzliche Vertreter einen Antrag auf Beistandschaft stellen.

Aufgabenkreise der Beistandschaft sind nach § 1712 BGB die **Feststellung der Vaterschaft** und die **Geltendmachung von Unterhaltsansprüchen**, wobei der Antrag auf eine der Aufgaben beschränkt werden kann. Unter Unterhaltsansprüchen sind dabei solche des Kindes auf Verwandtenunterhalt, nicht dagegen Ehegattenunterhaltsansprüche sowie Unterhaltsansprüche unverheirateter Eltern zu verstehen.[554]

Nach § 1716 führt die Beistandschaft **nicht** zu einer **Einschränkung der elterlichen Sorge**, und zwar unabhängig davon, ob eine Alleinsorge oder ein gemeinsames Sorgerecht besteht. Lediglich im gerichtlichen Verfahren ist die Vertretung des Kindes durch die Sorgeberechtigten gem. §§ 173, 234 FamFG ausgeschlossen;[555] die materiell-rechtliche Vertretungsbefugnis der Sorgeberechtigten bleibt gleichwohl bestehen. Die Sorgeberechtigten können also z. B. rückständigen Unterhalt erlassen oder eine Unterhaltsabrede treffen. Bei Verfügungen gilt das Prioritätsprinzip. Bereits getroffene Vereinbarungen (z. B. Vergleiche) können durch Änderungsvereinbarungen korrigiert werden.

Die **Beistandschaft endet** gem. § 1715 BGB, sobald der Antragsteller dies schriftlich verlangt oder kraft Gesetzes, wenn die Voraussetzungen für die Antragstellung nicht mehr erfüllt sind, also z. B. wenn die elterliche Sorge dem anderen Elternteil nach § 1671 BGB allein übertragen wird, die gemeinsam sorgeberechtigten Eltern wieder zusammenleben oder das Kind seinen regelmäßigen Aufenthalt bei dem anderen Elternteil hat.

---

554 Vgl. Palandt/Götz, § 1712 Rn. 2.

555 Vgl. OLG Jena, Beschl. v. 30.8.2013, 1 WF 429/13 = FamRZ 2014, 965 (966) = BeckRS 2014, 11487.

**Praxishinweis**

Hinsichtlich der Möglichkeit der Einrichtung einer Beistandschaft ist Müttern nichtehelicher Kinder unverzüglich nach deren Geburt **Beratung** und Unterstützung anzubieten, § 52a Abs. 1 S. 1, 2 Nr. 4 SGB VIII. Das Jugendamt erfährt von der Geburt durch das Standesamt, vgl. § 52a Abs. 4 SGB VIII i. V. m. § 68 Abs. 1 PStG i. V. m. § 57 Abs. 1 Nr. 5, Abs. 6PStV. Entsprechendes gilt nach § 52a Abs. 3 SGB VIII, wenn eine Vaterschaft kraft Ehe oder Anerkenntnis erfolgreich angefochten und das Kind dadurch vaterlos wurde. Hiervon erfährt das Jugendamt durch das Familiengericht.

# XIII. Beurkundungsfunktionen des Jugendamts

In bestimmten Fallkonstellationen kommt dem Jugendamt eine **notarähnliche Funktion** zu; das Jugendamt, genauer: die dortige Urkundsperson ist dann nach Maßgabe des § 59 SGB VIII berechtigt, Erklärungen aufzunehmen bzw. zu beurkunden.

**Urkundsperson** ist nach § 59 Abs. 3 SGB VIII, wer vom Jugendamt zur Wahrnehmung der entsprechenden Aufgaben ermächtigt wurde.

**Fachliche Anforderungen** an die Urkundsperson sind bundesrechtlich nicht vorgesehen. Dessen ungeachtet setzt die Tätigkeit eingehende Kenntnisse des Familienrechts, des internationalen Privatrechts, des Zivilprozessrechts und des Beurkundungsrechts voraus,[556] zumal die Urkundsperson weisungsunabhängig ist.[557]

Die in der Praxis wichtigsten der in § 59 Abs. 1 S. 1 SGB VIII abschließend aufgezählten Fälle, in denen eine **Beurkundung** statthaft ist, sind

- die Erklärung eines Mannes, die Vaterschaft anzuerkennen bzw. die Zustimmung der Mutter hierzu,
- Sorgeerklärungen, durch die Eltern nichtehelicher Kinder gemeinsam sorgeberechtigt werden,
- Unterhaltsverpflichtungserklärungen betreffend den Kindesunterhalt von unter 21-jährigen Kindern sowie
- Unterhaltsverpflichtungserklärungen betreffend den Unterhalt von Mutter bzw. Vater aus Anlass der Geburt.

Dabei sind die auf Zahlung von Unterhalt gerichteten Urkunden nach Maßgabe des § 60 SGB VIII vollstreckbar, wenn sich der Schuldner u. a. der **sofortigen Zwangsvollstreckung** unterworfen hat.

---

556 BSG, Urt. v. 9.11.2010, B 4 AS 78/10 R = NJOZ 2011, 1747 (1749) = BeckRS 2011, 69454; MüKo BGB/Tillmanns SGB VIII § 59 SGB VIII Rn. 6.

557 So LPK-SGB VIII/Mauthe/Trautmann SGB VIII § 59 Rn. 1; Wiesner/Dürbeck SGB VIII § 59 Rn. 9.

**Praxishinweise**

Es bietet sich an, nicht miteinander verheiratete **Eltern nichtehelicher Kinder** dahingehend zu beraten, im Regelfall in einem Termin die Anerkennung der Vaterschaft durch den Mann, die Zustimmungserklärung der Mutter und entsprechend dem Leitbild gesetzlicher Sorgegemeinsamkeit übereinstimmende Sorgeerklärungen beurkunden zu lassen.

Demgegenüber führt die Forderung des Unterhaltsgläubigers nach Abgabe einer (vollstreckbaren) **Unterhaltsverpflichtungserklärung** häufig zu unnötiger Schärfe. Denn derjenige Unterhaltsschuldner, der zur Abgabe einer entsprechenden Erklärung bereit ist, wird den Unterhalt i. d. R. auch ohne diese Erklärung zahlen.

Die Erhebung von **Kosten** bei Beurkundungen durch das Jugendamt ist bundesrechtlich nicht vorgesehen.[558]

558 Von der insoweit in § 97c SGB VIII enthaltenen Ermächtigung zu anderweiten landesrechtlichen Regelungen hat bislang einzig Brandenburg Gebrauch gemacht, die Gebühr beträgt dort bis zu 55 € pro Beurkundung, vgl. LPK-SGB VIII/Mauthe/Trautmann SGB VIII § 59 Rn. 8.

# XIV. Gesamtverantwortung und Jugendhilfeplanung

Nach § 79 Abs. 1 SGB VIII haben die örtlichen und überörtlichen Träger der öffentlichen Jugendhilfe für die Erfüllung der im SGB VIII geregelten Aufgaben die **Gesamtverantwortung**.

Dieser Grundsatz wird durch § 79 Abs. 2, 3 SGB VIII konkretisiert. So sollen die Träger der öffentlichen Jugendhilfe nach Abs. 2 gewährleisten, dass die erforderlichen und geeigneten Einrichtungen, Dienste und Veranstaltungen den verschiedenen Grundrichtungen der Erziehung entsprechend **rechtzeitig und ausreichend** zur Verfügung stehen (Nr. 1), dass sie im Rahmen verbindlicher Strukturen zusammenarbeiten (Nr. 2) und dass eine kontinuierliche Qualitätsentwicklung i. S. d. § 79a SGB VIII erfolgt (Nr. 3). Bei diesen Vorgaben handelt es sich um objektiv-rechtliche Verpflichtungen.[559]

Nach § 79 Abs. 3 SGB VIII haben die Träger der öffentlichen Jugendhilfe für eine **ausreichende Ausstattung** der Jugendämter bzw. Landesjugendämter mit **Personal-, Sach- und Finanzmitteln** zu sorgen. Zur Planung und Bereitstellung einer bedarfsgerechten Personalausstattung ist ein Verfahren zur Personalbemessung zu nutzen.

**Praxishinweis**

Zu berücksichtigen ist auch die Verpflichtung, **Mittel für sog. Kann-Leistungen** bereitzustellen. Denn andernfalls könnte von einem dem Jugendhilfeträger zustehenden Ermessen von vornherein kein Gebrauch gemacht werden, so dass die Ablehnung einer Leistung wegen Ermessensnichtgebrauchs rechtswidrig wäre. Hinsichtlich der Höhe der bereitzustellenden Mittel soll allerdings ein größerer Handlungsspielraum bestehen.[560]

Mit der Wahrnehmung der Gesamtverantwortung untrennbar verbunden ist die in § 80 SGB VIII geregelte **Jugendhilfeplanung**. Das gilt auch vor dem Hintergrund der in § 4 SGB VIII vorgesehenen Zusammenarbeit mit freien Trägern.

559 Wiesner/Wienser SGB VIII § 79 Rn. 7a m. w. N.

560 Vgl. Wiesner/Wiesner SGB VIII § 79 Rn. 21.

Dabei ergeben sich aus dieser Vorschrift sowohl Vorgaben zum **Verfahren** als auch zum **Inhalt** der Jugendhilfeplanung.

So setzt sich die Jugendhilfeplanung gem. § 80 Abs. 1 SGB VIII aus **drei Planungsphasen** zusammen: der Bestandsanalyse, der Bedarfsanalyse und der Maßnahmeplanung.

Im Rahmen der **Bestandsanalyse** ist der Bestand an Einrichtungen und Diensten im Planungsgebiet festzustellen, und zwar sowohl in quantitativer als auch in qualitativer Hinsicht.[561]

Die **Bedarfsanalyse** soll unter Berücksichtigung der Wünsche, Bedürfnisse und Interessen junger Menschen sowie der Erziehungsberechtigten ermitteln, welche Einrichtungen und Dienste für einen mittelfristigen Zeitraum erforderlich sind. Dabei ist auch die voraussichtliche Bevölkerungsentwicklung einzubeziehen, was am Beispiel der Bedarfsplanung für Tageseinrichtungen besonders deutlich wird. Die Frage, mit welchem Grad an Verbindlichkeit die Wünsche, Bedürfnisse und Interessen im Einzelfall einzubeziehen sind, hängt davon ab, ob auf eine in Betracht kommende Leistung ein Rechtsanspruch besteht. Zugleich handelt es sich um einen politischen Aushandlungsprozess, in dessen Rahmen zu diskutieren ist, was unter Berücksichtigung finanzieller Zwänge für machbar gehalten wird.[562]

Im Rahmen der **Maßnahmeplanung** sind schließlich die zur Befriedigung des Bedarfs notwendigen Vorhaben rechtzeitig und ausreichend zu planen, wobei Vorsorge zur Befriedigung unvorhergesehener Bedarfe zu treffen ist. Dies schließt eine Priorisierung ein.

Die **gesetzliche Abfolge** der drei Phasen (erst Bestandsanalyse, dann Bedarfsanalyse und schließlich Maßnahmeplanung) entspricht dabei zwar einer inneren Logik, ist aber in zeitlicher Hinsicht nicht zwingend, so dass z. B. vor der abschließenden Bestandsanalyse eine vorläufige Maßnahmeplanung denkbar ist.[563]

In allen Planungsphasen sind die **anerkannten Träger der freien Jugendhilfe** frühzeitig zu beteiligen, § 80 Abs. 4 SGB VIII, was ohnehin einer partnerschaftlichen Zusammenarbeit entspricht. Hierzu werden sie vom Jugendhilfeausschuss bzw. vom Landesjugendhilfeausschuss angehört.

---

561 Vgl. VG Braunschweig, Urt. v. 15.4.2010, 3 A 122/09 = BeckRS 2010, 48957.

562 Wiesner/Wiesner SGB VIII § 80 Rn. 22.

563 Wiesner/Wiesner SGB VIII § 80 Rn. 19; Jordan ZfJ 1993, 483 (484).

**Inhaltlich** sollen Einrichtungen und Dienste nach § 80 Abs. 2 SGB VIII so geplant werden, dass insbesondere

- Kontakte in der Familie und im sozialen Umfeld erhalten und gepflegt werden können (Nr. 1),
- ein möglichst wirksames, vielfältiges, inklusives und aufeinander abgestimmtes Angebot von Jugendhilfeleistungen gewährleistet ist (Nr. 2),
- hinsichtlich dieser Angebote ein bedarfsgerechtes Zusammenwirken in den Lebens- und Wohnbereichen junger Menschen und ihrer Familien sichergestellt ist (Nr. 3),
- junge Menschen mit Behinderung oder drohender Behinderung unter Berücksichtigung spezifischer Bedarfslagen gemeinsam mit jungen Menschen ohne Behinderung gefördert werden können (Nr. 4),
- junge Menschen und Familien in gefährdeten Lebens- und Wohnbereichen besonders gefördert werden (Nr. 5) sowie
- Mütter und Väter Aufgaben in der Familie und im Erwerbsleben besser miteinander vereinbaren können (Nr. 6).

Dadurch wird u. a. sichergestellt, dass Leistungen der Kinder- und Jugendhilfe **lebenswelt- und sozialraumorientiert** erbracht werden.[564]

Durch ein **plurales Leistungsangebot** sollen die Voraussetzungen dafür geschaffen werden, dass z. B. das Wunsch- und Wahlrecht aus § 5 SGB VIII ausgeübt werden kann, Ressourcen wirtschaftlich eingesetzt werden und keine „Monopolstrukturen" entstehen.[565]

Die Gewährleistung eines **inklusiven Angebots** und die gemeinsame Förderung von jungen Menschen mit und ohne (drohende) Behinderung müssen eine Querschnittsaufgabe der Kinder- und Jugendhilfe sein.[566]

**Gefährdete Lebens- und Wohnbereiche** sind z. B. durch soziale Benachteiligungen geprägt, wie eine hohe Arbeitslosigkeit und eine geringe Schulbildung, aber auch durch eine hohe Delinquenz und einen ebensolchen Anteil an Empfängern sozialer Transferleistungen. Hier sind ganz unterschiedliche Bedarfe zu berücksichtigen: von Funktionen im Zusammenhang mit dem staatlichen Wächteramt über Jugendsozialarbeit bis hin zu Hilfe zur Erziehung bzw. Hilfe für junge Volljährige.

Demgegenüber bezieht sich die Vorgabe zur **Vereinbarkeit von Familie und Beruf** v. a. auf Tageseinrichtungen und Kindertagespflege.

---

564 LPK-SGB VIII/Wabnitz SGB VIII § 80 Rn. 10; Wiesner/Wiesner SGB VIII § 80 Rn. 15.

565 LPK-SGB VIII/Wabnitz SGB VIII § 80 Rn. 11.

566 BT-Drs. 19/26107, S. 111.

# XV. Organisation des Jugendamts

Vorschriften, welche die Organisation des Jugendamts betreffen, finden sich in §§ 70 ff. SGB VIII.

Dabei ergibt sich bereits aus § 70 Abs. 1 SGB VIII die sog. **Zweigliedrigkeit des Jugendamts**. Denn nach dieser Vorschrift werden die Aufgaben des Jugendamts durch den Jugendhilfeausschuss und die Verwaltung wahrgenommen.

## 1. Jugendhilfeausschuss

Der Jugendhilfeausschuss ist ein aufgrund § 71 SGB VIII i. V. m. den landesrechtlichen Ausführungsbestimmungen zwingend zu bildender **Ausschuss der Vertretungskörperschaft**.

Vertretungskörperschaft ist die kommunale **Volksvertretung**, die abhängig von landesrechtlichen Regelungen und davon, auf welcher Ebene das Jugendamt angesiedelt ist, als Kreistag, Stadtrat, Stadtverordneten-, Regions-, Bezirks- oder Bezirksverordnetenversammlung bezeichnet wird.

Von den übrigen Ausschüssen unterscheidet sich der Jugendhilfeausschuss nicht nur durch seine **bundesrechtliche Grundlage**, sondern darüber hinaus durch Kompetenzen, Zusammensetzung und Verfahren.

### a) Kompetenzen

Der Jugendhilfeausschuss befasst sich nach § 71 Abs. 3 SGB VIII mit **allen Angelegenheiten** der Jugendhilfe, insbesondere mit

- der Erörterung aktueller Problemlagen junger Menschen und ihrer Familien,
- Anregungen und Vorschlägen für die Weiterentwicklung der Jugendhilfe,
- der Jugendhilfeplanung sowie
- der Förderung der freien Jugendhilfe.

Daraus wird deutlich, dass der Jugendhilfeausschuss weite Spielräume in seiner Schwerpunktsetzung hat und **Überschneidungen** mit den Zuständigkeiten anderer (Fach-)Ausschüsse bestehen können. Dies gilt z. B. für die Schulpolitik, wo i. Ü. der Schulausschuss tätig wird, oder für die Ausweisung von Baugebieten einschließlich Sonderflächen für Spiel, Sport und Freizeit, mit denen sich i. d. R. der Bauausschuss befasst.

Im Rahmen seiner Zuständigkeit verfügt der Jugendhilfeausschuss über eigene Anhörungs-, Initiativ- und Beschlusskompetenzen.

Das **Anhörungsrecht** bedeutet, dass der Jugendhilfeausschuss vor jeder Beschlussfassung der Vertretungskörperschaft und vor der Berufung eines Leiters des Jugendamts durch den Hauptverwaltungsbeamten, also den Landrat bzw. (Ober-)Bürgermeister,[567] gehört werden soll, § 71 Abs. 4 S. 2 Hs. 1 SGB VIII. Dies ermöglicht eine Einbeziehung der sich aus seiner Zusammensetzung ergebenden Fachkompetenz des Jugendhilfeausschusses auch in Bereichen, in denen ihm eine eigene Entscheidungsbefugnis nicht zukommt. Wichtigster Anwendungsfall des Anhörungsrechts ist dabei der Erlass von Haushaltssatzung und Haushaltsplan.[568] Atypische Fälle, in denen eine Anhörung trotz der Soll-Vorschrift nicht erforderlich ist, können bei besonderer Eilbedürftigkeit vorliegen.[569]

Das **Initiativrecht** bedeutet, dass der Jugendhilfeausschuss das Recht hat, Anträge zu stellen, die sich an die Vertretungskörperschaft richten, § 71 Abs. 4 S. 2 Hs. 2 SGB VIII. Ein Recht, Anträge an andere Organe wie beschließende Ausschüsse, den Hauptverwaltungsbeamten, Orts- oder Bezirksräte zu stellen, folgt daraus nicht. Die Vertretungskörperschaft muss sich innerhalb angemessener Zeit mit dem Antrag befassen; der Antrag muss also zum Gegenstand der Tagesordnung gemacht werden.[570] Freilich geht damit kein Recht einher, dass der Antrag positiv beschieden wird.

Das **Beschlussrecht** schließlich wird in § 71 Abs. 4 S. 1 SGB VIII geregelt. Es erstreckt sich auf Angelegenheiten der Jugendhilfe, wird aber begrenzt durch die von der Vertretungskörperschaft bereitgestellten Mittel, die von ihr erlassene Satzung des Jugendamts und durch andere von ihr gefasste Beschlüsse. Der Kreis der dem Beschlussrecht unterfallenden Aufgaben kann dabei enger sein als der Zuständigkeitsbereich nach § 71 Abs. 3 SGB VIII. Das ergibt sich daraus, dass in § 71 Abs. 3 SGB VIII anders als in § 71 Abs. 4 S. 1 SGB VIII von „allen“ Angelegenheiten der Jugendhilfe gesprochen wird.[571] In jedem Fall müs-

567 Missverständlich insoweit JurisPK-SGB VIII/Weißenberger § 71 Rn. 42, der auch das Anhörungsrecht vor Berufung des Jugendamtsleiters im Rahmen der Rechte gegenüber der Vertretungskörperschaft behandelt.

568 Krug/Riehle/Krug/Schmidt SGB VIII § 71 Rn. 62.

569 Krug/Riehle/Krug/Schmidt SGB VIII § 71 Rn. 63; vgl. auch FK/Schäfer/Weitzmann SGB VIII § 71 Rn. 14.

570 Krug/Riehle/Krug/Schmidt SGB VIII § 71 Rn. 64; JurisPK-SGB VIII/Weißenberger § 71 Rn. 43.

571 Krug/Riehle/Krug/Schmidt SGB VIII § 71 Rn. 56.

sen dem Jugendhilfeausschuss jedoch Entscheidungsbefugnisse von substanziellem Gewicht verbleiben.[572]

**Praxishinweis**
Weil die Reichweite des Beschlussrechts ebenso wie die Frage eines Rückholrechts der Vertretungskörperschaft, also die Möglichkeit, im Rahmen seiner Kompetenzen vom Jugendhilfeausschuss gefasste Beschlüsse aufzuheben oder zu ändern, umstritten ist,[573] empfiehlt sich eine entsprechende **Regelung durch Satzungsrecht** auch dann, wenn dies landesrechtlich nicht ohnehin vorgegeben ist.

## b) Zusammensetzung

Ebenso wie die Kompetenzen weicht die Zusammensetzung des Jugendhilfeausschusses, die bundesrechtlich durch § 71 Abs. 1, 6 SGB VIII geregelt wird, von der anderer Ausschüsse ab.

So gibt § 71 Abs. 1 SGB VIII vor, dass die stimmberechtigten Mitglieder **zwei unterschiedlichen Gruppen** entstammen: Zu einem Anteil von drei Fünfteln handelt es sich um Mitglieder der Vertretungskörperschaft oder von der Vertretungskörperschaft gewählte, in der Jugendhilfe erfahrene Frauen und Männer. Weitere zwei Fünftel werden auf Vorschlag der im Jugendamtsbezirk wirkenden anerkannten Träger der freien Jugendhilfe von der Vertretungskörperschaft gewählt.

Dabei wird nur hinsichtlich derjenigen Mitglieder der ersten Gruppe, die der Vertretungskörperschaft nicht angehören, eine gewisse **Qualifikation** gefordert, mag insoweit auch ein weiter Beurteilungsspielraum bestehen. Denn die Legitimation der kommunalen Abgeordneten ergibt sich aus der nach Art. 28 Abs. 1 S. 2 GG erfolgten unmittelbar demokratischen Wahl.[574]

Die Wahl von Mitgliedern auf Vorschlag der anerkannten Träger der freien Jugendhilfe soll der **Vernetzung von öffentlicher und freier Jugendhilfe** dienen. Dass die betreffenden Mitglieder indes nicht benannt werden, sondern eine (Aus-)Wahl durch die Vertretungskörperschaft zu erfolgen hat, ergibt sich zum einen aus dem Gesetzeswortlaut, zum anderen aus dem Demokratieprin-

572 BVerwG, Urt. v. 4.2.2016, 5 C 12.15 = KommJur 2016, 178 (179) = BeckRS 2016, 43933; FK/Schäfer/Weitzmann SGB VIII § 71 Rn. 12 m. w. N. Allerdings kann das Beschlussrecht aufgrund der Föderalismusreform gem. Art. 84 Abs. 1 S. 2 GG landesrechtlich beschränkt oder abgeschafft werden. Von dieser Möglichkeit hat bisher allein Baden-Württemberg durch § 2 Abs. 1 LKJHG BW Gebrauch gemacht (vgl. BGBl. I, S. 744).

573 Vgl. BeckOK SozR/Winkler SGB VIII § 71 Rn. 11; Wiesner/Wiesner SGB VIII § 71 Rn. 25.

574 So auch Krug/Riehle/Krug/Schmidt SGB VIII § 71 Rn. 26 f.

zip. Dazu ist erforderlich, dass mehr Personen vorgeschlagen werden als zu berufen sind.[575]

**Praxishinweis**

Absprachen zwischen Trägern der freien Jugendhilfe, die darauf abzielen, nur so viele Frauen und Männer vorzuschlagen wie gewählt werden müssen, sind **rechtswidrig.**[576]

Neben den stimmberechtigten Mitgliedern sollen dem Jugendhilfeausschuss nach § 71 Abs. 2 SGB VIII als beratende Mitglieder **selbstorganisierte Zusammenschlüsse** nach § 41 SGB VIII angehören.[577] Hinsichtlich der Anzahl der Mitglieder nach Abs. 2 findet sich ebenso wenig eine bundesgesetzliche Regelung wie hinsichtlich des Wahlverfahrens. Soweit keine landesrechtlichen Regelungen bestehen, ist davon auszugehen, dass die beratenden Mitglieder i. S. v. Abs. 2 entsprechend Abs. 1 Nr. 2 auf Vorschlag der im Bereich des örtlichen Trägers wirkenden selbstorganisierten Zusammenschlüsse von der Vertretungskörperschaft gewählt werden.

Schließlich sieht § 71 Abs. 6 SGB VIII vor, dass landesrechtlich bestimmt werden kann, dass der **Hauptverwaltungsbeamte** oder der **Jugendamtsleiter** unter Anrechnung auf die Drei-Fünftel-Gruppe, also ohne Schmälerung des Einflusses freier Träger, stimmberechtigtes Mitglied des Jugendhilfeausschusses ist. Zudem kann die Zugehörigkeit **weiterer beratender Mitglieder** vorgesehen werden.[578] Auch die Frage, ob eine Stellvertretung möglich ist, unterfällt dem Landesrechtsvorbehalt.

575 Krug/Riehle/Krug/Schmidt SGB VIII § 71 Rn. 36; a. A. auch Herbert ZfJ 1991, 569 (572).

576 Auch die Regelung des § 4 Abs. 3 Satz 2 ThürKJHAG, wonach auf einen unter den freien Trägern abgestimmten Vorschlag hinzuwirken ist, an den die Vertretungskörperschaft gebunden sein soll, ist verfassungskonform dahingehend auszulegen, dass der Vorschlag mehr Personen enthalten muss, als von der Vertretungskörperschaft zu wählen sind.

577 Zu den selbstorganisierten Zusammenschlüssen s. o. unter III. 1. g). Trotz der misslichen Formulierung in § 71 Abs. 2 SGB VIII ist nicht gemeint, dass die Zusammenschlüsse als solche dem Jugendhilfeausschuss angehören (also z. B. ein Verein als juristische Person), sondern lediglich einzelne Vertreter derselben.

578 Ob dies verpflichtend sein soll, ist strittig, vgl. einerseits Krug/Riehle/Krug/Schmidt SGB VIII § 71 Rn. 42, andererseits LPK-SGB VIII/Kunkel/Kepert SGB VIII § 71 Rn. 10.

**Praxishinweis**
Beratende Mitglieder haben **kein Antragsrecht.**[579] Sie sind damit von Mitgliedern mit Grundmandat zu unterscheiden, wie sie kommunalrechtlich teilweise vorgesehen werden.[580]

### c) Geschäftsgang

In § 71 Abs. 4 S. 3, 4 SGB VIII finden sich bundesrechtliche Spezialvorschriften, die den **Geschäftsgang** des Jugendhilfeausschusses, genauer: dessen Einberufung und die Öffentlichkeit bzw. Nichtöffentlichkeit von Sitzungen betreffen.

#### *aa) Einberufung*

Nach § 73 Abs. 4 S. 3 SGB VIII tritt Jugendhilfeausschuss bei Bedarf zusammen. Zudem ist er auf Antrag von mindestens **einem Fünftel** der Stimmberechtigten einzuberufen.

Wer für die Einberufung zuständig ist und damit den Bedarf festzustellen hat, wird landesgesetzlich unterschiedlich geregelt: Teilweise wird der Ausschuss von seinem Vorsitzenden einberufen, teilweise durch die Verwaltung. Ebenso kann landesrechtlich eine **Mindestzahl jährlicher Sitzungen** festgeschrieben werden; der Bundesgesetzgeber hielt dies für entbehrlich.[581]

Dass bereits ein Quorum von einem Fünftel der Stimmberechtigten eine Sitzung erzwingen kann, trägt dem Umstand Rechnung, dass sich die Mitglieder des Jugendhilfeausschusses aus **verschiedenen Gruppen**, u. a. nämlich den Vertretern freier Träger, zusammensetzen.[582]

#### *bb) Öffentlichkeit*

Die Sitzungen des Jugendhilfeausschusses sind gem. § 71 Abs. 4 S. 4 SGB VIII **öffentlich**, soweit nicht das Wohl der Allgemeinheit, berechtigte Interessen Einzelner oder schutzbedürftiger Gruppen entgegenstehen. Hierdurch soll eine möglichst hohe Transparenz erreicht werden.[583]

---

579 Ob ein solches Antragsrecht landesrechtlich auch jenseits von Art. 84 Abs. 1 S. 2 GG begründet werden kann, erscheint fraglich.

580 Dazu Krug/Riehle/Krug/Schmidt SGB VIII § 71 Rn. 43.

581 Krug/Riehle/Krug/Schmidt SGB VIII § 71 Rn. 65 f.

582 So Krug/Riehle/Krug/Schmidt SGB VIII § 71 Rn. 67.

583 Vgl. FK/Schäfer/Weitzmann SGB VIII § 71 Rn. 18.

Die **Entscheidung**, ob eine Sitzung öffentlich stattfindet, wird ggf. bei Aufstellung der Tagesordnung, spätestens aber während der Sitzung durch den Ausschuss selbst getroffen.

Dabei ist das **Regel-Ausnahme-Verhältnis** von Öffentlichkeit und Nichtöffentlichkeit zu beachten: Soll die Öffentlichkeit ausnahmsweise ausgeschlossen werden, müssen hierfür stichhaltige Gründe vorliegen, wie es z. B. bei der Erörterung personenbezogener Daten der Fall ist.[584]

## 2. Verwaltung

Diejenigen Frauen und Männer, die außerhalb des Jugendhilfeausschusses tätig sind, arbeiten in der Verwaltung des Jugendamts. Dafür kommt es auf die Grundlage des Dienstverhältnisses nicht an: diese kann ebenso zivilrechtlicher wie öffentlich-rechtlicher Natur sein, d. h., im Jugendamt können sowohl **Angestellte** als auch **Beamte** tätig sein. Ebenso zählen zur Verwaltung nicht nur „Schreibtischtäter", sondern z. B. auch der Erzieher eines vom Jugendamt betriebenen Kindergartens und eine beim Jugendamt beschäftigte Streetworkerin.

### a) Kompetenzen

Die Kompetenzen der Verwaltung ergeben sich aus § 70 Abs. 2 SGB VIII.

Nach dieser Vorschrift besteht eine Zuständigkeit für sog. **Geschäfte der laufenden Verwaltung** im Bereich der öffentlichen Jugendhilfe. Diese sind im Rahmen des kommunalen Satzungsrechts, der Beschlüsse der Vertretungskörperschaft und des Jugendhilfeausschusses zu führen.

Geschäfte der laufenden Verwaltung sind solche, die in mehr oder weniger **regelmäßiger Wiederkehr** vorkommen und zugleich nach Größe, Umfang der Verwaltungstätigkeit und Finanzkraft der beteiligten Gemeinde bzw. des Gemeindeverbandes von sachlich weniger erheblicher Bedeutung sind.[585]

---

584 Krug/Riehle/Krug/Schmidt SGB VIII § 71 Rn. 68. Ein Beispiel dafür ist die Anhörung eines Bewerbers um das Amt des Jugendamtsleiters, vgl. OVG Sachsen, Beschl. v. 25.11.1999, 3 S 27/99 = SächsVBl. 2000, 162 (162 ff.).

585 BGH, Urt. v. 16.11.1978, III ZR 81/77 = VerwRspr 1978, 483 (484) = NJW 1980, 117 (117) = BeckRS 9998, 104223; Krug/Riehle/Kunkel SGB VIII § 70 Rn. 12.

**Beispiele**
Zu den Geschäften der laufenden Verwaltung zählt die Gewährung von Hilfe zur Erziehung nach §§ 27 ff. SGB VIII und die Entscheidung über eine Inobhutnahme nach § 42 Abs. 1 SGB VIII. Für die Übertragung der Aufgaben eines Beistands, Amtsvormunds oder Amtspflegers regelt § 55 Abs. 3 S. 1 SGB VIII ausdrücklich, dass es sich um ein Geschäft der laufenden Verwaltung handelt.
Keine Geschäfte der laufenden Verwaltung sind dagegen z. B. die Jugendhilfeplanung gem. § 80 SGB VIII, der Novellierung von Förderrichtlinien für Jugendverbände und die Errichtung eines Jugendhofs.

### b) Mitarbeiter

Über die **Einstellung** von Mitarbeitern beschließen die kommunalen Organe, z. B. Vertretungskörperschaft oder Hauptverwaltungsbeamter. Wessen Zuständigkeit besteht, richtet sich nach Kommunalrecht.

Dabei erfolgt die Abgrenzung i. d. R. durch die **Hauptsatzung**, eine Art kommunaler Verfassung, die sich die Gebietskörperschaften selbst geben. Maßgebliches Kriterium ist die Eingruppierung der einzustellenden Abgestellten bzw. Beamten.

Von der Einstellung als Mitarbeiter der Stadt oder des Landkreises ist die **Funktionsbeschreibung** zu unterscheiden, also ob z. B. eine Verwaltungsfachangestellte in der Kämmerei, im Haupt- oder im Bauamt arbeitet oder ein Sozialarbeiter in der Betreuungsstelle, im Jugendamt oder in einer kommunalen Volkshochschule.

Denn über die **Verwaltungsgliederung**, also die Hierarchie einer Verwaltung, und die Aufgaben des einzelnen Mitarbeiters entscheidet der **Hauptverwaltungsbeamte**.

Dieser ist zugleich **Chef der Verwaltung**, d. h., die übrigen Mitarbeiter unterliegen seinem Weisungsrecht, sie zeichnen Bescheide in seinem Auftrag („i. A.“: im Auftrag) bzw. im Falle des allgemeinen Stellvertreters in seiner Vertretung („i. V.“: in Vertretung).

Doch auch der Hauptverwaltungsbeamte hat die **Vorgaben der §§ 72 f. SGB VIII** zu beachten.

So werden durch § 72 Abs. 1, 2 SGB VIII **Qualifikationserfordernisse** der Mitarbeiter von Jugendämtern festgeschrieben.

Entsprechend sollen bei den Jugendämtern hauptberuflich nur **Fachkräfte** oder Personen beschäftigt werden, die aufgrund besonderer Erfahrungen in der sozialen Arbeit in der Lage sind, die Aufgabe zu erfüllen.

Fachkraft ist dabei, wer sich nach seiner **Persönlichkeit** für die jeweilige Aufgabe eignet und eine entsprechende **Ausbildung** erhalten hat.

Leitende Funktionen des Jugendamts, z. B. die **Amtsleitung**, sollen i. d. R. nur Fachkräften übertragen werden. Soweit die jeweilige Aufgabe dies erfordert, z. B. im Rahmen der Beratung durch eine „**insoweit erfahrene Fachkraft**" i. S. d. § 8b Abs. 1 SGB VIII, sind Fachkräfte mit entsprechender Zusatzausbildung zu betrauen bzw. sollen Fachkräfte verschiedener Fachrichtungen zusammenarbeiten.

**Praxishinweis**

Aufgrund der normativen Gleichstellung von Fachkräften mit Personen, die über besondere Erfahrungen in der sozialen Arbeit verfügen und deshalb in der Lage sind, die Aufgabe zu erfüllen, kann auch **anderen Personengruppen** der Weg in die Beruflichkeit offen gehalten werden, z. B. früheren Betäubungsmittelkonsumenten in der Drogenhilfe oder früheren Straßenkindern in der Straßensozialarbeit.[586]

### c) Tätigkeitsausschluss Vorbestrafter

Nach § 72a Abs. 1 SGB VIII dürfen die Träger der öffentlichen Jugendhilfe bei der Wahrnehmung der entsprechenden Aufgaben keine Personen beschäftigen oder vermitteln, die wegen bestimmter Straftaten **rechtskräftig verurteilt** worden sind.

Bei diesen **Straftaten** handelt es sich um

- Verletzung der Fürsorge- oder Erziehungspflicht gem. § 171 StGB,
- sexuellen Missbrauch von Schutzbefohlenen gem. § 174 StGB,
- sexuellen Missbrauch von Gefangenen, behördlich Verwahrten oder Kranken und Hilfsbedürftigen in Einrichtungen gem. § 174a StGB,
- sexuellen Missbrauch unter Ausnutzung einer Amtsstellung gem. § 174b StGB,
- sexuellen Missbrauch unter Ausnutzung eines Beratungs-, Behandlungs- oder Betreuungsverhältnisses gem. § 174c StGB
- sexuellen Missbrauch von Kindern gem. §§ 176 ff. StGB,
- sexuellen Übergriff, sexuelle Nötigung und Vergewaltigung gem. §§ 177 f. StGB,
- Förderung sexueller Handlungen Minderjähriger gem. § 180 StGB,
- Ausbeutung von Prostituierten gem. § 180a StGB,
- Zuhälterei gem. § 181a StGB,

586 Wiesner/Wiesner SGB VIII § 72 Rn. 10; Rauschenbach NDV 1993, 99 (102).

- sexuellen Missbrauch von Jugendlichen gem. § 182 StGB,
- exhibitionistische Handlungen gem. § 183 StGB,
- Erregung öffentlichen Ärgernisses gem. § 183a StGB,
- verbotene Pornographie gem. §§ 184 ff. StGB,
- verbotene Prostitution gem. §§ 184f f. StGB,
- sexuelle Belästigung gem. § 184i StGB,
- Straftaten aus Gruppen gem. § 184j StGB,
- Verletzung des höchstpersönlichen Lebensbereichs durch Bildaufnahmen gem. § 201a Abs. 3 StGB,
- Misshandlung von Schutzbefohlenen gem. § 225 StGB,
- Menschenhandel, Zwangsprostitution, Zwangsarbeit, Ausbeutung der Arbeitskraft bzw. Ausbeutung unter Ausnutzung einer Freiheitsberaubung gem. §§ 232 ff. StGB,
- Menschenraub gem. § 234 StGB,
- Entziehung Minderjähriger gem. § 235 StGB sowie
- Kinderhandel gem. § 236 StGB.

Unter einer **Beschäftigung** ist eine abhängige, weisungsgebundene und entgeltliche Tätigkeit zu verstehen, sei es als Beamter, Angestellter, Honorarkraft oder auch nur als Auftragnehmer.[587]

**Vermittelt** werden demgegenüber z. B. Pflegepersonen in Kindertages- oder Vollzeitpflege.[588]

Um von den entsprechenden Straftaten Kenntnis zu erlangen, sollen sich die Jugendhilfeträger bei der Einstellung und Vermittlung sowie hiernach in regelmäßigen Abständen (etwa zwischen drei und fünf Jahren)[589] ein **erweitertes Führungszeugnis** für Behörden gem. §§ 30 Abs. 5 und 30a Abs. 1 BZRG vorlegen lassen.

**Praxishinweis**

Die **Kosten** für die Ausstellung des Führungszeugnisses i. H. v. derzeit 13,00 € sind vom Arbeitnehmer bei dessen Einstellung bzw. Vermittlung, bei der wiederkehrenden Vorlage dagegen i. d. R. vom Jugendamt zu tragen.[590]

Für **neben- oder ehrenamtliche beschäftigte Personen** gilt insoweit § 72a Abs. 3 SGB VIII, wonach die Träger der öffentlichen Jugendhilfe sicherstellen

587 Wiesner/Wiesner SGB VIII § 72a Rn. 17; FK/Schindler/Smessaert SGB VIII § 72a Rn. 8.

588 Wiesner/Wiesner SGB VIII § 72a Rn. 18; FK/Schindler/Smessaert SGB VIII § 72a Rn. 8.

589 Kreft JAmt 2006, 66 (68); DIJuF-GutA JAmt 2006, 395 (395), Wiesner/Wiesner SGB VIII § 72a Rn. 24.

590 Weber/Wocken JAmt 2012, 62 (65 f.); Wiesner/Wiesner SGB VIII § 72a Rn. 25.

sollen, dass jene unter ihrer Verantwortung nicht in der Wahrnehmung von Aufgaben der Jugendhilfe Minderjährige beaufsichtigen, betreuen, erziehen, ausbilden oder einen vergleichbaren Kontakt haben, wenn sie einschlägig vorbestraft sind.

Bei **freien Trägern** der Jugendhilfe haben die öffentlichen Träger eine Schutzverpflichtung „übers Eck“, d. h., sie sollen durch Vereinbarungen einen der öffentlichen Jugendhilfe vergleichbaren Schutzstandard sicherstellen, § 72a Abs. 2, 4 SGB VIII.

# XVI. Sozialdatenschutz

Der Sozialdatenschutz ist bei Studierenden wie Praktikern eine ungeliebte Materie, er gilt als trocken und kompliziert. Gleichwohl ist er **„Conditio sine qua non"**, also unabdingbare Voraussetzung, für eine erfolgreiche Arbeit in der Kinder- und Jugendhilfe. Denn wer würde dem Jugendamt im Rahmen einer Beratung in Fragen von Partnerschaft, Trennung und Scheidung nach § 17 SGB VIII oder im Rahmen der Gewährung von Hilfe zur Erziehung nach §§ 27 ff. SGB VIII Informationen anvertrauen, die ihm in einem gerichtlichen Verfahren zum Nachteil gereichen könnten, müsste er damit rechnen, dass das Jugendamt diese an das Gericht weitergibt? Wenn aber mit notwendigen Informationen „hinterm Berg" gehalten wird, kann eine Hilfe oft nicht erfolgreich sein.

Im Übrigen ergibt sich die Notwendigkeit des Sozialdatenschutzes schon aufgrund des **Grundrechts auf informationelle Selbstbestimmung** als Ausprägung des allgemeinen Persönlichkeitsrechts aus Art. 2 Abs. 1 i. V. m. Art. 1 Abs. 1 GG.[591]

Andererseits gibt es Fälle, in denen selbst sensible Daten weitergegeben werden müssen, um dem **staatlichen Wächteramt** gerecht zu werden, also Leib, Leben und Gesundheit von Kindern bzw. Jugendlichen zu schützen.

**Praxishinweis**

Der Sozialdatenschutz ist kein „zahnloser Tiger". Bei einem Verstoß gegen die einschlägigen Vorschriften drohen Ärger mit dem Datenschutzbeauftragen gem. § 81 SGB X, Schadensersatzforderungen gem. Art. 82 DS-GVO, **Bußgelder** gem. § 85a SGB X i. V. m. § 41 BDSG sowie empfindliche **Geld- oder Freiheitsstrafen** gem. § 85 SGB X i. V. m. § 42 Abs. 1, 2 BDSG.

Höchste Zeit also, sich mit dem Sozialdatenschutz zu befassen. Dabei sollen zunächst Gegenstand und Grundlage des Datenschutzes geklärt werden. Sodann wird in der **gebotenen Kürze** auf die für die Kinder- und Jugendhilfe maßgeblichen Vorschriften eingegangen werden. Zuletzt wird der Datenschutz bei Beteiligung freier Träger behandelt.

Vorschriften, die den Sozialdatenschutz betreffen, sind dabei entsprechend dem Aufbau des Sozialgesetzbuchs (und gem. § 61 Abs. 1 SGB VIII) zum einen

591 Vgl. dazu KassKomm/Schifferdecker SGB V § 291a Rn. 12; Maunz/Dürig/Di Fabio GG Art. 2 Abs. 1 Rn. 173 ff.

im **SGB I**, und, soweit sie sich auf das Verwaltungsverfahren beziehen, im **SGB X** enthalten. Spezialvorschriften, die nur für die Kinder- und Jugendhilfe gelten, enthält das **SGB VIII**.

## 1. Gegenstand

**Sozialdaten** werden in § 67 Abs. 2 S. 1 SGB X legal definiert als personenbezogene Daten i. S. d. Art. 4 Nr. 1 DS-GVO, die von einer in § 35 SGB I genannten Stelle im Hinblick auf ihre Aufgaben nach dem Sozialgesetzbuch verarbeitet werden.

**Personenbezogene Daten** sind nach Art. 4 Nr. 1 DS-GVO alle Informationen, die sich auf eine identifizierte oder identifizierbare natürliche Person beziehen.

**Verarbeitung** von Daten ist nach Art. 4 Nr. 2 DS-GVO jeder Vorgang bzw. jede Vorgangsreihe im Zusammenhang mit personenbezogenen Daten, ohne dass es darauf ankommt, ob dieser mit oder ohne Hilfe automatisierter Verfahren ausgeführt wird. Beispiele sind das Erheben, das Erfassen, die Organisation, das Ordnen, die Speicherung, die Übermittlung, der Abgleich und das Löschen.

**Leistungsträger** i. S. d. § 35 Abs. 1 SGB I sind in der Kinder- und Jugendhilfe nach § 27 Abs. 2 SGB I die örtlichen Träger. Diese arbeiten mit der freien Jugendhilfe zusammen. Die freien Träger fallen aber nicht unter § 35 Abs. 1 SGB I.

**Beispiele**

Sozialdaten sind Name, Anschrift, Telefonnummer, E-Mail-Adresse (auch mit Fantasienamen), Geburtsdatum, Zahl der Kinder, ethnische Zugehörigkeit, Beruf, Arbeitgeber, Einkommen, behandelnde Ärzte, Schwangerschaft, Hobbys, Bezug von Sozialleistungen, Name eines Informanten bei einer möglichen Kindeswohlgefährdung.[592]

## 2. Grundlage

Grundlage des Schutzes von Sozialdaten ist das **Sozialgeheimnis** des § 35 Abs. 1 S. 1 SGB I.

Nach dieser Vorschrift hat jeder Anspruch darauf, dass die ihn betreffenden Sozialdaten von den Leistungsträgern **nicht unbefugt** verarbeitet werden.

592 Schütze/Bieresborn SGB X § 67 Rn. 8; EuArbRK/Franzen DS-GVO Art. 4 Rn. 3.

Insoweit besteht ein **Verbot mit Erlaubnisvorbehalt:**[593] Jede Verarbeitung ist verboten, es sei denn, sie wird durch das Gesetz ausdrücklich erlaubt.

Das Sozialgeheimnis umfasst nach § 35 Abs. 1 S. 2, 3 SGB I zugleich die Verpflichtung, innerhalb des Leistungsträgers sicherzustellen, dass die Sozialdaten nur **Befugten** zugänglich sind und nur an diese weitergegeben werden. Sozialdaten der Beschäftigten und ihrer Angehörigen dürfen Personen, die Personalentscheidungen treffen oder daran mitwirken können, weder zugänglich sein noch von den Zugriffsberechtigten weitergegeben werden. Es besteht also nicht nur ein Schutz der Sozialdaten „nach außen", sondern ebenso ein behördeninterner Schutz, z. B. innerhalb des Jugendamts.

## 3. Erhebung von Daten

Bei der Erhebung von Daten muss zwischen dem „ob" und dem „wie" unterschieden werden. So scheidet eine Datenerhebung von vornherein aus, wenn sie nicht **erforderlich** ist. Auch eine erforderliche Datenerhebung hat grundsätzlich beim **Betroffenen** zu erfolgen (sog. Betroffenenerhebung).

### a) Erforderlichkeit

Nach § 62 Abs. 1 SGB VIII und § 67a Abs. 1 S. 1 SGB X ist eine Datenerhebung nur zulässig, soweit ihre Kenntnis zur Erfüllung der jeweiligen Aufgabe nach dem Sozialgesetzbuch erforderlich ist. Das ist der Fall, wenn das Jugendamt eine Aufgabe ohne die Datenerhebung im **konkreten Einzelfall** nicht erfüllen, also z. B. dem Schutzauftrag bei Kindeswohlgefährdung nicht nachkommen oder die Voraussetzungen einer Leistung nicht prüfen könnte.[594]

Insoweit entspricht das Merkmal der Erforderlichkeit dem Grundsatz der **Datenminimierung** in Art. 5 Abs. 1 lit. c DS-GVO, wonach personenbezogene Daten u. a. auf das für den Zweck der Verarbeitung notwendige Maß beschränkt sein müssen.

### b) Erhebung beim Betroffenen

Ist eine Datenerhebung zulässig, hat diese gem. §§ 62 Abs. 2 S. 1 SGB VIII, 67a Abs. 2 S. 1 SGB X grundsätzlich beim Betroffenen zu erfolgen (sog. Betroffenenerhebung bzw. **Verbot der Dritterhebung**).

593 Vgl. KassKomm/Schifferdecker SGB I § 35 Rn. 50.

594 LPK-SGB VIII/Kunkel SGB VIII § 62 Rn. 3.

Allerdings sieht § 62 Abs. 3 SGB VIII mehrere **Ausnahmen** von diesem Grundsatz vor.

So dürfen Sozialdaten nach § 62 Abs. 3 Nrn. 1, 3, 4 SGB VIII ohne Mitwirkung des Betroffenen erhoben werden, wenn dies gesetzlich vorgeschrieben oder erlaubt ist, wenn die Erhebung bei dem Betroffenen einen **unverhältnismäßigen Aufwand** erfordern würde und keine Anhaltspunkte dafür bestehen, dass durch die Dritterhebung schutzwürdige Interessen beeinträchtigt würden bzw. wenn die Erhebung bei dem Betroffenen den Zugang zur Hilfe ernsthaft[595] gefährden würde.

Die wichtigste Ausnahme vom Verbot der Dritterhebung liegt nach § 62 Abs. 3 Nr. 2 SGB VIII vor, wenn die Datenerhebung bei dem Betroffenen nicht möglich ist oder die jeweilige Aufgabe ihrer Art nach eine Erhebung bei anderen erfordert und die **Kenntnis** der Daten **erforderlich ist für**

- die Feststellung der Voraussetzungen oder für die Erfüllung einer Leistung nach dem SGB VIII (lit. a),
- die Feststellung der Voraussetzungen für die Erstattung einer Leistung nach § 50 SGB X (lit. b),
- die Wahrnehmung einer Aufgabe nach §§ 42 bis 48a und 52 SGB VIII (lit. c) oder
- die Erfüllung des Schutzauftrags bei Kindeswohlgefährdung gem. § 8a SGB VIII bzw. der Gefährdungsabwendung nach § 4 KKG (lit. d).

**Praxishinweis**

Auf der Grundlage von § 62 Abs. 3 Nr. 2 SGB VIII können z. B. im Rahmen der **Einschätzung des Gefährdungsrisikos** nach § 8a Abs. 1 S. 1 SGB VIII Informationen bei Nachbarn, Erziehern, Lehrern oder Ärzten eingeholt werden. Ebenso können Informationen eines Sozialarbeiters eingeholt werden, der eine Familie im Rahmen einer Leistung nach § 31 SGB VIII betreut.

Dass das Jugendamt Daten bei Dritten erheben darf, bedeutet aber nicht per se, dass die Dritten befugt wären, das Jugendamt zu informieren. So sind z. B. Berufsgeheimnisträger i. S. d. § 4 Abs. 1 KKG nur nach Maßgabe von Abs. 3 befugt, das Jugendamt zu informieren.[596]

Zuletzt ist gem. § 62 Abs. 4 SGB VIII eine Dritterhebung erlaubt, wenn der **Betroffene nicht** zugleich **Leistungsberechtigter** oder sonst an der Leistung

595 Gemeint ist wohl „konkret“, vgl. LPK-SGB VIII/Kunkel SGB VIII § 62 Rn. 21.

596 Dazu s. o. unter IV. 1. b) cc) (2).

beteiligt ist, die Kenntnis der Daten aber für die Gewährung der Leistung nach dem SGB VIII notwendig ist. In solchen Fällen dürfen die Daten auch bei dem Leistungsberechtigten bzw. bei sonst Leistungsbeteiligten erhoben werden. So können z. B. für die Gewährung von Hilfe zur Erziehung erforderliche Daten eines nichtsorgeberechtigten Elternteils beim Personensorgeberechtigten, nicht jedoch Daten des Personensorgeberechtigten bei einem nichtsorgeberechtigten Elternteil erhoben werden.[597]

Für die Erfüllung **anderer Aufgaben** als Leistungen gilt die Vorschrift des § 62 Abs. 4 SGB VIII entsprechend.

## 4. Speichern von Daten

Eine Speicherung von Daten liegt nicht nur bei einer Verarbeitung in elektronischen Systemen, sondern immer dann vor, wenn die Daten **außerhalb des menschlichen Gedächtnisses** festgehalten werden, z. B. mittels handschriftlichen Notizen oder Tonbandaufnahmen.

Auch hinsichtlich der Speicherung von Daten ist nach § 63 Abs. 1 SGB VIII auf die **Erforderlichkeit** abzustellen. Dabei darf die Speicherung nach § 67c Abs. 1 S. 1 SGB X nur zu dem Zweck erfolgen, zu dem die Daten erhoben wurden.[598]

**Praxishinweis**

Fehlerhaft wäre, aus der **Erforderlichkeit der Datenerhebung** auf die **Erforderlichkeit der Datenspeicherung** zu schließen.

So ist durchaus denkbar, dass sich ein Sozialarbeiter im Rahmen der Erbringung von Leistungen mit einem Klienten über belanglose Dinge unterhält, um dessen Vertrauen zu gewinnen („Wie war der Urlaub?", „Haben Sie gestern Abend das Fußballspiel gesehen?"). Hierbei handelt es sich um eine Datenerhebung, die (noch) erforderlich sein kann.

Ohne weiteres unzulässig wäre es aber, wenn der Sozialarbeiter die Antworten auf diese Fragen in einen Gesprächsvermerk aufnehmen würde.

597 LPK-SGB VIII/Kunkel SGB VIII § 62 Rn. 22.

598 BeckOK SozR/Winkler SGB VIII § 63 Rn. 1.

## 5. Übermittlung von Daten

Nachdem die Übermittlung von Daten nach Art. 4 Nr. 2 DS-GVO eine Form der Datenverarbeitung ist, diese aber unter den Sozialdatenschutz des § 35 Abs. 1 S. 1 SGB I fällt, bedarf es für jede Übermittlung einer **gesetzlichen Befugnis**.

### a) Zweckidentität

Insoweit erlaubt § 64 Abs. 1 SGB VIII zunächst die Nutzung und Übermittlung von Daten zu dem **Zweck, zu dem sie erhoben wurden**. Das entspricht dem Grundsatz der Zweckbindung des Art. 5 Abs. 1 lit. b DS-GVO.

**Praxishinweis**
Die Zweckbindung gilt auch bei einer Übermittlung **innerhalb des Jugendamtes.**

### b) Zweckänderung

Für **andere Zwecke** kann eine Übermittlung nach Maßgabe der §§ 67b ff. SGB X erfolgen. Die wichtigsten dieser Vorschriften sind §§ 67b und 69 SGB X.

So ist die Übermittlung nach Art. 6 Abs. 1 lit. a DS-GVO i. V. m. § 67b SGB X mit **Einwilligung** der betroffenen Person statthaft, wobei die Einwilligung nach Abs. 2 S. 1 zum Nachweis i. S. d. Art. 7 Abs. 1 DS-GVO schriftlich oder elektronisch erfolgen soll.

Weiter ist eine Übermittlung nach § 69 Abs. 1 Nrn. 1, 2 SGB X bei Zweckänderung zulässig, wenn dies **erforderlich** ist

- für die Erfüllung einer gesetzlichen Aufgabe der übermittelnden Stelle,
- für die Erfüllung einer gesetzlichen Aufgabe der Stelle, an welche die Daten übermittelt werden, sofern dieser ein Leistungsträger i. S. d. § 35 Abs. 1 S. 1 SGB I ist, oder
- für die Durchführung eines mit den vorstehenden Aufgaben zusammenhängenden Gerichtsverfahrens.

Bei einer Übermittlung nach § 69 Abs. 1 SGB X ist gem. § 64 Abs. 2 SGB VIII zudem Voraussetzung, dass dadurch der **Erfolg einer zu gewährenden Leis-**

**tung** i. S. d. § 2 Abs. 2 SGB VIII nicht in Frage gestellt wird. Ob bzw. wann das der Fall ist, muss anhand des Maßstabs von § 1 SGB VIII beurteilt werden.[599] Dies verlangt eine Prognose, die am Einzelfall ausgerichtet ist. Soweit die Wirksamkeit einer Jugendhilfeleistung von ihrer Akzeptanz durch den Betroffenen abhängt, was regelmäßig der Fall ist, lässt die Vorschrift wenig Spielraum für eine Datenübermittlung gegen dessen Willen.[600]

### c) Besonderer Vertrauensschutz

Ein besonderer Vertrauensschutz besteht nach § 65 SGB VIII hinsichtlich der Weitergabe von Sozialdaten, die einem Jugendamtsmitarbeiter zum Zwecke persönlicher und erzieherischer Hilfe **anvertraut** worden sind.

Anvertraut sind Sozialdaten nicht erst dann, wenn die Weitergabe ausdrücklich „unter dem Siegel der Verschwiegenheit" erfolgt, sondern bereits dann, wenn der Informant im Sinne einer **subjektiven Zweckbindung** von der Verschwiegenheit des Empfängers der betreffenden Informationen ausgeht und das aus dem Zusammenhang erkennbar ist. Im Zweifel ist mit dem Klienten zu klären, was dessen Vorstellungen sind.[601]

Solche anvertrauten Sozialdaten dürfen gem. § 65 Abs. 1 S. 1 SGB VIII **nur weitergegeben** werden

- mit Einwilligung des Informanten (Nr. 1),
- an das Familiengericht zur Erfüllung von Aufgaben nach § 8a Abs. 2 SGB VIII, wenn angesichts einer Kindeswohlgefährdung eine für die Gewährung von Leistungen notwendige gerichtliche Entscheidung sonst nicht ergehen könnte (Nr. 2),[602]
- an einen anderen Mitarbeiter bei Wechsel der Fall- bzw. örtlichen Zuständigkeit für die Gewährung von Leistungen, wenn Anhaltspunkte für eine Kindeswohlgefährdung vorliegen und die Daten für eine Abschätzung des Gefährdungsrisikos notwendig sind (Nr. 3),
- an Fachkräfte, die zum Zweck der Abschätzung des Gefährdungsrisikos nach § 8a SGB VIII hinzugezogen werden, ggf. nach Maßgabe des § 64 Abs. 2a SGB VIII anonymisiert bzw. pseudonymisiert (Nr. 4) sowie

---

599 LPK-SGB VIII/Kunkel SGB VIII § 64 Rn. 5.

600 Wiesner/Mörsberger SGB VIII § 64 Rn. 15.

601 Wiesner/Mörsberger SGB VIII § 65 Rn. 12.

602 Erforderlich hierfür ist, dass das Jugendamt bereits eine konkrete Leistung vorgesehen hat, die aber nicht ohne eine familiengerichtliche Entscheidung gewährt werden kann, JurisPK-SGB VIII/Kirchhoff § 65 Rn. 33; FK/Hoffmann SGB VIII § 65 Rn. 30.

- unter den Voraussetzungen, unter denen eine der in § 203 Abs. 1 oder 4 StGB genannten Personen dazu befugt wäre, u. a. also nach Maßgabe des § 4 Abs. 3 KKG (Nr. 5).[603]

**Exkurs:** Staatlich anerkannte Sozialarbeiter bzw. Sozialpädagogen werden ohnehin von § 203 Abs. 1 Nr. 6 StGB erfasst, sofern ihnen in dieser Funktion ein Geheimnis anvertraut oder sonst bekannt geworden ist. Dieser gilt gegenüber den allgemeinen Weitergabe-Vorschriften des Datenschutzrechts vorrangig. Das wird durch § 76 SGB X klargestellt.[604]

Der besondere Vertrauensschutz des § 65 Abs. 1 S. 1 SGB VIII bleibt auch **nach der Übermittlung** bestehen, § 65 Abs. 1 S. 2 SGB VIII. Denn der Empfänger darf die Sozialdaten seinerseits nur zu dem Zweck weitergeben oder übermitteln, zu dem er sie befugt erhalten hat.

**Praxishinweis**

Der Empfänger ist stets darauf hinzuweisen, warum und zu welchem Zweck er die Daten erhalten hat.[605] Dies gilt auch für eine Weitergabe an das **Familiengericht**, das entsprechende Erkenntnisse aus einem Verfahren nach § 1666 BGB nicht in anderen Sorgerechts- oder Umgangsverfahren nutzen darf.

### d) Beistandschaft, Amtsvormundschaft und Amtspflegschaft

Einfacher ist es demgegenüber im Bereich von Beistandschaften, Amtspflegschaften und Amtsvormundschaften: Hier gilt gem. § 61 Abs. 2 SGB VIII nur § 68 SGB VIII und d. h. nach dessen Abs. 1 S. 1: Die Verarbeitung der Daten ist zulässig, soweit das zur Erfüllung der Aufgaben des die Beistandschaft, Amtspflegschaft bzw. Amtsvormundschaft führenden Mitarbeiters **erforderlich** ist. Der Grundsatz der Zweckbindung bei Übermittlung an Dritte folgt aus § 68 Abs. 4 SGB VIII.

---

603 Zudem wurde durch das KJSG mit § 65 Abs. 1 S. 1 Nr. 6 SGB VIII eine Möglichkeit zur Datenübermittlung geschaffen, die ebenso wie § 64 Abs. 2b SGB VIII der wissenschaftlichen Erforschung von politisch motivierten (Zwangs-)Adoptionen in der DDR dienen soll.

604 Wiesner/Mörsberger SGB X § 76 Rn. 1.

605 Vgl. Wiesner/Mörsberger SGB VIII § 65 Rn. 24.

## 6. Freie Träger

Anders als die öffentlichen Träger sind **freie Träger** der Jugendhilfe grundsätzlich nicht an die Vorschriften des SGB VIII gebunden.

Doch auch außerhalb des Anwendungsbereichs der §§ 65 Abs. 1 S. 2 SGB VIII, 78 SGB X hat der **öffentliche Träger** der Jugendhilfe gem. § 61 Abs. 3 SGB VIII **sicherzustellen**, dass der Schutz der personenbezogenen Daten bei ihrer Verarbeitung denselben Standards genügt, die auch er einzuhalten hätte.

Das **Schutzkonzept „übers Eck“** soll verhindern, dass datenschutzrechtliche Vorschriften infolge einer Leistungserbringung durch Dritte unterlaufen werden bzw. ein Zielkonflikt zwischen Sozialdatenschutz und der Zusammenarbeit mit der freien Jugendhilfe nach § 4 SGB VIII entsteht.

# XVII. Zuständigkeit

Eines ist im Jugendamt, wie in jeder anderen Behörde: Bekommt ein Mitarbeiter eine Akte auf den Schreibtisch, dann fragt er zuerst: **„Warum gerade ich?“** Das ist die Frage nach der Zuständigkeit.

Dabei kann man die sachliche und die örtliche Zuständigkeit unterscheiden.

Die **sachliche Zuständigkeit** betrifft innerhalb der Kinder- und Jugendhilfe die Frage, ob der örtliche oder der überörtliche Träger zuständig ist, also gem. § 69 Abs. 3 SGB VIII das Jugendamt oder das Landesjugendamt.

Demgegenüber wird durch die **örtliche Zuständigkeit** geregelt, welches von mehreren (Landes-)Jugendämtern sich der Sache anzunehmen hat, also z. B. das Jugendamt in Hamburg, Stuttgart oder Wiesbaden.

**Praxishinweis**

Neben den Regelungen zu sachlicher und örtlicher Zuständigkeit bestehen behördenintern **Geschäftsverteilungspläne** und **Dienstanweisungen**, aus denen sich die Zuständigkeit des einzelnen Mitarbeiters ergibt.

## 1. Sachliche Zuständigkeit

Die sachliche Zuständigkeit von Jugendamt bzw. Landesjugendamt ergibt sich aus § 85 SGB VIII. Dieser sieht ein **Regel-Ausnahme-Verhältnis** zugunsten des örtlichen Trägers vor.

So ist nach § 85 Abs. 1 SGB VIII für die Gewährung von Leistungen und die Erfüllung anderer Aufgaben der Kinder- und Jugendhilfe das Jugendamt zuständig, soweit nicht (ausnahmsweise) eine Zuständigkeit des Landesjugendamtes besteht.

Die Zuständigkeiten des überörtlichen Trägers werden **abschließend** durch § 85 Abs. 2 SGB VIII aufgezählt. Hierbei handelt es sich im Wesentlichen um Unterstützungstätigkeiten für die örtlichen Träger, um Aufgaben, die sich nicht einem Jugendamt zuordnen lassen oder die eine besondere Kompetenz erfordern.[606]

606 Die Vorschriften des § 85 Abs. 4, 5 SGB VIII, die eine teilweise Delegation der Aufgaben des überörtlichen Trägers auf mittlere bzw. untere Landesbehörden und andere Körperschaften des öffentlichen Rechts erlauben, tragen lediglich der besonderen Rechtslage in

Einzelne dieser Aufgaben können nach § 85 Abs. 3 SGB VIII **für den örtlichen Bereich** auch vom Jugendamt wahrgenommen werden. Eine Verpflichtung hierzu besteht freilich nicht.

## 2. Örtliche Zuständigkeit

Die **örtliche Zuständigkeit** wird durch die §§ 86 ff. SGB VIII geregelt.

Dabei ist zunächst zu unterscheiden, ob die Zuständigkeit für die Gewährung einer **Leistung** i. S. d. § 2 Abs. 2 SGB VIII oder für die Erbringung einer gegenüber Leistungen **anderen Aufgabe** i. S. d. § 2 Abs. 3 SGB VIII geprüft werden soll. Denn während für Leistungen die §§ 86 bis 86d SGB VIII gelten, sind für andere Aufgaben die §§ 87 bis 87e SGB VIII anwendbar.

Schließlich bestehen noch **Sonderregelungen** der örtlichen Zuständigkeit bei Aufenthalt im Ausland in § 88 SGB VIII sowie für vorläufige Maßnahmen, Leistungen und Amtsvormundschaften bei unbegleiteten ausländischen Minderjährigen in § 88a SGB VIII.

Im Folgenden sollen Sie einen **groben Überblick** über die gesetzlichen Regelungen bekommen. Bitte lesen Sie sich dazu die angesprochenen Vorschriften durch. Sie werden sehen, dass die Arbeit mit dem Gesetz gar nicht so kompliziert ist.

### a) Leistungen

Im Bereich der Leistungen wird die örtliche Zuständigkeit für die Leistungsgewährung an **Kinder, Jugendliche** und ihre **Eltern** (§ 86 SGB VIII) bzw. an **junge Volljährige** (§ 86a SGB VIII) unterschiedlich geregelt.

Zusätzlich enthält § 86b eine Spezialregelung für Leistungen in **gemeinsamen Wohnformen** nach § 19 SGB VIII. Die **fortdauernde bzw. vorläufige Leistungsverpflichtung** werden durch §§ 86c f. geregelt.

#### *aa) Leistungen an Kinder, Jugendliche und deren Eltern*

Die örtliche Zuständigkeit für Leistungen an Kinder, Jugendliche und ihre Eltern ergibt sich aus § 86 SGB VIII.

Nach dessen Abs. 1 ist zunächst der örtliche Träger zuständig, in dessen Bereich die **Eltern** ihren **gewöhnlichen Aufenthalt**[607] haben. Lebt nur noch ein

Bayern Rechnung, vgl. dazu Wiesner/Loos SGB VIII § 85 Rn. 32 ff. Darüber hinaus ist für Berlin, Bremen und Hamburg auf Art. 22 KJHG hinzuweisen.

607 Zum Begriff s. o. unter III. 1. e) bb).

Elternteil, wird auf diesen abgestellt. Gleiches gilt, wenn eine Vaterschaft (im Rechtssinn) nicht besteht.

Haben die Eltern **verschiedene gewöhnliche Aufenthalte**, wird gem. § 86 Abs. 2 S. 1 SGB VIII auf den gewöhnlichen **Aufenthalt des personensorgeberechtigten Elternteils** abgestellt, und zwar auch dann, wenn die Personensorge teilweise entzogen wurde, der Elternteil also z. B. nicht Inhaber des Aufenthaltsbestimmungsrechts ist.

Bei **gemeinsamer Personensorge** ist nach § 86 Abs. 2 S. 2 SGB VIII der gewöhnliche Aufenthalt des Elternteils maßgebend, bei dem der Minderjährige seinerseits vor Beginn der Leistung zuletzt seinen gewöhnlichen Aufenthalt hatte. Der Beginn der Leistung richtet sich nach dem Einsetzen der Hilfe.[608]

Hatte das Kind bzw. der Jugendliche zuletzt **bei beiden Eltern** seinen gewöhnlichen Aufenthalt, etwa weil diese ein Wechselmodell praktizierten, wird nach § 86 Abs. 2 S. 3 SGB VIII auf den gewöhnlichen Aufenthalt des Elternteils abgestellt, bei dem der Minderjährige vor Beginn der Leistung zuletzt seinen tatsächlichen Aufenthalt hatte.

Hatte das Kind oder der Jugendliche **bei keinem Elternteil** seinen gewöhnlichen Aufenthalt, so wird auf den gewöhnlichen, hilfsweise den tatsächlichen Aufenthalt des Minderjährigen vor Beginn der Leistung abgestellt, § 86 Abs. 2 S. 4 SGB VIII.

Begründen Eltern, etwa infolge Trennung, **nach Beginn der Leistung verschiedene gewöhnliche Aufenthalte**, so wird der örtliche Träger zuständig, in dessen Bezirk der Elternteil lebt, der personensorgeberechtigt ist, § 86 Abs. 5 SGB VIII, während in dieser Konstellation bei gemeinsamer Personensorge die bisherige Zuständigkeit bestehen bleibt.

**Beispiel**

Die Eheleute Müller lebten mit ihrer Tochter Sonja in Berlin. Sie sind gemeinsam sorgeberechtigt. In Berlin wird der Familie eine Hilfe zur Erziehung in Form der sozialpädagogischen Familienhilfe gem. §§ 27, 31 SGB VIII gewährt. Nun zieht der Vater mit der Tochter nach Frankfurt, die Mutter zieht nach Bremen.

Für eine Fortführung der Hilfe im väterlichen Haushalt ist weiter das Jugendamt Berlin zuständig, obgleich dort niemand aus der Familie mehr lebt.

608 OVG Lüneburg, Beschl. v. 15.4.2010, 4 LC 266/08 = DVBl 2010, 796 (796) = BeckRS 2010, 48596. Das gilt auch dann, wenn jedem Elternteil die Personensorge für einen bestimmten Bereich allein obliegt, BVerwG, Urt. v. 30.5.2018, 5 C 2/17 = NJW 2018, 2743 (2744 f.) = BeckRS 2018, 16782.

Nach § 86 Abs. 6 SGB VIII ist auf den gewöhnlichen Aufenthalt einer **Pflegeperson** abzustellen, wenn ein Kind oder Jugendlicher dort seit zwei Jahren lebt und ein Verbleib auf Dauer zu erwarten ist.

Zuletzt regelt § 86 SGB VIII in Abs. 3, 4 bzw. 7 die Fälle, dass

- **nicht personensorgeberechtigte Eltern verschiedene gewöhnliche Aufenthalte** haben,
- Eltern **im Inland keinen gewöhnlichen Aufenthalt** haben, der Aufenthalt nicht feststellbar ist bzw. die Eltern verstorben sind bzw.
- Kinder bzw. Jugendliche um Asyl nachsuchen oder einen **Asylantrag** gestellt haben.

*bb) Leistungen an junge Volljährige*

Bei jungen Volljährigen kann nicht mehr auf den Aufenthalt der Eltern abgestellt werden.

Entsprechend ist nach § 86a Abs. 1 SGB VIII der **gewöhnliche Aufenthalt** des jungen Volljährigen selbst maßgeblich.

Hält sich der junge Volljährige in einer Einrichtung oder sonstigen Wohnform auf, die der Erziehung, Pflege, Betreuung, Behandlung oder dem Strafvollzug dient (z. B. Heimeinrichtung, Internat, Jugendstrafanstalt), richtet sich die Zuständigkeit zum **Schutz der Einrichtungsorte** gem. § 86a Abs. 2 SGB VIII nach dem gewöhnlichen Aufenthalt vor der Aufnahme in die Einrichtung oder sonstige Wohnform.

Bei fehlendem gewöhnlichem Aufenthalt wird gem. § 86a Abs. 3 SGB VIII auf den **tatsächlichen Aufenthalt** abgestellt, ggf. erneut vor Aufnahme in eine Einrichtung oder sonstige Wohnform i. S. d. Abs. 2.

Durch § 86a Abs. 4 SGB VIII wird schließlich eine fortdauernde Leistungsverpflichtung des **bisherigen Trägers** geschaffen, wenn eine Leistung nach § 13 Abs. 3 oder § 21 SGB VIII, also die Unterkunft in einer sozialpädagogisch begleiteten Wohnform bzw. die Unterstützung bei notwendiger Unterbringung zur Erfüllung der Schulpflicht, nach Vollendung des 18. Lebensjahrs fortgeführt wird. Gleiches gilt dann, wenn eine solche Leistung, die Betreuung in einer Wohnform nach § 19 SGB VIII bzw. die Gewährung von Hilfe zur Erziehung nach §§ 27 ff. SGB VIII oder Eingliederungshilfe nach § 35a SGB VIII einer Hilfe für junge Volljährige gem. § 41 SGB VIII vorausgeht, wobei eine Unterbrechung von bis zu drei Monaten ebenso wie der Abschluss und die erneute Aufnahme einer Hilfe nach § 41 SGB VIII binnen drei Monaten unschädlich ist.

### *cc) Leistungen in gemeinsamen Wohnformen für Mütter bzw. Väter und Kinder*

Eine **ähnliche Regelung** wie für Leistungen an junge Volljährige findet sich in § 86b SGB VIII für Leistungen in gemeinsamen Wohnformen für Mütter bzw. Väter und Kinder. Der Hauptunterschied zu der Zuständigkeit für Leistungen an junge Volljährige besteht dabei darin, dass nicht auf das Alter des Hilfeempfängers abgestellt wird: dieser kann also einerseits noch minderjährig, andererseits aber auch schon volljährig sein und ggf. das 27. Lebensjahr vollendet haben.

### *dd) Fortdauernde und vorläufige Leistungsverpflichtung*

Zuletzt regeln im Interesse einer **lückenlosen bzw. unverzüglichen Leistungserbringung** die §§ 86c bzw. 86d SGB VIII die fortdauernde Leistungsverpflichtung und Fallübergabe bei Zuständigkeitswechsel bzw. die Verpflichtung zum vorläufigen Tätigwerden.

So bleibt nach § 86c Abs. 1 S. 1 SGB VIII bei einem Wechsel der örtlichen Zuständigkeit der **bisherige Träger** solange verpflichtet, bis der neue Träger die Leistung fortsetzt.

Zugleich hat der bisherige Träger, sobald er von Umständen Kenntnis bekommt, die einen Wechsel der Zuständigkeit begründen, den neuen Träger ohne schuldhaftes Zögern zu **unterrichten** sowie ihm die für die Hilfegewährung und den Zuständigkeitswechsel maßgeblichen Daten zu übermitteln, § 86c Abs. 2 S. 1, 2 SGB VIII.

Bei Leistungen, die einer Hilfeplanung nach § 36 Abs. 2 SGB VIII unterliegen, ist die Fallverantwortung **im Rahmen eines Gesprächs** zu übergeben. Hierzu genügt ein fernmündlicher, nicht jedoch ein schriftlicher Kontakt.[609]

In jedem Fall sind die **Leistungsadressaten** nach § 86c Abs. 2 S. 4 SGB VIII angemessen an der Übergabe zu beteiligen, wobei die konkrete Ausgestaltung der Beteiligung den Erfordernissen des Einzelfalls anheimgestellt wird. Eine Beteiligung an dem Übergabegespräch ist möglich, aber nicht zwingend.[610]

Der neue Träger hat dafür Sorge zu tragen, dass der **Hilfeprozess** und die vereinbarten Hilfeziele durch den Zuständigkeitswechsel **nicht gefährdet** werden, § 86c Abs. 1 S. 2 SGB VIII.

Steht der örtlich zuständige Träger nicht fest, weil hierzu z. B. weitere Ermittlungen erforderlich sind, oder bleibt der zuständige örtliche Träger (rechtswidrig) untätig, so besteht nach § 86d SGB VIII eine Verpflichtung zum **vorläufigen Tätigwerden**.

---

609 BT-Drs. 17/6256, S. 29; Wiesner/Loos SGB VIII § 86c Rn. 11.

610 Wiesner/Loos SGB VIII § 86c Rn. 12.

Diese obliegt dem örtlichen Träger, in dessen Bezirk sich das Kind bzw. der Jugendliche, der junge Volljährige oder der Leistungsberechtigte nach § 19 SGB VIII vor Beginn der Leistung **tatsächlich aufhält**.

**Praxishinweis**
Dadurch soll sich ein Streit über die örtliche Zuständigkeit nicht zulasten des Leistungsadressaten auswirken. Der nach § 86d SGB VIII (vorläufig) leistungszuständige Träger bleibt nicht auf den Kosten „sitzen", denn insoweit greifen die Vorschriften über die **Kostenerstattung.**[611]

## b) Andere Aufgaben

Hinsichtlich der gegenüber Leistungen anderen Aufgaben werden im Folgenden besprochen

- die örtliche Zuständigkeit für vorläufige Maßnahmen zum Schutz von Kindern und Jugendlichen (§ 87 SGB VIII),
- die örtliche Zuständigkeit für die Mitwirkung in gerichtlichen Verfahren (§ 87b SGB VIII),
- die örtliche Zuständigkeit für Beistandschaften, Amtspflegschaften und Amtsvormundschaften sowie für Bescheinigungen nach § 58a Abs. 2 SGB VIII (§ 87c SGB VIII),
- die örtliche Zuständigkeit für weitere Aufgaben im Vormundschaftswesen (§ 87d SGB VIII) und
- die örtliche Zuständigkeit für Beurkundungen (§ 87e SGB VIII).

Daneben wird die örtliche Zuständigkeit für die Erteilung einer Erlaubnis zur Kindertagespflege und Vollzeitpflege, deren Rücknahme und Widerruf sowie für Erlaubnisse, Meldepflichten, örtliche Prüfungen und Beschäftigungsverbote im Zusammenhang mit dem Betrieb einer Einrichtung bzw. einer selbständigen sonstigen Wohnform durch § 87a SGB VIII geregelt.

### *aa) Vorläufige Maßnahmen zum Schutz von Kindern und Jugendlichen*

Die örtliche Zuständigkeit für vorläufige Maßnahmen zum Schutz von Kindern bzw. Jugendlichen wird durch § 87 SGB VIII geregelt. Nach dessen S. 1 gilt hinsichtlich der **Inobhutnahme** nach § 42 Abs. 1 S. 1 Nrn. 1, 2 SGB VIII, dass

611 Dazu s. unter XVIII.

das Jugendamt zuständig ist, in dessen Bezirk sich der Minderjährige vor Beginn der Maßnahme tatsächlich aufhält.

Maßgeblich ist dabei in Fällen

- des § 42 Abs. 1 S. 1 Nr. 1 SGB VIII der Ort, an dem der **Selbstmelder** um seine Inobhutnahme bittet bzw.
- des § 42 Abs. 1 S. 1 Nr. 2 SGB VIII der Ort, an dem die **dringende Gefahr** besteht.[612]

Sinn und Zweck der Regelung ist, dass bei besonders eilbedürftigen Maßnahmen **keine Verzögerungen** eintreten, sondern stets das Jugendamt vor Ort tätig wird. Auf die Frage, ob dort zugleich der gewöhnliche Aufenthalt i. S. d. § 30 Abs. 3 S. 2 SGB I liegt, kommt es für die Begründung der Zuständigkeit nicht an.

**Beispiel**

Ist die Inobhutnahme eines Kindes erforderlich, das in einem Fernzug durch Deutschland reist, ist in jedem Bahnhof eine andere örtliche Zuständigkeit gegeben. Freilich können im Nachgang Kostenerstattungsansprüche aus § 89b SGB VIII bestehen.[613]

Die örtliche Zuständigkeit für die Inobhutnahme eines **unbegleiteten ausländischen Kindes oder Jugendlichen** nach § 42 Abs. 1 S. 1 Nr. 3 wird durch § 87 S. 2 i. V. m. § 88a Abs. 2 SGB VIII geregelt.

Für die **vorläufige Inobhutnahme** nach § 42a ist gem. § 88a Abs. 1 SGB VIII grundsätzlich der örtliche Träger zuständig, in dessen Bereich sich das Kind oder der Jugendliche vor Beginn der Maßnahme tatsächlich aufhält. Hierbei handelt es sich um das Jugendamt, in dessen Bezirk der Minderjährige aufgegriffen wird bzw. sich selbst meldet.[614]

### *bb) Mitwirkung in gerichtlichen Verfahren*

Für die Mitwirkung in Verfahren vor den **Familien- und Jugendgerichten** verweist das Gesetz in § 87b SGB VIII im Wesentlichen auf die für Leistungen geltenden Vorschriften.

612 Wiesner/Loos SGB VIII § 87 Rn. 3.
613 Dazu s. unter XVIII.
614 BeckOK SozR/Winkler SGB VIII § 88a Rn. 1.

So gilt nach § 87b Abs. 1 zunächst **§ 86 Abs. 1 bis 4 SGB VIII entsprechend.**[615] Nicht anwendbar sind damit lediglich die Regelungen, die sich auf die Begründung unterschiedlicher gewöhnlicher Aufenthalte der Eltern nach Beginn der Leistung, auf die durch Vollzeitpflege begründete Zuständigkeit sowie auf Asylsuchende beziehen, also § 86 Abs. 5 bis 7.

In Verfahren nach dem JGG, in denen der Beschuldigte zu Beginn des Verfahrens das 18. Lebensjahr vollendet hat, gilt **§ 86a Abs. 1 und 3 SGB VIII entsprechend,**[616] also nicht Abs. 2 mit seiner Sonderregelung für den Aufenthalt in einer Einrichtung oder sonstigen Wohnform, die u. a. dem Strafvollzug dient,[617] und auch nicht Abs. 4, der die fortdauernde Leistungsverpflichtung regelt. Unter Beginn des Verfahrens ist dabei dessen Einleitung i. S. v. § 43 Abs. 1 S. 1 JGG zu verstehen, so dass anders als bei § 105 JGG nicht auf den Tatzeitpunkt abgestellt wird.[618]

Die nach § 87b Abs. 1 SGB VIII begründete Zuständigkeit ist nach dessen Abs. 2 S. 1 entsprechend der für Gerichte geltenden „perpetuatio fori" statisch, d. h., sie bleibt **bis zum Abschluss des Verfahrens** bestehen; spätere Änderungen bleiben ohne Einfluss. Handelt es sich um ein Jugendstrafverfahren und hat der junge Mensch die letzten sechs Monate vor Abschluss des Verfahrens in einer Justizvollzugsanstalt verbracht, so bleibt die Zuständigkeit nach Abs. 2 S. 2 bis zur Begründung eines neuen gewöhnlichen Aufenthalts, längstens für sechs Monate nach seiner Entlassung bestehen. Dies betrifft die sog. nachgehende Betreuung, denn grundsätzlich endet spätestens mit Beendigung des strafrechtlichen Vollstreckungsverfahrens auch die Tätigkeit der Jugendgerichtshilfe. Allerdings soll im Sinne einer Betreuungskontinuität sichergestellt werden, dass der bisher beteiligte Jugendhilfeträger auch die Wiedereingliederung in die Gemeinschaft begleitet.[619]

Steht die örtliche Zuständigkeit nicht fest oder wird der zuständige örtliche Träger nicht tätig, so soll dies auch in Familien- oder Jugendgerichtsverfahren nicht dazu führen, dass die Expertise der Jugendhilfe fehlt: In diesem Fall gilt gem. § 87b Abs. 3 SGB VIII die Verpflichtung zum **vorläufigen Tätigwerden** des § 86d SGB VIII entsprechend.[620]

---

615 Dazu s. o. unter a) aa).

616 Dazu s. o. unter a) bb).

617 A. A. offenbar BeckOK SozR/Winkler SGB VIII § 87b Rn. 1. Dass § 86a Abs. 3 Hs. 2 nicht ebenfalls ausgenommen ist, dürfte ein Redaktionsversehen sein.

618 Wiesner/Loos SGB VIII § 87b Rn. 4.

619 JurisPK-SGB VIII/Lange § 87b Rn. 35.

620 Dazu s. o. unter a) dd).

### *cc) Amtsvormundschaften, Amtspflegschaften, Beistandschaften u. a.*

Im Bereich der Amtsvormundschaften, Amtspflegschaften, Beistandschaften sowie hinsichtlich der Bescheinigung nach § 58a Abs. 2 SGB VIII bestehen nach § 87c SGB VIII **unterschiedliche Zuständigkeiten**. Überwiegend wird dabei auf den gewöhnlichen Aufenthalt der Kindsmutter abgestellt.

Das gilt zunächst im Falle einer **gesetzlichen Amtsvormundschaft** des Jugendamts nach § 1791c BGB.[621] Lässt sich ein gewöhnlicher Aufenthalt der Mutter i. S. d. § 30 Abs. 3 S. 2 SGB I nicht feststellen, wird auf den tatsächlichen Aufenthalt abgestellt, § 87c Abs. 1 SGB VIII.

Durch § 87c Abs. 2 SGB VIII wird die Zuständigkeit für den Fall geregelt, dass die Mutter ihren gewöhnlichen Aufenthalt im Bereich eines anderen Jugendamts nimmt. In diesem Fall geht die Vormundschaft nach einem entsprechenden Antrag auf das Jugendamt des neuen Aufenthalts über. Der Antrag kann von beiden Jugendämtern, von den Eltern und von jedem sonst gestellt werden, der ein berechtigtes Interesse des Minderjährigen geltend macht (z. B. Pflegeperson oder Stiefelternteil).

Für die Amtsvormundschaft infolge der Einwilligung eines Elternteils in die Adoption gem. § 1751 Abs. 1 S. 2 Hs. 1 BGB (sog. **Adoptionsvormundschaft**) ist nach § 87c Abs. 4 SGB VIII der gewöhnliche Aufenthalt des Annehmenden maßgebend.

Bei der **bestellten Amtsvormundschaft** einschließlich der Gegenvormundschaft bzw. der bestellten Amtspflegschaft wird gem. § 87c Abs. 3 SGB VIII auf den gewöhnlichen Aufenthalt des Minderjährigen abgestellt, hilfsweise auf seinen tatsächlichen Aufenthalt zum Zeitpunkt der Bestellung.

Für die **Beratung und Unterstützung** nach § 52a SGB VIII sowie für die **Beistandschaft** ist nach § 87c Abs. 5 S. 1 SGB VIII der gewöhnlichen, hilfsweise der tatsächliche Aufenthalt der Kindsmutter maßgeblich. Soweit der Vater hinsichtlich einer Beistandschaft antragsberechtigt ist, wird auf dessen Aufenthalt abgestellt.[622] Das folgt auch aus § 87c Abs. 5 S. 2 SGB VIII.

Für die Erteilung der schriftlichen Auskunft nach § 58a Abs. 2 SGB VIII (sog. **Negativattest**) gilt nach § 87c Abs. 6 S. 1 SGB VIII die Vorschrift des § 87c Abs. 1 SGB VIII entsprechend, d. h., es wird auf den gewöhnlichen, hilfsweise auf den tatsächlichen Aufenthalt der Mutter abgestellt.

---

621 Begründet wird dies mit der Unterstützungsfunktion für Mütter, vgl. FK/Eschelbach SGB VIII § 87c Rn. 3; JurisPK-SGB VIII/Lange § 87b Rn. 16; Wiesner/Loos SGB VIII § 87c Rn. 4. Gleichwohl ist die Vorschrift vor dem Hintergrund des Gleichstellungsauftrags aus Art. 3 Abs. 2 S. 2 GG schwer zu rechtfertigen.

622 JurisPK-SGB VIII/Lange § 87c Rn. 83.

#### dd) *Weitere Aufgaben im Vormundschaftswesen*

Durch § 87d SGB VIII wird die örtliche Zuständigkeit von Aufgaben im Vormundschaftswesen **außerhalb der Amtsvormundschaft** geregelt.

Nach Abs. 1 richtet sich die Zuständigkeit für die Wahrnehmung der Aufgaben nach § 53 SGB VIII, also den **Vorschlag geeigneter Pfleger bzw. Vormünder**, deren **Beratung, Unterstützung und Beaufsichtigung** nach dem gewöhnlichen Aufenthalt des Pflegers bzw. Vormunds.

Hinsichtlich der Erteilung der **Erlaubnis zur Übernahme von Vereinsvormundschaften** bzw. -pflegschaften (§ 54 SGB VIII) ist nach § 87d Abs. 2 der überörtliche Träger zuständig, in dessen Bereich der Verein seinen Sitz hat.

#### ee) *Beurkundungen*

Für Beurkundungen besagt § 87e SGB VIII im Prinzip, dass eine Regelung der örtlichen Zuständigkeit nicht besteht, oder, anders ausgedrückt, die **Urkundsperson jeden Jugendamts** zuständig ist, an das sich der Erklärende wendet.[623]

**Praxishinweis**
Von der Beurkundung zu unterscheiden ist die **Erteilung von Ausfertigungen**. Hierfür ist jeweils die Stelle zuständig, welche die betreffende Urkunde verwahrt, § 48 S. 1 BeurkG.

### c) Sonderregelungen bei Auslandsbezug

Für die Gewährung von **Leistungen im Ausland** ist gem. § 88 SGB VIII das Landesjugendamt zuständig, in dessen Bezirk der junge Mensch geboren wurde; bei einer Geburt im Ausland das Land Berlin. Eine Zuständigkeit des örtlichen Trägers besteht jedoch fort, wenn bereits vor der Ausreise Leistungen gewährt wurden bzw. die Hilfe seitdem für höchstens drei Monate unterbrochen wurde. In allen Fällen ist Voraussetzung, dass sowohl der Leistungsberechtigte als auch der Leistungsempfänger seinen Aufenthalt im Ausland hat.[624]

623 Die in § 87e SGB VIII gleichfalls genannte Beglaubigung ist gegenstandslos, weil das Jugendamt seit der Kindschaftsrechtsreform 1998 keine Beglaubigungen mehr vornimmt, vgl. FK/Eschelbach SGB VIII § 87e Rn. 1.

624 BVerwG, Urt. v. 12.5.2011, 5 C 4.10 – NVwZ-RR 2011, 768 (769) = BeckRS 2011, 52115; vgl. auch FK/Eschelbach SGB VIII § 88 Rn. 2.

In § 88a SGB VIII wird hinsichtlich der Zuständigkeit für **unbegleitete ausländische Kinder bzw. Jugendliche** zwischen der vorläufigen Inobhutnahme, der Inobhutnahme, Leistungen und der Amtsvormundschaft/-pflegschaft unterschieden.[625]

625 Zur Zuständigkeit für die (vorläufige) Inobhutnahme s. o. unter b) aa).

# XVIII. Kostenerstattung

Die Kostenerstattung der §§ 89 ff. SGB VIII steht im Zusammenhang mit den Regelungen der örtlichen Zuständigkeit.

Ihr Zweck ist, finanzielle **Lasten gerecht zu verteilen** und zugleich zu verhindern, dass ein Jugendamt z. B. dort, wo hinsichtlich der Zuständigkeit auf einen (kurzzeitigen) tatsächlichen Aufenthalt abgestellt wird, aus fiskalischen Gründen untätig bleibt.

Zur Erstattung der Kosten verpflichtet werden **andere staatliche Stellen**, nämlich andere örtliche Träger oder der überörtliche Träger der öffentlichen Jugendhilfe.

Dabei spricht man im Falle der Erstattung der Kosten eines örtlichen Trägers durch den überörtlichen Träger von **vertikaler**, im Falle der Erstattung der Kosten eines örtlichen durch einen anderen örtlichen Träger von **horizontaler Kostenerstattung**.

Nicht zu verwechseln ist die Kostenerstattung mit der **Kostenbeteiligung**, die das Verhältnis von Staat und Bürger i. S. v. dessen Heranziehung zu den Kosten betrifft.

Im Einzelnen können bei der Kostenerstattung folgende **Fallgruppen** unterschieden werden:[626]

- Für die örtliche Zuständigkeit ist der **tatsächliche Aufenthalt** nach §§ 86, 86a oder 86b SGB VIII **maßgebend, weil ein gewöhnlicher Aufenthalt nicht besteht**. Dieser Fall wird durch § 89 SGB VIII so gelöst, dass die Kosten eines örtlichen Trägers durch „sein“ Landesjugendamt zu erstatten sind.
- Für die örtliche Zuständigkeit ist wegen der besonderen Eilbedürftigkeit der **Inobhutnahme** der tatsächliche Aufenthalt maßgebend: Hier sind gem. § 89b SGB VIII die Kosten durch den örtlichen Träger zu erstatten, dessen Zuständigkeit durch den gewöhnlichen Aufenthalt nach § 86 SGB VIII begründet würde, hilfsweise, wenn ein kostenerstattungspflichtiger örtlicher Träger nicht besteht oder nicht zu ermitteln ist,[627] erneut durch den überörtlichen Träger.

626 Vgl. Übersicht in FK-Eschelbach/Schindler, vor §§ 89–89h, Rn. 2.

627 Z. B. in Fällen der anonymen Geburt, vgl. VGH München, Urt. v. 9.6.2005, 12 BV 03.1971 = JAmt 2006, 148 (148 ff.) = BeckRS 2008, 26211; FK/Eschelbach SGB VIII § 89b Rn. 1.

- Für die örtliche Zuständigkeit ist der tatsächliche Aufenthalt maßgebend, weil der primär zuständige örtliche Träger untätig bleibt, es liegt also ein Fall der **vorläufigen Leistungsverpflichtung** nach § 86d SGB VIII vor. In diesem Fall sind die Kosten gem. § 89c Abs. 1 S. 2 SGB VIII von dem örtlichen Träger zu erstatten, dessen Zuständigkeit nach §§ 86, 86a und 86b SGB VIII begründet wird, hilfsweise gem. § 89c Abs. 3 SGB VIII durch den überörtlichen Träger. Gegen den erstattungspflichtigen örtlichen Trägers kann nach Abs. 2 zusätzlich ein sog. „Strafdrittel" geltend gemacht werden, wenn dieser pflichtwidrig gehandelt hat (z. B. wegen einer verzögerten, unzureichenden oder rechtswidrig verweigerten Hilfe), so dass über die tatsächlichen Aufwendungen hinaus ein weiteres Drittel der Bruttoaufwendungen, mindestens jedoch 50 Euro, zu erstatten.[628]
- Die bisherige **örtliche Zuständigkeit bleibt bestehen, weil der primär zuständige örtliche Träger nicht tätig wird**. In diesem Fall sind die Kosten vorrangig von dem Jugendamt zu erstatten, das nach Wechsel der örtlichen Zuständigkeit zuständig geworden ist, § 89c Abs. 1 S. 1 SGB VIII. Ebenso wie in Fällen der vorläufigen Leistungsverpflichtung besteht eine Ersatzhaftung des überörtlichen Trägers und kann gegen einen erstattungspflichtigen örtlichen Träger ggf. ein Strafdrittel geltend gemacht werden.
- Zuletzt betreffen die §§ 89a, 89d und 89e SGB VIII den **Schutz der Orte der Pflegestellen**, den **Schutz der Einrichtungsorte** bzw. den **Schutz von Grenzregionen**. So regelt § 89a SGB VIII einen Kostenerstattungsanspruch in Fällen, in denen sich die Zuständigkeit gem. § 86 Abs. 6 SGB VIII nach dem gewöhnlichen Aufenthalt der Pflegeperson richtet. Nach § 89e SGB VIII besteht eine Erstattungspflicht, wenn für die örtliche Zuständigkeit der gewöhnliche Aufenthalt von Eltern, Kindern oder Jugendlichen maßgeblich ist, dieser aber in einer Einrichtung oder sonstigen Wohnform begründet worden ist, die der Erziehung, Pflege, Betreuung, Behandlung oder dem Strafvollzug dient. Zuletzt sieht § 89d SGB VIII Ansprüche auf Kostenerstattung bei Gewährung von Jugendhilfe nach der Einreise vor.

Hinsichtlich des **Umfangs** der Kostenerstattung ist § 89f SGB VIII zu beachten.[629]

628 Vgl. dazu FK/Eschelbach SGB VIII § 89c Rn. 4 f.
629 Zur Anwendbarkeit der §§ 102 ff. SGB X vgl. Wiesner/Loos SGB VIII Vorb. v. § 89 Rn. 12 f.

# XIX. Kostenbeteiligung

Die Kostenbeteiligung betrifft die Frage, wann und in welcher Höhe die der öffentlichen Jugendhilfe entstandenen Kosten durch Bürger, v. a. durch das Kind oder den Jugendlichen und dessen Eltern, zu tragen sind.

Dabei kennt das Gesetz **drei Arten** der Heranziehung: die pauschalierte Kostenbeteiligung nach § 90 SGB VIII, die Erhebung von Kostenbeiträgen für stationäre und teilstationäre Leistungen sowie vorläufige Maßnahmen nach §§ 91 ff. SGB VIII sowie die Überleitung von Ansprüchen nach § 95 SGB VIII.

Eine Beteiligung von Bürgern an den Kosten der Jugendhilfe in anderen als den durch §§ 90 bis 95 SGB VIII geregelten Fällen ist nicht vorgesehen, d. h., die Erbringung dort nicht genannter Aufgaben ist für den Bürger **kostenfrei**. Das gilt insbesondere für die meisten ambulanten Leistungen.

---

**Praxishinweis**
Ein Überblick, welche Leistungen kostenfrei sind, ist für eine Fachkraft im ASD weit wichtiger als die Berechnung von Kostenbeiträgen. Denn der Hinweis darauf, dass Kosten nicht erhoben werden, kann die **Bereitschaft fördern**, z. B. einen Antrag auf eine (ambulante) Hilfe zur Erziehung nach §§ 27 ff. SGB VIII zu stellen, insbesondere dann, wenn Eltern in beengten finanziellen Verhältnissen leben, wie dies etwa nach einer Trennung regelmäßig der Fall ist.

---

## 1. Pauschalierte Kostenbeteiligung

Die pauschalierte Kostenbeteiligung gibt den örtlichen Trägern der öffentlichen Jugendhilfe gem. § 90 Abs. 1 SGB VIII die Möglichkeit zur Festsetzung von Kostenbeiträgen für die Inanspruchnahme von Angeboten

- der **Jugendarbeit** nach § 11 SGB VIII (Nr. 1),
- der **allgemeinen Förderung der Erziehung in der Familie** nach § 16 Abs. 1, 2 S. 1 Nrn. 1, 3 SGB VIII (Nr. 2) sowie
- der Förderung von Kindern in **Tageseinrichtungen und Kindertagespflege** nach §§ 22 ff. SGB VIII (Nr. 3).

Dabei „können“ die Kostenbeiträge festgesetzt werden, sie müssen indes nicht. Der Jugendhilfeträger hat also ein **Ermessen**, bei dessen Ausübung sowohl auf die Zielsetzungen der Kinder- und Jugendhilfe als auch auf fiskalische Erwägungen abgestellt werden kann. Nicht in die Ermessenserwägungen einzustellen ist die individuelle Leistungsfähigkeit.[630]

**Praxishinweis**

Während Kostenbeiträge bei Maßnahmen der Kinder- und Jugenderholung nach § 11 Abs. 1, 3 Nr. 5 oder der Familienfreizeit bzw. Familienerholung nach § 16 Abs. 1, 2 S. 1 Nr. 3 SGB VIII weitgehend akzeptiert werden, ist die Kostenbeteiligung für den Besuch einer **Tageseinrichtung** zunehmend **umstritten.**

Die Höhe der Kostenbeiträge für Kindertagesstätten wird i. d. R. durch **kommunale Satzungen** geregelt. Diese können nach Maßgabe des Landesrechts im Wege eines Normenkontrollverfahrens nach § 47 VwGO überprüft werden.[631]

Entscheidet sich ein Träger für eine Kostenbeteiligung an Tageseinrichtungen bzw. Kindertagespflege, sind die entsprechenden Kostenbeiträge nach Maßgabe von § 90 Abs. 3 SGB VIII zu **staffeln**. Als Kriterien dafür nennt das Gesetz insbesondere das Einkommen der Eltern, die Anzahl der kindergeldberechtigten Kinder in der Familie sowie die tägliche Betreuungszeit, wobei letztere vor dem Hintergrund des Grundsatzes der Verhältnismäßigkeit ohnehin zu berücksichtigen sein müsste.[632] Denkbar sind darüber hinaus weitere Kriterien.

Schließlich ist in § 90 Abs. 2 und 4 SGB VIII vorgesehen, dass Kostenbeiträge auf Antrag[633] vom Träger der öffentlichen Jugendhilfe **ganz oder teilweise erlassen** bzw. übernommen werden.[634] Dabei betrifft Abs. 2 die Jugendarbeit und die allgemeine Förderung der Erziehung in der Familie, während sich Abs. 4 auf Tageseinrichtungen und Kindertagespflege bezieht. Voraussetzung ist in beiden Fällen, dass die Belastung durch Kostenbeiträge nicht zuzumuten ist. Zusätzlich muss die Jugendarbeit bzw. allgemeine Förderung der Erziehung

---

630 Insoweit sind die möglichen Anträge nach § 90 Abs. 2, 4 SGB VIII abschließend, vgl. JurisPK-SGB VIII/Krome § 90 Rn. 40.

631 Dazu vgl. Schoch/Schneider/Bier/Panzer VwGO § 47 Rn. 20 ff.

632 So auch JurisPK-SGB VIII/Krome § 90 Rn. 50.

633 Dabei ist hinsichtlich des Antragserfordernisses umstritten, ob dieses zwingende Leistungsvoraussetzung ist, ein verspätet gestellter Antrag also nicht mehr berücksichtigt werden kann, vgl. OVG Berlin-Brandenburg, Beschl. v. 14.3.2006, 6 M 6.06 = LKV 2007, 91 (91) = BeckRS 2006, 23005; dagg. die h.M.: OVG Lüneburg, Beschl. v. 6.3.2014, 4 LC 45/12 = DÖV 2014, 539 (539) = BeckRS 2014, 48821; OVG Magdeburg, Urt. v. 20.2.2013, 3 L 339/11 = FamRZ 2013, 1335 (1335) = BeckRS 2013, 50685; LPK-SGB VIII/Kepert SGB VIII § 90 Rn. 19. Der Streit dürfte sich nach den Grundsätzen des sozialrechtlichen Herstellungsanspruchs allerdings nicht auswirken, soweit eine Beratung nach § 90 Abs. 4 S. 3 SGB VIII unterblieben ist, JurisPK-SGB VIII/Krome § 90 Rn. 56.2.

634 Ein Erlass kommt bei Einrichtungen, Diensten und Veranstaltungen des öffentlichen Trägers selbst, eine Übernahme bei Einrichtungen, Diensten und Veranstaltungen Dritter in Betracht.

in der Familie nach Abs. 2 für die Entwicklung des jungen Menschen erforderlich sein. Davon dürfte i. d. R. auszugehen sein, wenn es sich um eine Maßnahme handelt, die den Zielen der §§ 11 und 16 SGB VIII entspricht.[635]

Auf **Rechtsfolgenseite** besteht in Fällen des § 90 Abs. 2 SGB VIII ein Ermessen des Jugendhilfeträgers, während nach Abs. 4 eine gebundene Entscheidung vorliegt.

**Praxishinweis**

Hinsichtlich der **Zumutbarkeit** der Belastung ist auf das Kind oder den Jugendlichen bzw. dessen Eltern abzustellen (im Fall von Alleinerziehenden auf den betreffenden Elternteil). Bei jungen Volljährigen sind die Eltern nicht maßgeblich.

Die Feststellung der zumutbaren Belastung richtet sich nach § 90 (Abs. 4 S. 4 i. V. m.) Abs. 2 S. 3, 4 SGB VIII, der auf Vorschriften des SGB XII Bezug nimmt.

Hinsichtlich der Förderung in Tageseinrichtungen und Kindertagespflege sind Kostenbeiträge zudem unzumutbar, wenn die Eltern oder das Kind eine der folgenden Leistungen erhalten:

- Leistungen zur Sicherung des Lebensunterhalts nach dem SGB II („Hartz IV"),
- Hilfe zum Lebensunterhalt nach §§ 27 ff. SGB XII,
- Grundsicherung im Alter und bei Erwerbsminderung nach §§ 41 ff. SGB XII,
- Leistungen nach §§ 2 f. AsylbLG,
- Kinderzuschlag nach § 6a BKGG oder
- Wohngeld nach dem WoGG.

## 2. Kostenbeiträge für stationäre und teilstationäre Leistungen sowie für die Inobhutnahme

Die Erhebung von Kostenbeiträgen für stationäre und teilstationäre Leistungen sowie für die Inobhutnahme wird durch §§ 91 ff. SGB VIII geregelt.

Der für die Praxis der Sozialen Arbeit wichtige **Anwendungsbereich** ergibt sich aus § 91 Abs. 1, 2 SGB VIII.

635 JurisPK-SGB VIII/Krome § 90 Rn. 57.

Danach werden, ohne dass insoweit ein Ermessen bestünde, Kostenbeiträge erhoben für

- die **Unterkunft in sozialpädagogisch begleiteten Wohnformen** gem. § 13 Abs. 3 SGB VIII (Abs. 1 Nr. 1),
- teilstationäre und stationäre Leistungen der **Förderung der Erziehung in der Familie** nach §§ 19 bis 21 SGB VIII (Abs. 1 Nrn. 2–4, Abs. 2 Nr. 1),
- **Hilfe zur Erziehung** sowie **Eingliederungshilfe** und **Hilfe für junge Volljährige** in teilstationärer oder stationärer Form, §§ 27, 32 ff., 35a Abs. 2 Nrn. 2 bis 4, § 41 SGB VIII (Abs. 1 Nrn. 5, 6, 8, Abs. 2 Nrn. 2–4) und
- **Inobhutnahmen**, § 42 SGB VIII (Abs. 1 Nr. 7).

Die Kosten umfassen gem. § 91 Abs. 3, 4 SGB VIII Aufwendungen für den **notwendigen Unterhalt** und die **Krankenhilfe**, nicht jedoch Verwaltungskosten. Zudem kann die Leistung oder vorläufige Maßnahme nicht im Sinne einer Symmetrie vom Einsatz von Einkommen und Vermögen des Kostenschuldners abhängig gemacht werden, § 91 Abs. 5 SGB VIII.

Wer bei welcher der in § 91 Abs. 1, 2 SGB VIII genannten Leistungen als **Kostenschuldner** in Betracht kommt, wird durch § 92 Abs. 1, 1a SGB VIII geregelt.

Nach § 92 Abs. 1 SGB VIII können aus ihrem **Einkommen**

- Kinder und Jugendliche zu den Kosten stationärer Leistungen bzw. vorläufiger Maßnahmen herangezogen werden (Nr. 1),
- junge Volljährige zu Leistungen nach § 13 Abs. 3, §§ 21, 41 SGB VIII (Nr. 2),
- Leistungsberechtigte nach § 19 SGB VIII zu den entsprechenden Kosten (Nr. 3),
- Ehegatten sowie eingetragene Lebenspartner junger Menschen und Leistungsberechtigter nach § 19 SGB VIII zu den Kosten sämtlicher Maßnahmen (Nr. 4) und
- Elternteile zu den Kosten der stationären Leistungen sowie der Inobhutnahme und, falls sie mit dem jungen Menschen zusammenleben, auch zu den Kosten der teilstationären Leistungen (Nr. 5).[636]

---

636 Soweit nach § 92 Abs. 1a SGB VIII volljährige Leistungsberechtigte zu den Kosten vollstationärer Leistungen zusätzlich aus ihrem Vermögen heranzuziehen sind, werden Leistungsansprüche junger Volljähriger aus § 41 SGB VIII seit Inkrafttreten des KJSG nicht (mehr) erfasst.

Die **konkrete Berechnung** des gem. § 92 Abs. 2 SGB VIII durch Leistungsbescheid festzusetzenden Kostenbeitrags erfolgt durch die wirtschaftliche Jugendhilfe nach §§ 93 f. SGB VIII. Erklärtes Ziel des KJSG war insoweit, dass **Junge Menschen und Leistungsberechtigte nach § 19 SGB VIII** den größten Teil ihres Einkommens für sich behalten sollten. Das wurde mit einer Neufassung von § 94 Abs. 6 SGB VIII umgesetzt. Danach haben die Betreffenden nach Abzug der in § 93 Abs. 2 SGB VIII genannten Beträge höchstens 25 % ihres Einkommens als Kostenbeitrag anzusetzen.[637] In der Praxis erfolgt bei vielen (grundsätzlich) Kostenbeitragspflichtigen mangels ausreichenden Einkommens überhaupt keine Heranziehung.

**Praxishinweis**

Während die konkrete Berechnung des Kostenbeitrags durch die wirtschaftliche Jugendhilfe vorgenommen wird, sollten Fachkräfte im ASD § 92 Abs. 5 S. 1 SGB VIII kennen. Danach soll im Einzelfall ganz oder teilweise von der Heranziehung abgesehen werden, wenn sonst **Ziel und Zweck der Leistung gefährdet** würden oder sich aus der Heranziehung eine besondere Härte ergäbe.

Die Gefährdung von Ziel und Zweck kann gegeben sein, wenn Eltern z. B. den festgesetzten Betrag nicht zahlen wollen und deshalb **mit einem Abbruch der Hilfe drohen.**[638]

## 3. Überleitung von Ansprüchen

Die Überleitung von Ansprüchen nach § 95 SGB VIII ist eine weitere Form der Beteiligung an den Kosten, die der (Wieder-)Herstellung des **Nachrangs der Jugendhilfe** dient.[639]

Dafür muss eine der in § 92 Abs. 1 SGB VIII genannten Personen einen **Anspruch gegen einen Dritten** haben, der seinerseits weder Sozialleistungsträger i. S. d. § 12 SGB I noch kostenbeitragspflichtig i. S. d. § 92 Abs. 1 SGB VIII ist. Dieser Anspruch muss im Sinne einer Symmetrie für den Zeitraum bestehen, für den die Jugendhilfeleistung gewährt wird.[640] Weitere Voraussetzung ist, dass

---

637 Einkommen aus Schülerjobs oder Praktika i.H.v. bis zu 150 €/Monat, Einkommen aus Ferienjobs und ehrenamtlicher Tätigkeit in beliebiger Höhe sowie 150 € monatlich als Teil einer Ausbildungsvergütung bleiben sogar ganz unberücksichtigt.

638 OVG Lüneburg, Beschl. v. 10.1.2011, 4 LA 190/10 = JAmt 2011, 212 (212 f.) = BeckRS 2011, 47216; Wiesner/Loos SGB VIII § 92 Rn. 19 mit der Begründung, dass das Recht des jungen Menschen aus § 1 Abs. 1 SGB VIII Vorrang vor fiskalischen Interessen haben muss.

639 Vgl. JurisPK-SGB VIII/Schneider § 95 Rn. 6.

640 Wiesner/Loos SGB VIII § 95 Rn. 8; JurisPK-SGB VIII/Schneider § 95 Rn. 19.

bei rechtzeitiger Leistung des Dritten entweder Jugendhilfe nicht gewährt worden oder ein Kostenbeitrag zu leisten wäre. Die von der Jugendhilfe gewährte Leistung muss also im Sinne einer materiellen Kongruenz wenigstens teilweise die gleiche Funktion wie der überzuleitende Anspruch haben.[641] Hinsichtlich der Überleitung besteht Ermessen.

Die Überleitung erfolgt durch **schriftliche Anzeige** des Trägers der öffentlichen Jugendhilfe an den Anspruchsgegner.

Folge der Überleitung ist, dass der Anspruch **auf den Träger der Jugendhilfe übergeht**, und zwar auch für die Zukunft, soweit weiter Jugendhilfeleistungen gewährt werden. Dabei ist eine Unterbrechung von bis zu zwei Monaten unschädlich.[642]

---

641 JurisPK-SGB VIII/Schneider § 95 Rn. 20.

642 Wiesner/Loos SGB VIII § 95 Rn. 11.

# Literatur

*Bauer, Reinhold*: Kenntniserhalt des Jugendamts von einem Hilfebedarf und Verpflichtung zur Entscheidung in angemessener Zeit, JAmt 2002, 496 f.

*Bringewat, Peter*: Kommunale Jugendhilfe und strafrechtliche Garantenhaftung, NJW 1998, 944 ff.

*Burschel, Hans*-Otto: Kindeswohlgefährdung durch Smartphones und Internetzugänge, Anm. zu OLG Frankfurt a. M., Beschl. v. 15.6.2018, 2 UF 41/18, NZFam 2018, 692

*Coester, Michael*: Die Bedeutung des Kinder- und Jugendhilfegesetzes (KJHG) für das Familienrecht, FamRZ 1991, 253 ff.

*Dickmeis, Franz*: Praktische Umsetzung einer familienfreundlichen Zusammenarbeit der Jugendhilfe und des Familien- und Vormundschaftsgerichts, DAV 1993, 865 ff.

*Eckebrecht, Marc*: „Die geänderte Stellung des Vaters“, NZFam 2016, 673 ff.

*Eisenberg, Ulrich/Kölbel, Ralf*: Jugendgerichtsgesetz, Kommentar, 21. Aufl., München 2020

*Franzen, Martin/Gallner, Inken/Oetker, Hartmut (Hrsg.)*: Kommentar zum europäischen Arbeitsrecht, 3. Auflage, München 2020 (zit.: EuArbRK/Bearbeiter)

*Gsell, Beate/Krüger, Wolfgang/Lorenz, Stephan/Reymann, Christoph*: beck-online.GROSS-KOMMENTAR, München 2020 (zit.: BeckOGK/Bearbeiter)

*Hahn, Simon*: Drittschutz des Anspruchs auf einen Betreuungsplatz – Anmerkung zu den Urteilen des OLG Dresden vom 26.8.2015, LKV 2015, 545 ff.

*Hahne, Meo-Micaela/Schlögel, Jürgen/Schlünder, Rolf*: Beck'scher Online-Kommentar FamFG, 36. Edition, München, Stand: 1.10.2016 (zit.: BeckOK FamFG/Bearbeiter)

*Hau, Wolfgang/Poseck, Roman (Hrsg.)*: Beck'scher Online-Kommentar BGB, 56. Edition, München, Stand: 1.11.2020 (zit.: BeckOK BGB/Bearbeiter)

*Hauck, Karl/Noftz, Wolfgang (Begr.)*: Sozialgesetzbuch, Gesamtkommentar, SGB VIII, Kinder- und Jugendhilfe, Berlin, Stand: September 2020 (zit.: Hauck/Noftz/Bearbeiter)

*Heilmann, Stefan*: Praxiskommentar Kindschaftsrecht, 2. Aufl., Köln 2020 (zit.: PK Kindschaftsrecht/Bearbeiter)

*Ders.*: Schütz das Grundgesetz die Kinder nicht? Eine Betrachtung der bisherigen Kammerrechtsprechung des BVerfG im Jahr 2014, NJW 2014, 2904 ff.

*Herbert, Alexander*: Ausführungsvorschriften zum Jugendhilfeausschuß nach § 71 KJHG, ZfJ 1991, 569 ff.

*Hinrichs, Knut*: Selbstbeschaffung, Beurteilungsspielraum und weitere Probleme jugendhilferechtlicher Individualleistungen in der Rechtsprechung, ZfJ 2003, 449 ff.

*Hömig, Dieter/Wolff, Heinrich Amadeus (Hrsg.)*: Grundgesetz für die Bundesrepublik Deutschland, Handkommentar, 12. Aufl., Baden-Baden 2018 (zit.: Hömig/Wolff/Bearbeiter)

*Jans, Karl-Wilhelm/Happe, Günter/Saurbier, Helmut/Maas, Udo*: Kinder- und Jugendhilferecht, Kommentar, Stuttgart, Stand: 62. Ergänzungslieferung, Juli 2020 (zit.: Jans/Happe/Saurbier/Maas/Bearbeiter)

*Jarass, Hans D./Pieroth, Bodo (Begr.)*: Grundgesetz für die Bundesrepublik Deutschland, Kommentar, 16. Aufl., München 2020 (zit.: Jarass/Pieroth/Bearbeiter)

*Jestaedt, Matthias*: Das Recht des Kindes auf Pflege und Erziehung durch seine Eltern, In: Coester-Waltjen, Dagmar/Lipp, Volker/Veit, Barbara (Hrsg.): Alles zum Wohle des Kindes?, Aktuelle Probleme des Kindschaftsrechts, Göttingen 2012, S. 13 ff.

*Johannsen, Kurt H./Henrich, Dieter/Althammer, Christoph*: Familienrecht, Scheidung, Unterhalt, Verfahren, Kommentar, 7. Auflage, München 2020 (zit.: Johannsen/Henrich/Althammer/Bearbeiter)

*Jordan, Erwin*: Jugendhilfeplanung zwischen Organisationsentwicklung und Jugendhilfepolitik, Ziele – Arbeitsansätze – Organisation, ZfJ 1993, 483 ff.

*Keidel, Theodor (Begr.)*: FamFG, Gesetz über das Verfahren in Familiensachen und in den Angelegenheiten der freiwilligen Gerichtsbarkeit, Kommentar, 20. Aufl., München 2020 (zit.: Keidel/Bearbeiter)

*Kepert, Jan*: Wie wird die Inobhutnahme wirksam?, JAmt 2013, 562 f.

*Kölch, Michael/Wolff, Mechthild/Fegert, Jörg M.*: Teilhabebeeinträchtigung, Möglichkeiten der Standardisierung im Verfahren nach § 35a SGB VIII, JAmt 2007, 1 ff.

*Körner, Anne/Leitherer, Stephan/Mutschler, Bernd/Rolfs, Christian (Hrsg.)*: Kasseler Kommentar Sozialversicherungsrecht, München, Stand: 111. Ergänzungslieferung, September 2020 (zit.: KassKomm/Bearbeiter)

*Krahmer, Utz/Trenk-Hinterberger, Peter (Hrsg.)*: Sozialgesetzbuch I, Allgemeiner Teil, Lehr- und Praxiskommentar, 4. Aufl., Baden-Baden 2020 (zit.: LPK-SGB I/Bearbeiter)

*Kreft, Dieter*: § 72a SGB VIII: Schutz bei Kindeswohlgefährdung durch Verfahren?, JAmt 2006, 66 ff.

*Krug, Heinz/Riehle, Eckart (Hrsg.)*: Kinder- und Jugendhilfe, Kommentar, Köln, Stand: 201. Ergänzungslieferung, Dezember 2020 (zit.: Krug/Riehle/Bearbeiter)

*Kümper, Boas*: Amtshaftung auf Verdienstausfall wegen Nichterfüllung des Anspruchs auf einen Kindertagesstättenplatz?, NVwZ 2015, 1739 ff.

*Kunkel, Peter-Christian*: Jugendhilferecht, Systematische Darstellung für Studium und Praxis, 9. Aufl., Baden-Baden 2018

*ders./Kepert, Jan/Pattar, Andreas Kurt (Hrsg.)*: Sozialgesetzbuch VIII, Kinder- und Jugendhilfe, Lehr- und Praxiskommentar, 7. Aufl., Baden-Baden 2018 (zit.: LPK-SGB VIII/Bearbeiter)

*Lack, Katrin*: Die Beteiligtenstellung des Jugendamtes in Familiensachen, ZKJ 2010, 189 ff.

*Lobinger, Karin*: Kostentragung und Anordnungskompetenz im Verhältnis von Justiz und Jugendhilfe, Eine Analyse des § 36a Abs. 1 S. 1 2. HS SGB VIII, jur. Diss. Passau 2013, Baden-Baden und Zürich 2015

*Lackner, Karl/Kühl, Kristian*: Strafgesetzbuch, Kommentar, 29. Auflage, München 2018

*Luthe, Ernst-Wilhelm/Nellissen, Gabriele (Hrsg.)*: Juris PraxisKommentar SGB VIII, Kinder- und Jugendhilfe, 2. Aufl., Saarbrücken 2018, mit Online-Aktualisierungen, Stand: 15.12.2020 (zit.: JurisPK-SGB VIII/Bearbeiter)

*Maunz, Theodor/Dürig, Günter*: Grundgesetz, Kommentar, München, Stand: 92. Ergänzungslieferung, August 2020 (zit.: Maunz/Dürig-Bearbeiter)

*Mayer, Karl-Georg*: „Kita-Plätze hat man zu haben!“, Vom Primäranspruch auf Förderung in einer Kindertageseinrichtung oder in Kindertagespflege (§ 24 SGB VIII n. F.) zum Sekundäranspruch auf Schadensersatz statt der Leistung analog § 311a Abs. 2 bzw. § 280 Abs. 1, § 283 oder § 280 Abs. 1 u. 3, § 281 BGB, VerwArch 2013, 344 ff.

*Meysen, Thomas*: Familiengericht und Jugendamt: produktives Ringen oder Machtkampf?, NZFam 2016, 580 ff.

*ders./Beckmann, Janna/González Méndez de Vigo, Nerea*: Zugang begleiteter ausländischer Kinder zu Leistungen der Kinder- und Jugendhilfe nach der Flucht, NVwZ 2016, 427 ff.

*Mortsiefer, Melanie C.*: Die Gefährdungsmitteilung des Jugendamts an das Familiengericht, NJW 2014, 3543 ff.

*Mrozynski, Peter*: SGB VIII, Kinder- und Jugendhilfe, Kommentar, 5. Aufl., München 2009

*Münchener Kommentar zum BGB*: 8. Aufl., München 2018–2021 (zit.: MüKo BGB/Bearbeiter)

*Münchener Kommentar zum FamFG*: 3. Aufl., München 2018/2019 (zit.: MüKo FamFG-Bearbeiter)

*Münder, Johannes*: Ansprüche auf Leistungen im Jugendhilferecht, ZfJ 1991, 285 ff.

*ders./Meysen, Thomas/Trenczek, Thomas (Hrsg.)*: Frankfurter Kommentar zum SGB VIII, 8. Aufl., Baden-Baden 2019 (zit.: FK/Bearbeiter)

*ders./Schruth, Peter*: Zur Rechtsqualität von § 13 Abs. 1 SGB VIII, ZfJ 2002, 125 ff.

*Ollmann, Rainer*: Zum Geltungsbereich des § 42 SGB VIII (Inobhutnahme), FamRZ 2000, 261 ff.

*Palandt, Otto (Begr.)*: Bürgerliches Gesetzbuch, Kommentar, 80. Aufl., München 2021 (zit.: Palandt/Bearbeiter)

*Rauschenbach, Thomas*: Sind die sozialen Berufe auf dem Weg zur Deprofessionalisierung, KJHG, Tarife und neue Bedarfslagen im Spiegel sozialpädagogischer Fachlichkeit, NDV 1993, 99 ff.

*Rixen, Stephan*: Kein Kita-Platz trotz Rechtsanspruch? Zum Aufwendungsersatz bei selbst organisierter Kinderbetreuung, NJW 2012, 2839 ff.

*Röchling, Walter/Schäfer, Peter*: Jugend-, Familien- und Betreuungsrecht für die Soziale Arbeit, 2. Auflage, Stuttgart 2018

*Rolfs, Christian/Giesen, Richard/Kreikebohm, Ralf/Udsching, Peter (Hrsg.)*: Beck'scher Online-Kommentar Sozialrecht, 58. Edition, München, Stand: 1.9.2020 (zit.: BeckOK SozR/Bearbeiter)

*Rummel, Carsten*: Die Freiheit, die Reform des Kindschaftsrechts und das „ganz normale Chaos der Liebe", ZfJ 1997, 202 ff.

*Runge, Annegret*: Rechtliche Folgen für den die gemeinsame elterliche Sorge boykottierenden Elternteil, FPR 1999, 142 ff.

*Schewe, Anke*: Der Förderungsanspruch von Kindern (§ 24 SGB VIII), Typische Fragestellungen beim Angebot von Kindertagesbetreuung in Kita und/oder Tagespflege durch den Leistungsverpflichteten, Folgen der Nichterfüllung und gerichtliches Verfahren, NZFam 2015, 740 ff.

*Schleicher, Hans (Begr.)*: Jugend- und Familienrecht, 15. Aufl., München 2020 (zit.: Schleicher/Bearbeiter)

*Schmidt, Christopher*: Anordnung von SGB VIII-Leistungen: Verpflichtung des Jugendamts durch das Familiengericht?, FamRZ 2015, 1158 ff.

*ders.*: Entwicklungsunterstützende Maßnahmen der Kinder- und Jugendhilfe: Abgrenzung zu Leistungen nach dem SGB II und III, ZKJ 2014, 464 ff.

*ders.*: Familienrecht und Einführung in das Zivilrecht, Lehr- und Praxisbuch für Jugendämter und freie Träger, Stuttgart 2016

*ders.*: Finanzierung von Mediation aus Mitteln der Kinder- u. Jugendhilfe, ZKM 2020, 128 ff.

*ders.*: Leistungen der Jugendhilfe zum Schutz ungeborenen Lebens, Unterbringung werdender Mütter in Mutter-Kind-Einrichtungen, ZfL 2019, 175 ff.

*ders.*: Lösungsorientierte Ansätze von Familiengerichten und Jugendämtern, ZKM 2015, 114 ff.

*ders.*: Nichtannahme eines zumutbar erreichbaren Kita-Platzes als Verzicht, Anm. zu VG Halle, Beschl. v. 6.3.2020, 3 B 175/20, NZS 2020, 516

*ders.*: Umfang des Betreuungsanspruchs ein- und zweijähriger Kinder, Anm. zu OVG Hamburg, Beschl. v. 28.1.2020, 4 Bs 193/19, NZS 2020, 477

*Schmidtke, Claudia/Kuntz, Benjamin/Lampert, Thomas:* Kinder und Jugendliche: Soziale Unterschiede in der Inanspruchnahme der pädiatrischen Vorsorgeuntersuchungen, in: Pundt, Johanne/Cacace, Mirella (Hrsg.), Diversität und gesundheitliche Chancengleichheit, Bremen 2019, S. 159 ff.

*Schoch, Friedrich/Schneider, Jens*-Peter/Bier, Wolfgang (Hrsg.): Verwaltungsgerichtsordnung, Kommentar, Stand: 37. Ergänzungslieferung, München 2019 (zit.: Schoch/Schneider/Bier/Bearbeiter)

*Schruth, Peter*: Zur Leistungskonkurrenz zwischen SGB II und § 13 SGB VIII, ZfJ 2005, 223 ff.

*Schütze, Bernd (Hrsg.)*: SGB X, Sozialverwaltungsverfahren und Sozialdatenschutz, 9. Aufl., München 2020 (zit.: Schütze/Bearbeiter)

*Schwarz, Axel/Lammert, Franziska*: Die Qual der Wahl: Tageseinrichtung oder Kindertagespflege: Der U3-Anspruch als Wahlschuld, ZKJ 2014, 360 ff.

*Thiersch, Renate*: Frühe Kindheit: Überlegungen zur Bildungsgerechtigkeit in ländlichen Räumen, in: Karber, Anke/Müller, Jens/Nolte, Kerstin/Schäfer, Peter/Wahne, Tilmann (Hrsg.): Zur Gerechtigkeitsfrage in sozialen (Frauen-)Berufen, Opladen u. a. 2017, S. 33 ff.

*Trenczek, Thomas*: Inobhutnahme, Krisenintervention und Schutzgewährung durch die Jugendhilfe, 2. Aufl., Stuttgart u. a. 2008

*Wabnitz, Reinhard/Fieseler, Gerhard/Schleicher, Hans/Busch, Manfred (Hrsg.)*: Kinder- und Jugendhilferecht, Gemeinschaftskommentar zum SGB VIII (GK-SGB VIII), Köln, Stand: 81. Ergänzungslieferung, Oktober 2020 (zit.: GK-SGB VIII/Bearbeiter)

*Weber, Sebastian/Wocken, Larissa*: Das erweiterte Führungszeugnis als Instrument des Kinderschutzes, Zur Neufassung des § 72a SGB VIII durch das Bundeskinderschutzgesetz, JAmt 2012, 62 ff.

*Wiesner, Reinhard (Hrsg.)*: SGB VIII, Kinder- und Jugendhilfe, Kommentar, 5. Aufl., München 2015 (zit.: Wiesner/Bearbeiter)

*Willutzki, Siegfried*: Die Ersetzung der elterlichen Einwilligung in die Adoption, ZKJ 2007, 18 ff.

# Stichwortverzeichnis